구나 쉽게 보고 따라하면서 재미있고 다양한 소프트웨어를 만들 수 있는 스크래치

SCRATCH

스크래치와 함께하는 기하편 중등 수학

강순자, 임해경, 주재은 지음

저자 **강순자**

- 전남대학교 수학교육과 교수
- 전남대학교 과학영재교육원장 역임

저서

- 초등 수학 코딩 (엔트리 도형편)
- GSP를 이용한 기하탐구
- 중등수학 교과서
- 미분적분학

저자 **임해경**

- 광주교육대학교 수학교육과 교수
- 수학과 교육과정 심의위원 역임
- 초등학교 교과서 심의위원 역임

저서

- 초등 수학 코딩 (엔트리 도형편)
- 생활 속의 수학이야기
- 초·중등 교사를 위한 GSP의 활용

저자 **주재은**

- 광주자연과학고등학교 교사(2010~2015)
- 신용중학교 교사(2016~)

저서

- 지오지브라 수학교실을 말하다

스크래치와 함께하는 중등 수학-기하편

초판인쇄 2019년 6월 30일
초판발행 2019년 6월 30일

저　자 강순자, 임해경, 주재은

펴 낸 곳 이모션북스
주　소 서울시 중구 퇴계로 213 일흥빌딩 408호
등　록 2016년 10월 1일 제571-92-00230호
전　화 02)381-0706 | **팩스** 02)371-0706
이 메 일 emotion-books@naver.com
홈페이지 www.emotionbooks.co.kr

ISBN 979-11-89876-12-8
값 18,000원

이 도서의 국립중앙도서관 출판예정도서목록(CIP)은 서지정보유통지원시스템 홈페이지(http://seoji.nl.go.kr)와
국가자료공동목록시스템(http://www.nl.go.kr/kolisnet)에서 이용하실 수 있습니다.
(CIP제어번호 : CIP2019019272)

머리말

우리가 살고 있는 사회를 이끌어 갈 인재는 창의적 사고, 융합적인 사고, 문제해결력 등을 갖추어야 한다고 말하고 있습니다. 이제 이미 커다란 변화가 진행되고 있는 소프트웨어 중심의 미래 사회에서는 컴퓨팅 능력 또한 인재가 갖추어야 할 능력이라고 말합니다. 컴퓨팅 사고력이란 컴퓨터 환경에서 프로그래밍을 통해 창의적으로 문제를 해결하는 능력으로서 읽기, 쓰기, 셈하기와 같은 기본적인 소양에 추가되어야 할 분석적 능력입니다. 따라서 이 책에서는 흥미로운 문제들을 해결하기 위해 문제를 분석하고, 설계하고, 프로그램을 작성하는 과정 속에서 창의적 문제해결력 뿐만 아니라 컴퓨팅 사고의 향상이 이루어지도록 노력하였습니다.

이 책은 교육용 프로그래밍 언어 '스크래치'를 기반으로 하고 있습니다.

우리가 사용하는 언어가 있듯이 컴퓨터가 사용하는 언어가 있습니다. 이러한 언어를 프로그래밍 언어라고 합니다. C, C++, 파이선 등과 같은 프로그래밍 언어는 글로 명령어를 쓰도록 되어 있어 프로그래밍 언어를 처음 접한 사람들에게는 어렵습니다. 스크래치는 C, C++, Java, Python 등과 같은 텍스트형 프로그래밍 언어에 비해 학생들이 쉽게 다가갈 수 있는 블록형 언어로서 학생들이 소프트웨어 중심사회의 일원으로 성장해 가는 데 있어 도움을 줄 수 있는 처음 만나는 프로그래밍 언어입니다. 이 책에서 스크래치와 함께하는 다양한 수학 탐구활동은 학생들의 호기심을 자극하고 탐구에 흥미를 더해 줄 것입니다.

이 책에서는 수학적 문제 해결력과 컴퓨팅 사고의 개발이라는 두 가지 목적을 달성하고자 하였습니다.

많은 연구에서 수학 교과와 코딩의 통합이 수학적 사고, 문제해결력, 컴퓨팅 사고의 개발에 긍정적 영향을 미치고 있다는 사실을 증명하고 있습니다. 이에 가장 논리적 사고의 중심에 있는 도형에 관한 문제를 해결하는 과정에서 자연스럽게 프로그래밍 언어를 익힘으로써 수학적 문제해결력과 컴퓨팅 사고의 개발이라는 두 가지 목적을 달성하고자, 주제의 선택, 문제 해결의 알고리즘화, 창의적 활동에 역점을 두고 이 책을 구성하였습니다.

이 책은 프로그래밍 언어에 관심을 가진 교사와 학생을 포함한 모든 분에게 유용한 도서가 되도록 노력하였습니다.

정규교육과정 이외에도 자유학기제의 프로젝트 활동, 창의 체험활동, 동아리의 주제탐구 활동, 수학 영재교육 등 다양한 탐구 활동에 활용될 수 있으며 이미 초등 실과 시간에 배운 프로그래밍 능력이 더해진다면 수학 문제 해결과 함께 우리의 상상력을 마음껏 발휘하는 데 더욱 도움이 될 것입니다.

수학과 프로그래밍 교육의 통합

우리는 현대와 같은 지능, 정보, 기술의 융합과학 시대를 소위 4차 산업 혁명의 시대라 말합니다. 이 시대는 인공로봇, 사물인터넷, 무인 자동차 등에서와 같이 소프트웨어의 역할이 더욱 커진 소프트웨어 중심사회라고 말할 수 있습니다. 소프트웨어는 생활에서의 번거로운 일들을 편리하게 자동으로 처리할 수 있게 해줌으로써 우리의 생활에 큰 변화를 가져왔습니다. 스마트폰 앱만 보아도 너무도 편리한 많은 앱들이 그동안 우리가 상상했던 일들을 실현해주면서 우리의 생활에 편의를 제공하고 있습니다. 앞으로는 소프트웨어로 무장된 인공지능 로봇과 함께 일해야 하는 시대가 됩니다.

혁명이라 부를 정도의 급격한 시대의 변화는 사람들이 지식에 접근하고 서로 소통하는 방식과 함께 정치, 경제, 교육 등 사회 전반에 걸쳐 변화를 요구하고 있습니다.

교육 내용 및 방법에서도 변화가 요구되고 있습니다.

특히 세계 교육의 흐름에서 주목할 만한 것은 교육에 지대한 영향을 미쳤던 컴퓨터의 사용에 대한 패러다임이 CAI(Computer Assisted Instruction)에서 프로그래밍 교육으로 변하고 있다는 것입니다. 영국을 비롯한 여러 나라에서 이미 초중등교육과정에 프로그래밍 교육을 도입하여 어떤 문제가 발생하였을 때, 문제를 해결하기 위해 자료를 수집하고 이를 정보로 만드는 과정 그리고 자료를 단순화하여 문제 해결의 실마리를 찾고, 컴퓨터 프로그래밍을 이용하여 문제를 해결할 수 있는 능력의 배양에 초점을 두고 교육하고 있습니다.

프로그래밍 교육의 도입 목적은 문제해결력과 컴퓨팅 사고력의 계발에 있습니다.

교육에서의 세계적 흐름에 발맞추어 우리나라에서는 '2015년 문.이과 통합형 교육과정 총론'에 소프트웨어 교육의 강화에 관한 내용을 포함했습니다. 이에 따라 2018년부터 중등 정보 교과에서 프로그래밍 교육을 하고 있고, 2019년에는 초등교육과정에서 실과 교과에 프로그래밍 교육이 도입되었습니다. 여기서 주목할 것은 컴퓨터 프로그래밍 도입의 목적을 프로그래밍 기능의 숙달보다는 문제해결에 초점을 둔 컴퓨팅 사고(Computational Thinking, CT)의 개발이라고 정하고 있다는 것입니다.

컴퓨팅 사고력은 읽기, 쓰기, 셈하기와 같은 기본적인 소양에 추가되어야 능력입니다.

컴퓨팅 사고란 문제 해결, 시스템 디자인 그리고 인간 행위에 대한 이해 등을 포함한 기능으로써 모든 사람이 배우고 사용할 수 있는 읽기, 쓰기, 셈하기와 같은 기본적인 소양에 추가되어야 할 분석적 능력입니다(Wing, 2006). 간단히 말해서, 복잡한 문제를 알고리즘 적으로 해결하는 데 사용되는 사고로서 컴퓨터 환경에서는 컴퓨터가 실행할 수 있는 방식으로 문제와 해를 표현하는 일련의 문제해결 방식이라고 볼 수 있습니다.

컴퓨팅 사고의 개발은 다양한 교과와의 통합 속에서 이루어지는 것이 효과적입니다.

일반적으로 컴퓨팅 사고의 개발은 프로그래밍과 정보, 예술, 과학, 언어 등과 같은 다른 과목과의 연계로 이루어질 수 있으며 실제 여러 교과 영역과 프로그래밍을 통합하려는 시도가 이루어지고 있습니다. 특히 최근에는 수학교육과 프로그래밍의 통합을 통해 문제해결력 뿐 아니라 컴퓨팅 사고를 개발하려는 많은 시도가 이루어지고 있습니다.

이 책의 차례

CHAPTER 06 장미꽃 그리기

CHAPTER 07 아르키메데스 나선 그리기

CHAPTER 08 황금 나선 그리기

CHAPTER 09 별 다각형 그리기

CHAPTER 13 프랙탈 나무 그리기

이 책의 구성

이 책은 수학과 프로그래밍의 통합을 통해 창의적 문제해결력과 컴퓨팅 사고력을 향상시키는 데 중점을 두고 있습니다. 특히 수학적 논리적 사고를 필요로 하는 도형 그리기 프로젝트 수행과정에서 문제를 해결하고 프로그래밍으로 이를 구현해 봄으로써 미래 사회를 살아갈 학생들이 갖추어야 할 기본 소양인 컴퓨팅 사고의 신장을 꾀하고자 합니다. 따라서 이러한 의도가 반영되도록 다음과 같이 책의 내용을 구성하였습니다.

	각 장에서는 하나의 주제를 수행하도록 하였고 수학과 코딩과 관련한 학습 내용을 표기하였습니다.
· 문제 · 01	각 주제의 해결을 위하여 작은 문제들로 분해하여 해결하도록 했습니다.
문제 분석하기	해당 문제의 코딩을 위한 수학 원리와 코딩을 위한 구조를 분석합니다.
설계하기	구체적인 코딩을 위한 알고리즘 분석, 스프라이트 생성, 새로운 블록 알아보기, 변수 만들기, 나만의 블록 만들기 등 기본적인 셋팅을 하는 부분입니다.
	알고리즘 / 스프라이트 / 새로운 블록 / 변수 만들기 / 나만의 블록
블록 조립하기	구체적인 블록 조립방법을 나타냅니다. 순서대로 따라 하기 쉽게 구성하였습니다.
프로그램 실행결과 확인하기	실행화면 상단의 🏁을 클릭한 경우 나타나는 프로그램 실행결과 화면을 나타냅니다.
잠깐!	스크래치 작업을 하면서 도움이 될만한 팁들을 나타냅니다.
기능 알기	스크래치의 기능과 관련하여 상세한 설명을 하는 부분입니다.
더 나아가기 1	프로그래밍을 심화된 방식(나만의 블록을 이용하는 등)으로 시도해 보는 부분입니다.

생각해 보기 1	좀 더 수학적으로 고민하여 코딩을 시도할 만한 문제나 생각해 볼 문제를 실었습니다.
꾸미기	수행한 프로젝트 결과를 활용하여 부가적으로 좀 더 그럴듯하게 꾸며서 개성을 살려보는 부분입니다. 구체적인 부분은 각 장의 뒷부분에 실었습니다.
생각해 해답	생각해 보기의 답을 각 장의 뒷부분에 실었습니다.
수학 개념 정리	코딩하는 내용과 관련한 수학 개념 내용입니다.

또한, 각 블록 실행화면 아래에 실제 블록코딩과 실행화면을 볼 수 있는 QR코드와 URL을 명시하였습니다. 이 링크로 들어가면 해당 문제별 실행결과 및 구체적인 스크립트를 확인 할 수 있습니다.

CHAPTER

스크래치 소개

CHAPTER 00

스크래치 소개

1. 스크래치 소개

스크래치(https://scratch.mit.edu/)는 MIT 미디어랩의 Lifelong Kindergarten Group에서 운영하는 프로젝트이며 무료로 운영하는 소프트웨어 교육 플랫폼입니다. 스크래치를 통해 학생들은 21세기를 살아가는데 필수적인 능력인 창의적 사고, 체계적 추론, 협동 작업을 배우게 됩니다. 상호작용이 가능한 이야기, 게임, 애니메이션을 직접 만들 수 있고, 그 프로젝트를 온라인 커뮤니티에서 다른 사람들과 공유할 수 있습니다.

현재 스크래치는 3.0버전으로 2019년 1월 2일에 공식적으로 발표되었고 150개 이상의 나라에서 40개 이상의 언어로 번역되어 전 세계 수많은 학생이 스크래치를 통해 코딩교육을 배우고 있습니다. 크롬 브라우저에 최적화되어 있고[1] 오프라인 에디터도 있습니다.

스크래치(Scratch)의 사용자를 스크래처(Scratcher)라고 부릅니다. 우리 함께 스크래처가 되어볼까요?

Scratch On!!

---

1) 스크래치 3.0은 Internet Explorer, Vivaldi, Opera, Silk를 지원하지 않고 Google Chrome, Mozilla Firefox, Microsoft Edge와 같이 새로운 브라우저를 사용하여야 합니다.

2. 스크래치 시작하기

회원 가입하기

스크래치의 회원가입은 간단한 과정을 거쳐 이루어지며 회원가입을 하면 아래와 같은 기능들을 이용할 수 있습니다.

1. 내가 만든 프로젝트를 저장하고 공개할 수 있습니다.
2. 다른 친구들이 공유한 프로젝트에 댓글을 달거나 '좋아요'나 '팔로잉'을 누를 수 있습니다.
3. '교사'로 가입한 경우 여러 학생의 계정을 만드는 것과 학생들의 프로젝트 및 댓글을 관리하기가 쉽습니다.

스크래치 구성

스크래치의 서비스는 크게 만들기, 탐험하기, 아이디어로 구성되어있으며, 각각에서 제공하는 기능들은 아래와 같습니다.

만들기	아이디어	탐험하기
비주얼 프로그래밍언어를 사용하여 프로그래밍을 처음 접하는 사람들도 쉽게 자신만의 창작물을 만들 수 있습니다.	튜토리얼이나 활동 안내서, 코딩 카드 등을 이용해 소프트웨어의 원리를 배울 수 있는 다양한 학습 콘텐츠가 준비되어 있습니다. 단계별 코딩 미션을 통해 소프트웨어를 쉽고 재미있게 만날 수 있습니다.	스크래치를 통해 제작한 프로젝트를 다른 사람들과 공유할 수 있습니다. 또한, 공유된 프로젝트가 어떻게 구성되었는지 살펴볼 수 있고, 이를 발전시켜 자신만의 프로젝트를 만들 수 있습니다.

'저장하기'를 눌러 내가 만든 프로젝트를 저장할 수 있습니다. 자신의 계정 아이디를 클릭하면 '내 작업실'에서 저장한 프로젝트를 조회 할 수 있습니다.

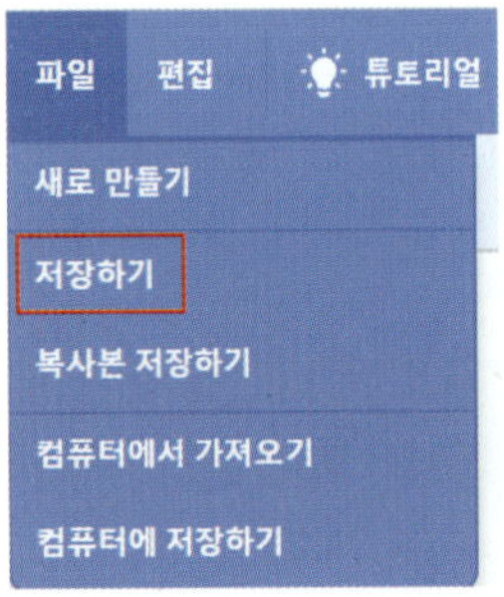

❶ **저장하기** – 자신이 만든 프로그램이 인터넷상에서 로그인한 계정에 저장됩니다.

❷ **복사본으로 저장하기** – 기존에 저장된 프로젝트를 새로운 사본으로 저장합니다. 복사본으로 저장하면 새로운 링크를 가지게 됩니다.

❸ **컴퓨터에 저장하기** – 자신이 만든 프로그램이 PC의 하드웨어에 저장됩니다.

'저장하기'를 눌러 내가 만든 프로젝트를 저장할 수 있습니다. 자신의 계정 아이디를 클릭하면 '내 작업실'에서 저장한 프로젝트를 조회 할 수 있습니다.

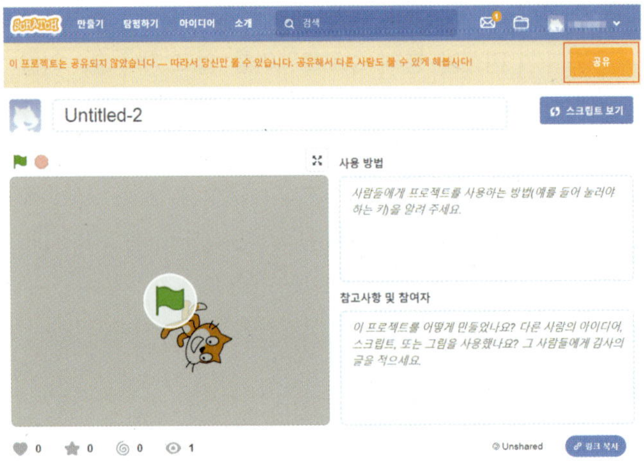

‘내 작업실’에서 프로젝트의 제목을 클릭하여 열린 창에서 [공유]를 클릭하거나 해당 프로젝트의 스크립트 창에서 [공유]를 클릭하면 다른 친구들과 내 프로젝트를 공유할 수 있습니다. 그러면 내가 만든 프로젝트가 ‘공유된 프로젝트’에 들어가 다른 사람들과 공유하고 서로의 의견을 나눌 수 있습니다. 그리고 공유된 프로젝트들은 폴더와 같은 개념인 ‘스튜디오’에서 같은 주제끼리 분류할 수 있습니다.

공개된 프로젝트의 [스크립트 보기]를 누르면 해당 프로젝트가 어떻게 구성되어있는지 볼 수 있습니다. 다른 사람의 코드를 통해 다양한 구현에 대한 아이디어를 얻거나, [리믹스]로 마음에 드는 프로젝트를 좀 더 발전시켜 나만의 프로젝트로 만들어 다시 저장할 수도 있습니다.

3. 만들기

스크래치 [만들기]에서는 다양한 게임, 애니메이션, 응용프로그램 등 다양한 프로젝트를 만들 수 있습니다. 스크래치 만들기 화면은 아래와 같이 구성되어있습니다.

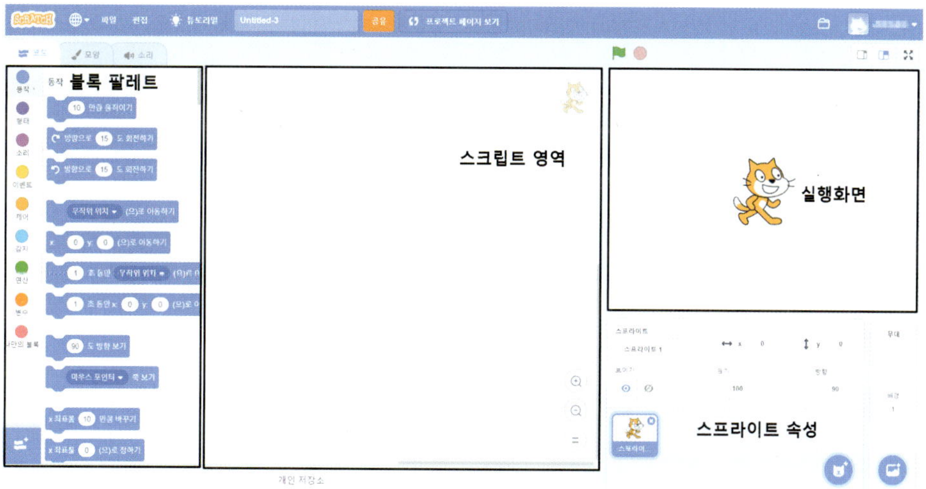

실행화면

실행화면은 좌표를 가지고 있습니다. 가장 중앙의 좌표값을 $x=0$, $y=0$으로 하여 x축 방향으로 -273~273, y축 방향으로 -216~216로 이루어져 있습니다.

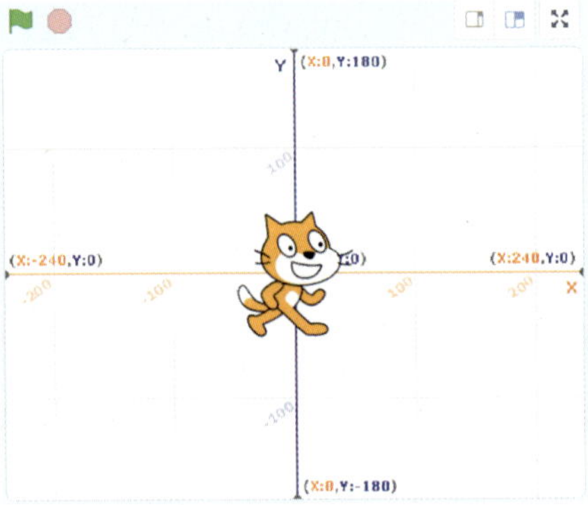

스프라이트 속성

'명령어를 통해 움직일 수 있는 캐릭터, 배경, 글상자와 같은 것들'을 스프라이트라고 합니다. 스프라이트는 이름, 위치, 크기, 방향, 이동 방향, 회전방식의 정보를 가지고 있습니다. 이러한 정보들은 스프라이트를 마우스로 드래그하여 바꾸거나, 속성 창에서 직접 입력할 수 있습니다.

기능 알기 스프라이트 위치와 크기

- **위치 및 방향 조절** : 실행화면의 스프라이트를 마우스로 끌어서 원하는 위치에 놓거나 실행화면 아래의 창에서 원하는 위치의 좌표와 방향의 각도를 입력하여 위치와 바라보는 방향을 변경할 수 있다.
- **크기 조절** : 실행화면의 스프라이트 크기는 실행화면 아래의 창에서 크기에 숫자를 입력하여 조절할 수 있다.

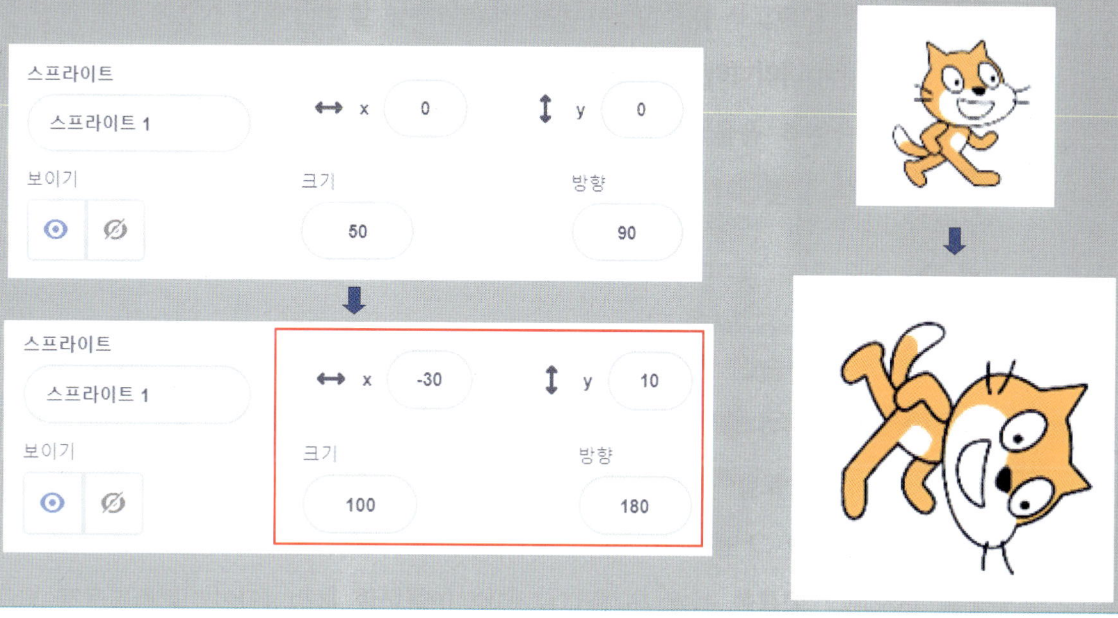

블록 팔레트

블록 팔레트에는 스프라이트에 명령할 수 있는 다양한 블록들이 있습니다. 원하는 블록을 스크립트 영역으로 끌어와 레고처럼 조립할 수 있는데, 이렇게 조립한 블록들을 '코드'라고 합니다. 버튼을 누르면 스프라이트가 명령에 따라 움직입니다.

블록 팔레트는 코드, 모양, 소리 세 개의 탭으로 이루어져 있습니다.

코드 스프라이트를 움직일 수 있는 다양한 명령 블록들이 있는 곳입니다. 동작, 형태, 소리 등의 블록들이 있습니다.

모양 스프라이트의 모양을 추가하거나 이름을 수정하고 복제하는 등의 작업을 할 수 있는 탭입니다.

소리 스프라이트가 낼 소리를 관리하는 탭입니다. 새롭게 소리를 추가할 수도 있고, 이미 추가된 소리를 재생 버튼을 이용해서 바로 들어볼 수도 있습니다.

스크립트 영역

스크립트 영역에서는 블록 팔레트의 블록들을 끌어와 레고블록처럼 조립할 수 있습니다. 스크립트 영역은 스프라이트마다 따로 존재합니다.

블록 위에서 마우스 오른쪽 버튼을 클릭하면 블록을 복사하거나 삭제할 수 있습니다. 필요하지 않은 블록은 선택 후 'Delete'키를 누르거나 마우스 오른쪽 버튼에서 '블록 삭제하기'를 선택합니다.

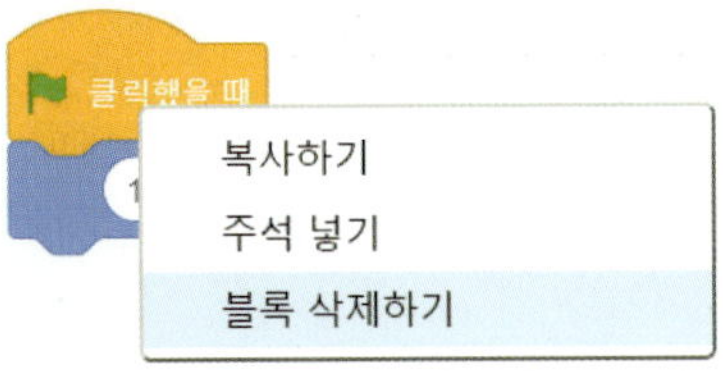

4. 교사 계정

다른 교육자에게 학생의 스크래치 참여를 관리할 수 있는 추가적인 기능을 제공하며, 학생 계정을 생성하고, 학생의 프로젝트를 스튜디오로 조직하고, 학생의 댓글을 관찰할 수 있습니다.

교사 계정 만들기

처음 화면의 소개에서 '교육자들을 위한 정보'로 들어가서 '계정요청'을 하거나 https://scratch.mit.edu/educators/register 로 들어가서 교사 계정을 요구할 수 있습니다.2)

스크래치 안의 교사 계정

교육자로서 스크래치 교사 계정을 요청할 수 있으며, 이것은 여러 학생의 계정을 만드는 것과 학생들의 프로젝트 및 댓글을 관리하는 것을 쉽게 만듭니다. 더 알아보려면 **교사 계정 관련 FAQ 페이지**를 방문하세요.

계정 요청

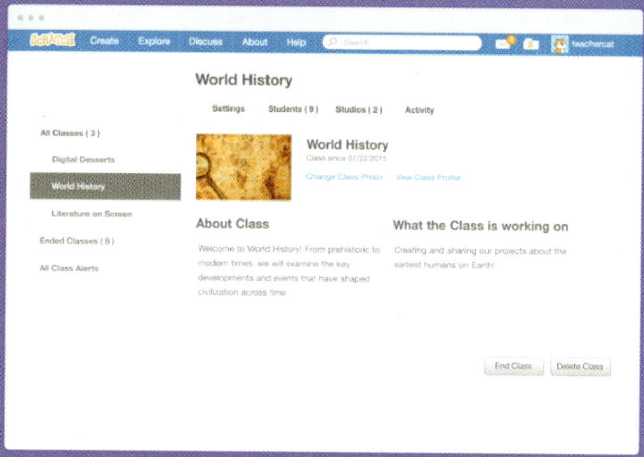

계정을 요청한 후 하루 뒤에 제출한 것을 검토한 뒤 아이디가 생성됩니다. 학생들은 교사 이메일을 확인하여 학급의 계정에 들어갈 수 있고 그곳에서 공유된 프로젝트들을 볼 수 있습니다.

---

2) 현재는 기존 아이디가 교사 계정으로 전환되지는 않고 별도의 가입절차를 거쳐야 합니다. 추후 이 부분은 개선된다고 합니다.

교사 계정 관리

교사 아이디로 로그인하면 다음과 같은 화면에 맨 처음에 뜹니다.

내 수업들 로 들어가면 아래와 같이 학급을 만들고 관리할 수 있고 교육자 자료 로 들어가면 유용한 교사용 자료들이 탑재되어 있습니다.

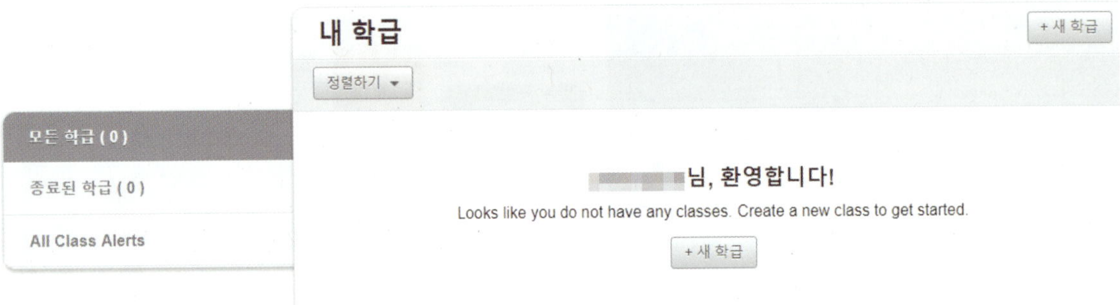

+ 새 학급 을 클릭하면 학급을 만들 수 있습니다.

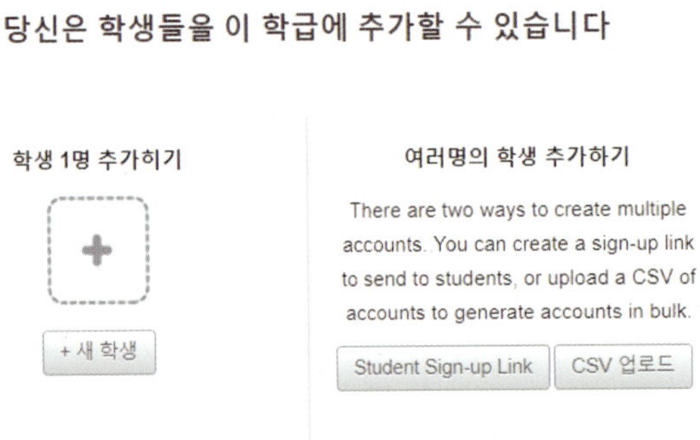

학급을 만들고 난 뒤에는 Student Sign-up Link 를 클릭해서 학급에 가입하는 링크를 생성하여 학생들에게 보낼 수 있습니다. 링크로 들어간 한 학생들은 가입하게 되면 학급으로 추가됩니다. + 새 학생 를 클릭하면 학생의 아이디를 생성할 수도 있습니다. 학급으로 들어온 학생의 아이디들은 비밀번호를 교사가 수정할 수 있습니다.

학생 아이디로 로그인하면 교사가 만들어둔 스튜디오에 들어갈 수 있고 그곳에 자신의 자료를 공유하고 서로의 프로젝트에 댓글을 적을 수도 있습니다.

CHAPTER

1

정다각형 그리기

CHAPTER

01 정다각형 그리기

학습 내용

- 수학 - 정다각형, 다각형의 내각과 외각
- 코딩 - 순차처리, 반복하기, 변수 만들기

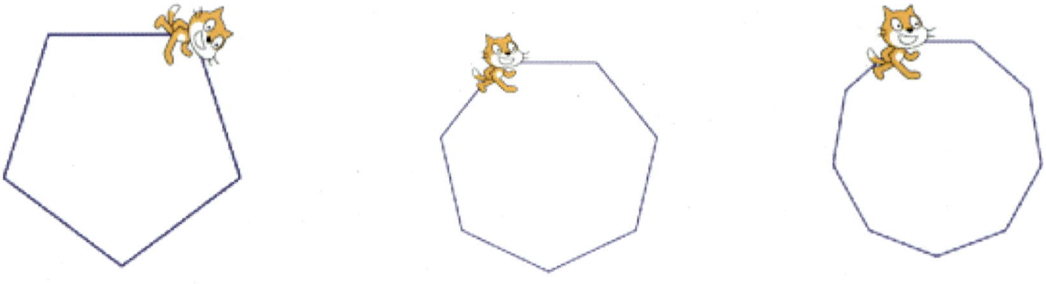

정다각형이란 모든 변의 길이가 같고 모든 내각의 크기가 같은 다각형을 정다각형이라고 한다. 일반적으로 n을 입력할 때마다 정n각형을 그리는 프로그램을 만들기 위해서 먼저 정오각형, 정육각형, 정칠각형을 그리는 프로그램을 만들어 보고 그 과정에서 규칙성을 찾아 정n각형을 그리는 프로그램을 만들어 보기로 한다.

· 문제 ·

01 정오각형의 그리기

문제 분석하기

❶ 정오각형은 다섯 개의 변의 길이가 같고 내각이 모두 108도로 같은 도형이다.

❷ 정오각형을 그리는 데 필요한 요소는 무엇일까?

> 한 변의 길이와 내각 또는 외각

❸ 한 변 길이는 적당하게 100으로 하자.

❹ 정오각형의 내각의 크기와 외각의 크기는 얼마일까?

> 내각의 크기 = 108°, 외각의 크기 = 72°

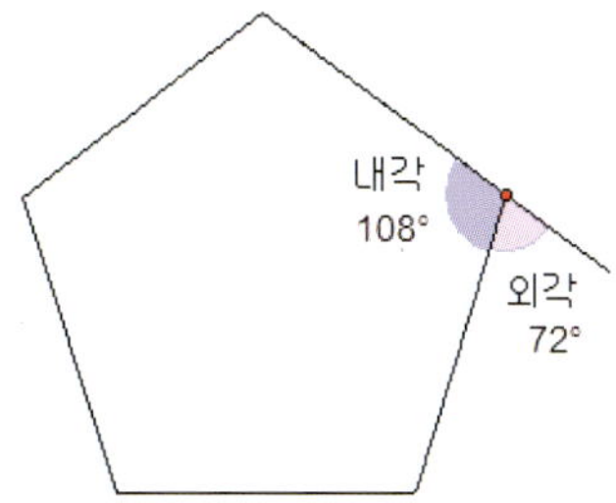

정오각형

설계하기

❶ 알고리즘

정오각형을 그리기 위해서는 우리가 어떻게 해야 하는지 생각해 보자. 우리(스프라이트)가 정오각형의 변을 따라 걷는다면 한 변의 길이(100)만큼 걷다가 외각의 크기인 72도만큼 돌아서 다시 걷는 일을 5번 계속해야 한다. 그 과정을 간단히 정리해 보자.

시작하기
⬇
100만큼 움직이고 72도 회전하기
⬇
100만큼 움직이고 72도 회전하기
⬇
100만큼 움직이고 72도 회전하기
⬇
100만큼 움직이고 72도 회전하기
⬇
100만큼 움직이고 72도 회전하기
⬇
끝내기

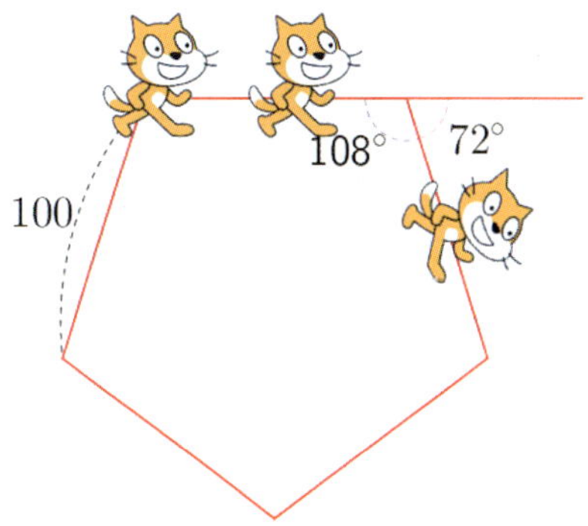

❷ 스프라이트

기본 스프라이트 고양이로 정하고 스프라이트 설정 창에서 크기를 적당히 줄여보자.

❸ 새로운 블록

정오각형을 그리려면 변의 길이만큼 이동시키는 블록, 회전을 명령하는 블록이 필요하다. 그런데 이동하고 회전만 하는 것이 아니라 스프라이트가 지나간 자리를 그리는 블록도 필요하다. 물론 시작을 명령하는 블록도 필요하다.

우선 스크래치 실행 창 왼편 하단의 '확장 기능 추가하기' 를 클릭하여 '펜' 도구를 추가한다.

이벤트	클릭했을 때	이 버튼을 클릭하면 아래에 연결된 블록들을 차례로 실행한다.
펜	펜 내리기	스프라이트가 이동하는 경로를 따라 선이 그려지기 시작한다. (스프라이트의 중심점이 기준)
동작	10 만큼 움직이기	설정한 값만큼 스프라이트의 이동 방향 회살표가 가리키는 방향으로 움직인다.
동작	방향으로 15 도 돌기	입력한 각도만큼 스프라이트의 방향을 시계방향으로 회전한다(회전 중심은 스프라이트의 중심점).

블록 조립하기

❶ 스프라이트 실행을 위해 이벤트에서 클릭했을 때를 드래그한다.

❷ 지시한 대로 그리기 위해 펜 에서 펜 내리기를 아래에 붙인다.

❸ 한 변의 길이가 100인 오각형을 만들기 위해 동작 에서 10 만큼 움직이기를 드래그해 붙인 뒤 '10'을 '100'으로 수정하고 방향으로 15 도 돌기를 붙인 뒤 '15'를 '72'(정오각형의 외각의 크기만큼 회전하기)로 수정한 블록을 조립하고 5번 반복한다.

❹ 블록을 모두 이어 붙인다.

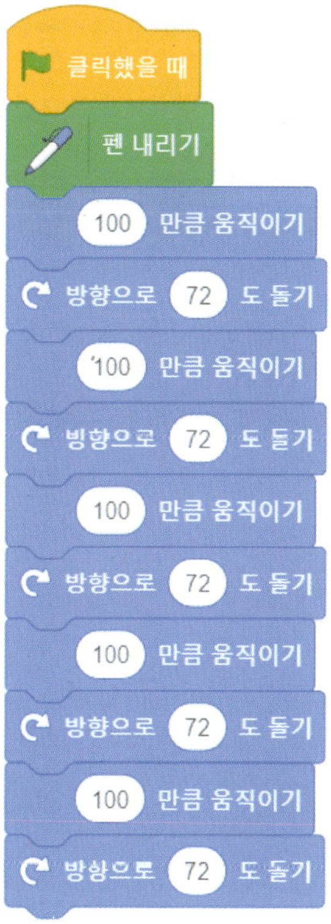

----- 클릭하면 아래 블록들이 실행됨

----- 아래 블록에서 지시한 대로 그리기 시작한다.

----- 한 변의 길이인 100만큼 움직이면서 선을 긋는다.

----- (100만큼 움직인) 스프라이트가 그 자리에서 시계방향으로 정오각형의 외각 360/5=72도만큼 회전만 한다.

정오각형을 만들어야 하므로 5번 반복한다.

잠깐! 

• 블록에 마우스를 대고 오른쪽 클릭하여 복사하기를 클릭하면 선택한 블록 아래 모든 블록들이 복사된다.

프로그램 실행결과 확인하기

를 클릭하면 블록이 실행된다.

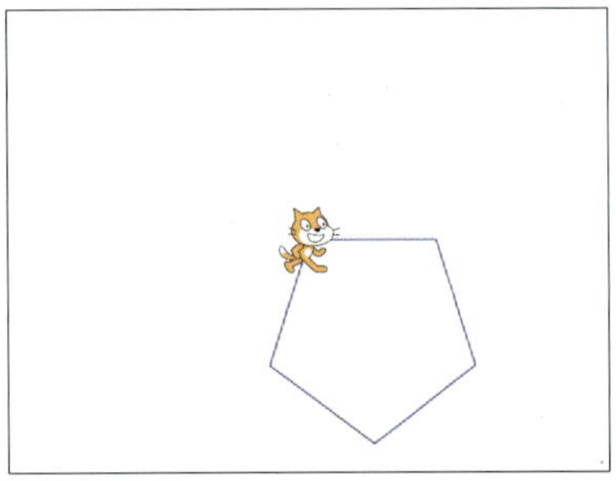

http://scratch.mit.edu/projects/301024481/

잠깐!

- 일반적으로 각도에 방향을 줄 때 수학에서 72도는 **시계 반대** 방향으로 잰 각을 말한다.
- 스크래치에서 스프라이트의 [↻ 방향으로 15 도 돌기]는 **시계방향**으로 도는 각도이고 [↺ 방향으로 15 도 돌기]는 **반시계 방향**으로 도는 각도이다.

더 나아가기 1 반복을 이용하여 프로그램을 간단하게 만들기

컴퓨터가 여러 번 반복하는 일을 간단하게 잘 처리하는 그것은 프로그래밍할 때 어떤 일을 반복해서 실행하게 하는 반복 기능 덕분이다. 반복 기능을 사용하면 훨씬 쉽고 단순하게 코딩을 할 수 있다. 스크래치에서는 똑같은 블록을 여러 번 사용하는 경우에 '반복하기' 블록을 사용하면 블록의 개수를 줄일 수 있으며 프로그램의 구조를 한눈에 알아볼 수 있다.

반복된 긴 블록을 간단하게 줄이기 위해서 아래와 같은 반복하기 블록을 사용해 보자.

제어		감싸고 있는 블록들을 설정한 횟수만큼 반복 실행한다.

앞의 정오각형 그리기 프로그래밍에서는

이 5번 반복됨을 알 수 있다. 이 반복된 긴 과정을 간단히 하기 위하여 제어 의 반복하기 블록을 사용한다. 이때  안에 반복할 블록을 넣고 에 반복횟수를 입력하면 반복된 긴 과정을 간단히 표현할 수 있다.

https://scratch.mit.edu/projects/301025131/

다음은 정오각형 그리기의 두 프로그램이다. 첫 번째 프로그램과 같이 위에서 아래로 순서대로 블록의 명령을 실행하도록 한 프로그램을 순차처리 프로그램이라 하고, 순차처리 프로그래밍에서 반복되는 명령들을 묶어 간단히 처리하는 프로그램을 반복 처리 프로그램이라고 한다.

순차 처리 프로그램　　　　　반복 처리 프로그램

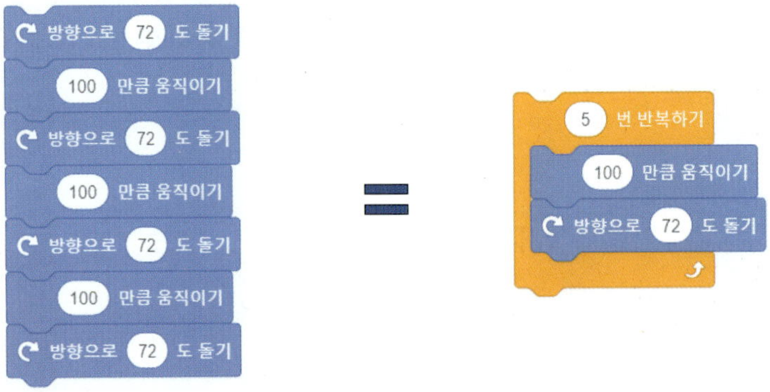

생각해 보기 1

정오각형 그리기의 두 프로그램의 차이점을 찾아보자.

(1)

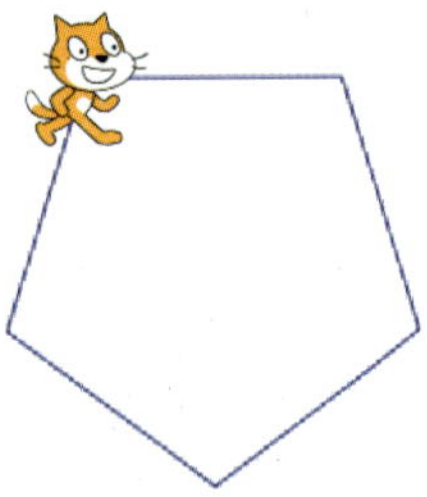

(2)

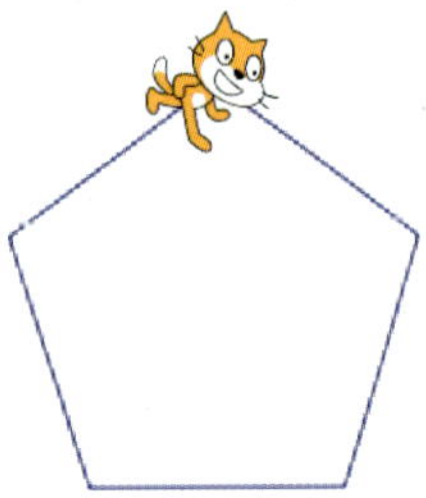

· 문제 · 02 정육각형, 정칠각형 그리기

아래 첫 번째는 앞에서 우리가 완성한 정오각형 그리기 프로그램이다. 이제 정육각형, 정칠각형 프로그램을 완성해 보자.

정오각형 프로그램

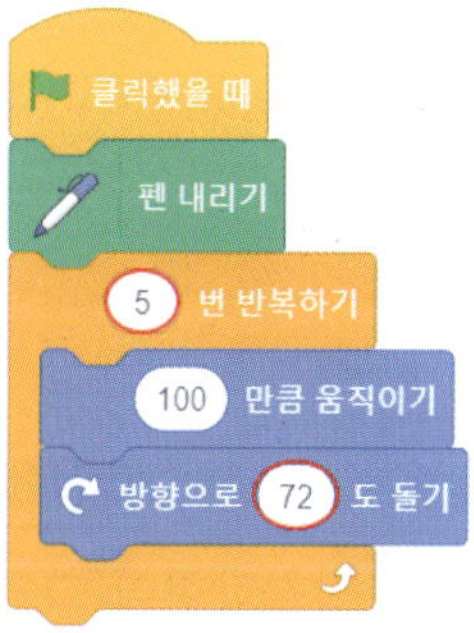

정육각형 프로그래밍

정칠각형 프로그래밍

❶ 정육각형 그리기 프로그램에서 ( ) 안에 어떤 수 들을 넣어야 할까?

> 반복횟수 6 (변의 수), 회전각 360/6=60 (외각)

❷ 정칠각형 그리기 프로그램에서 ( ) 안에 어떤 수 들을 넣어야 할까?

> 반복횟수 7 (변의 수), 회전각 360/7=51.428...60 (외각)

잠깐!

- 이때 360/7=51.428...은 무한 소수이므로 51.428...을 입력하기보다 360/7을 입력하는 것이 좋다. 연산 의 나눗셈 블록 (÷)의 각 숫자를 클릭하고 왼쪽부터 차례로 360과 7을 입력한 (360 ÷ 7)을 놓기 블록에 넣는다.

연산	( ) ÷ ( )	입력한 두 수의 ÷ 연산을 나타낸다.

잠깐! 한 변의 길이 설정

- 정다각형의 변의 수가 많아질수록 도형이 커져 화면에 다 나타낼 수 없음을 알 수 있다. 따라서 변의 수가 많을수록 변의 길이를 작게 해주면 도형이 화면 안에 다 들어오게 할 수 있다. 편의상 정오각형 변의 길이는 360/5 정도, 정육각형 변의 길이는 360/6, 정육각형 변의 길이는 360/7 정도로 정해주면 편리하다.

더 나아가기 2 5를 눌러 정오각형, 6을 눌러 정육각형, 7을 눌러 정칠각형 그리기

SCRATCH

앞에서 우리는 정오각형, 정육각형, 정칠각형 그리기 프로그램을 완성하였다. 이 프로그램에 새로운 블록을 추가하여 5를 누르면 정오각형이, 6을 누르면 정육각형이, 7을 누르면 정칠각형이 그려지도록 해 보자. 어떤 블록이 필요할까?

이벤트	스페이스 ▾ 키를 눌렀을 때	지정된 키를 누르면 그 아래 연결된 블록들을 실행한다.
형태	안녕! 을(를) 2 초 동안 말하기	스프라이트가 입력한 내용을 입력한 시간 동안 말풍선으로 말한 후 다음 블록이 실행된다.
펜	모두 지우기	해당 스프라이트가 그린 선과 도장을 모두 지운다.

Step 1

블록을 각 프로그램 위에 올린다. 각 도형을 그리기 전 화면을 깨끗이 지우기 위해

블록을 이용한다.

정오각형 프로그램　　정육각형 프로그램　　정칠각형 프로그램

이 상태에서 시작하기 버튼 를 클릭하면 블록이 실행된다. 을 누른 후 5 또는 6 또는 7을 누르면 각각 실행된다.

Step 2

조금 더 친절하게 하려면 5, 6, 7 키를 누르라고 안내해 주면 좋겠다. 말하기 블록을 사용하여 5, 6, 7 키를 누르도록 안내할 수 있다. 안녕! 대신 '정5각형은 5, 정6각형은 6, 정7각형은 7키를 누르세요'라고 입력해 보자.

Step 3

시작하기 버튼 을 누른 다음 5, 6, 7을 마음대로 누른 경우의 실행결과는 다음과 같다.

5 누르기

6 누르기

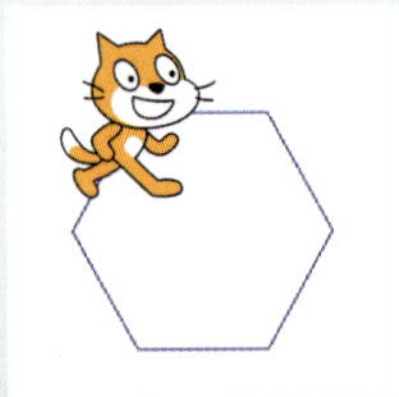

7 누르기

http://scratch.mit.edu/projects/301026170/

·문제· 03 몇 각형을 그릴 것인지 묻고, 대답을 받아 원하는 정다각형 그리기

우리는 정오각형, 정육각형, 정칠각형을 프로그래밍해 보았다. 그러나 컴퓨터 프로그래밍은 이들 사이의 규칙을 찾아 일반하한 프로그래밍을 할 때 더욱 의미가 있다. 다시 말해서 n에 대한 정보를 주면 곧바로 정n각형을 그리는 프로그래밍을 하면 좋을 것이다.

이제 상황에 따라 변하는 수 n에 대한 정보를 담을 그릇이 필요한 데 정보를 담는 그릇을 변수라고 한다. 수학에서의 변수란 변하는 수를 말하고 x, y를 주로 사용한다. 컴퓨터에서의 변수란 정보(자료)를 담는 그릇이라고 할 수 있으며, 이때 변수에는 한순간에 하나의 값만을 저장할 수 있다. 다른 값이 입력되는 순간 이전의 값은 지워진다는 사실을 꼭 생각하자. 변수 이름은 저장된 값을 구분하여 알려주기 위한 것으로 단어나 약자를 사용한다. 예를 들어, n, x, $radius$, 몸무게, 성적 등과 같이 쓸 수 있다.

이제 n을 입력할 때마다 정n각형을 그리는 프로그래밍을 해 보자.

문제 분석하기

❶ 정n각형 그리기 프로그래밍을 위해, 앞에서 다루었던 정오각형 그리기 프로그래밍을 살펴보면 다음과 같다.

❷ 정n각형의 경우 반복횟수는 얼마로 하면 될까?

n번

❸ 정n각형의 경우 회전 각도는 얼마로 하면 될까?

외각의 크기 = $360/n^{\circ}$

❹ n은 변할 수 있는 수이다. n이 몇인지를 정확히 정해주어야만 프로그램은 그 정n각형을 그린다. 따라서 변수 n을 만들고, n이 몇인지 묻는 다음 대답을 n에 기억시키는 블록이 필요하다.

설계하기

❶ 알고리즘

문제를 해결하는 방법을 그림으로 나타내 보자.

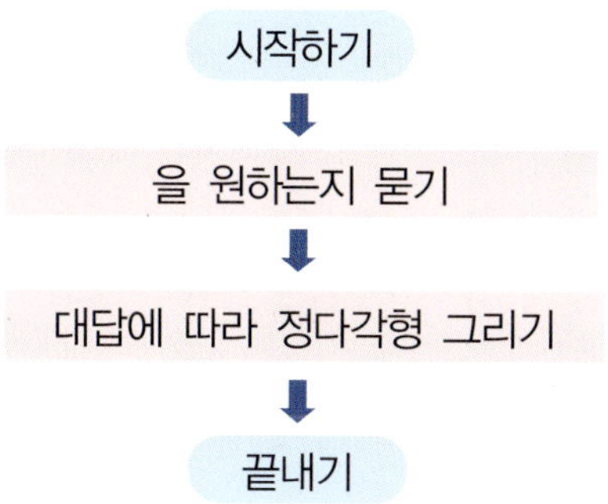

❷ 새로운 블록

감지	What's your name? 라고 묻고 기다리기	입력한 문자를 스프라이트가 말풍선으로 묻고 대답 입력을 기다린다. 이 블록을 블록 조립소로 가져오면 실행화면에 대답이 생성된다.
감지	대답	스프라이트가 묻고 대답을 기다릴 때 입력한 값이 대답에 입력되며 대답 또한, 변수라고 할 수 있다.
변수	나의 변수 ▾ 을(를) 0 로 정하기	선택한 변수의 값을 입력한 값으로 정한다.
변수	☑ n	변수 의 변수 만들기 를 클릭하고 변수 이름에 n을 입력한 후 확인을 클릭하면 변수 에 ☑ n 블록이 생성된다.

❸ 변수 만들기

■ 변수 의 변수 만들기 를 클릭하고 변수 이름을 n이라고 입력한 후 확인을 누른다. 그러면 변수 에 변수 n에 관련된 새로운 블록들이 생기고 실행화면에는 ☑ n 이 나타난다.

기능 알기 변수 만들기

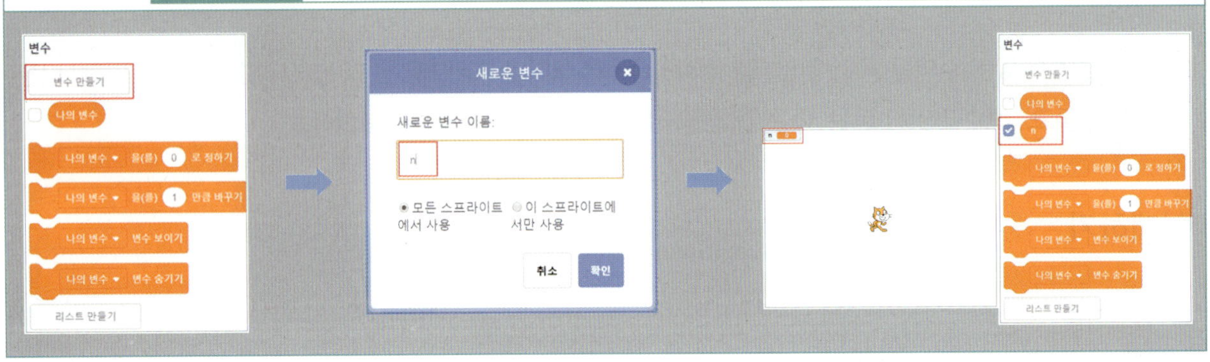

블록 조립하기

❶ 정n각형을 만들기 위해 변수 에서 변수 만들기 를 클릭하고 n을 입력한 후 확인을 클릭하여 변수 n을 만든다.

❷ 펜 에서 펜 내리기를 드래그해 붙이고 몇 각형인지를 감지하기 위해 감지 에서 What's your name? 라고 묻고 기다리기를 드래그하여 붙이고 '몇 각형인가?'라고 입력한다.

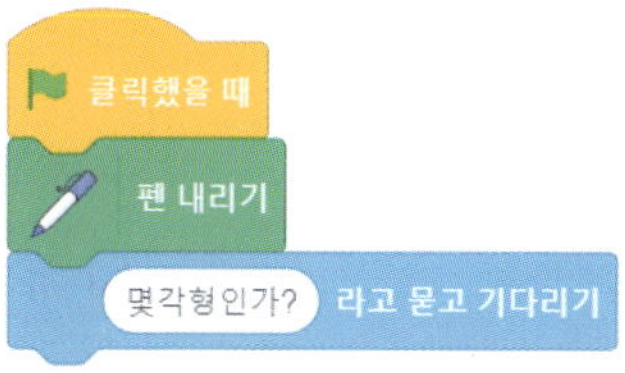

❸ 변수 에서 나의 변수 ▾ 을(를) 0 로 정하기'를 드래그한 다음 나의 변수 ▾를 클릭한 뒤 n ▾을 선택하고 '0'에 감지 의 대답을 드래그하여 붙인다.

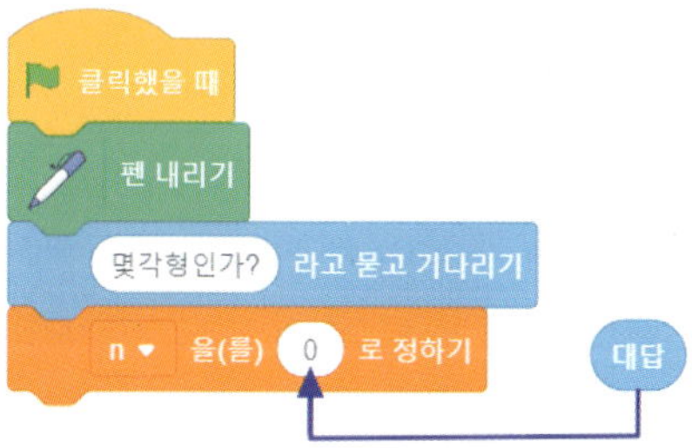

❹ 한 변의 길이가 60인 정n각형을 그리기 위해 동작 의 60 만큼 움직이기를 드래그해 붙이고 방향으로 15 도 돌기를 드래그한 다음 '15'를 연산 의 나눗셈 도구를 이용하여 360 ÷ n 을 만든 뒤 드래그하여 붙인다.

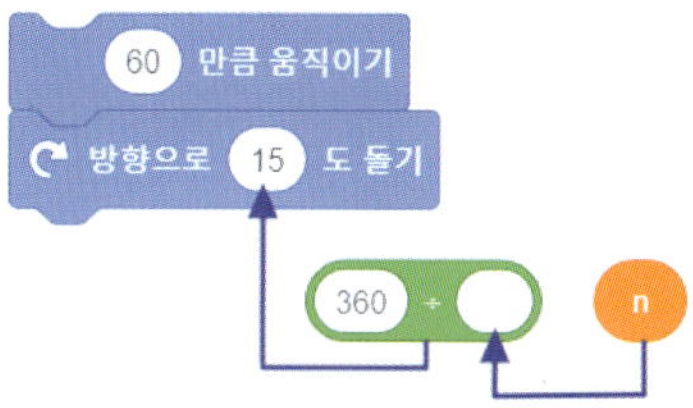

❺ n번 반복하기 위해 제어 의 [10 번 반복하기]를 드래그한 다음 '10'에 변수 의 [n]을 드래그하여 붙인 다음 ④에서 만든 블록을 감싼다.

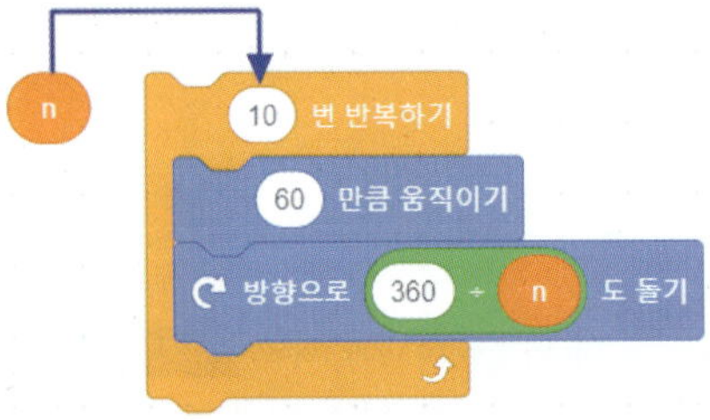

❻ 블록을 모두 이어 붙인다.

프로그램 실행결과 확인하기

"몇 각형인가?"라고 물었을 때 "9"이라고 대답하고 실행한 결과이다.

9입력

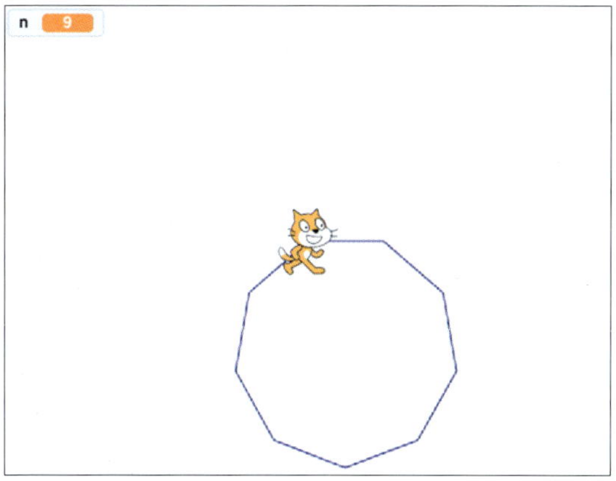

http://scratch.mit.edu/projects/301028370/

잠깐! 한 변의 길이 설정

- 몇 각형을 원하는지 물으면 값을 입력하고 ✔을 클릭하거나 enter를 클릭한다.
- 그림 일부가 나타나지 않으면 변의 길이를 줄이거나 스프라이트의 위치를 옮겨보자.
- 한 변씩 그리는 과정을 보고 싶을 때는 [제어] 스크립트에서 블록 [1 초 기다리기]에 적당한 수를 입력한 후 적당한 위치에 끼워 넣는다.

생각해 보기 2

정n각형 그리기 프로그램으로 정360각형을 그려보자.

생각해 보기 해답

생각해 보기 1

스프라이트는 바라보는 방향(0도 방향)으로 진행하게 되어있다. 따라서 처음 시작할 때 '시계방향으로 36도 돌기' 블록을 추가하면 스프라이트가 먼저 방향을 바꾼 후 움직이기 때문에 정오각형의 위치가 달라진다.

생각해 보기 2

한 변의 길이가 같은 서로 다른 정n각형들은 n이 커지면 도형의 크기도 커지므로 정n각형이 화면에 다 나올 수 없는 경우가 생긴다. 따라서 n이 커질수록 변의 길이를 작게 선택하는 것이 좋다. 의 60 대신 을 넣고 프로그램을 실행해 보자.

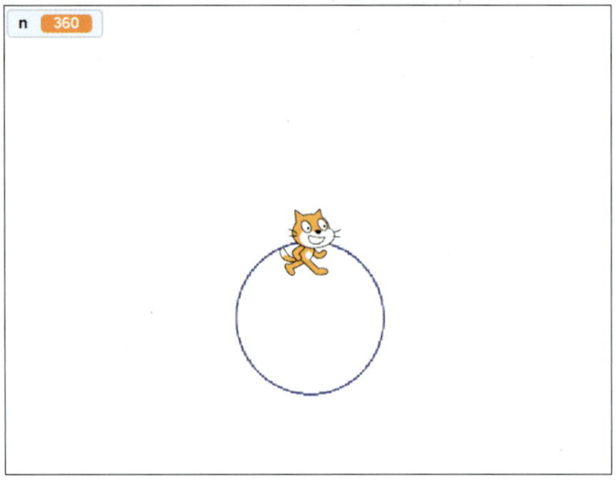

http://scratch.mit.edu/projects/301026696/

수학 개념 정리

1. 다각형의 내각 : 이웃하는 두 변이 이루는 각 중에서 도형의 안쪽에 있는 각

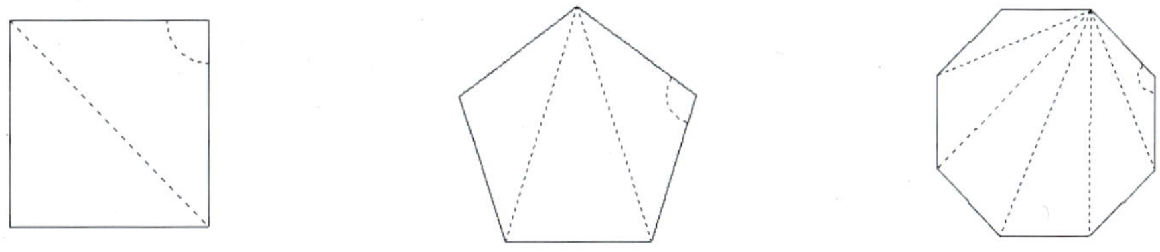

❶ 사각형은 2개의 삼각형으로, 오각형은 3개의 삼각형으로, 팔각형은 6개의 삼각형으로 나누어지고, n각형은 $(n-2)$개의 삼각형으로 나누어진다.

❷ 삼각형의 내각의 합은 180도이므로 n 각형의 내각의 합은 $180\times(n-2)$도이다.

❸ 정다각형은 각의 크기가 모두 같으므로 정다각형의 한 내각의 크기는 $\dfrac{180\times(n-2)}{n}$도이다.

2. 다각형의 외각 : 1개의 변과 그 옆의 변의 연장선이 만드는 각

❶ 다각형의 외각의 합은 360도이다.

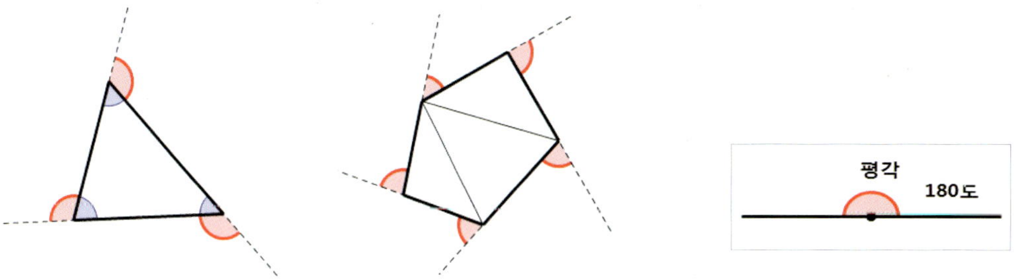

- 삼각형: 평각 3개 $(180\times3)=540°$에서 내각의 합 $(180\times1)=180$도를 빼면 외각의 합은 $360°$
- 오각형: 평각 5개 $(180\times5)=900°$에서 내각의 합 $(180\times3)=540$도를 빼면 외각의 합은 $360°$
- n각형: 평각 n개 $(180\times n)°$에서 내각의 합 $180\times(n-2)$도를 빼면 외각의 합은 $360°$

❷ 정n각형의 한 외각의 크기는 $(360/n)$도이다.

CHAPTER

2

정다각형을 이용하여 무늬 만들기

CHAPTER 02

정다각형을 이용하여 무늬 만들기

학습 내용

- 수학 - 회전 이동, 다각형의 내각과 외각
- 코딩 - 반복하기, 조건을 포함한 반복하기, 반복을 포함한 반복하기, 변수

아래는 정다각형을 이용하여 만든 무늬이다.

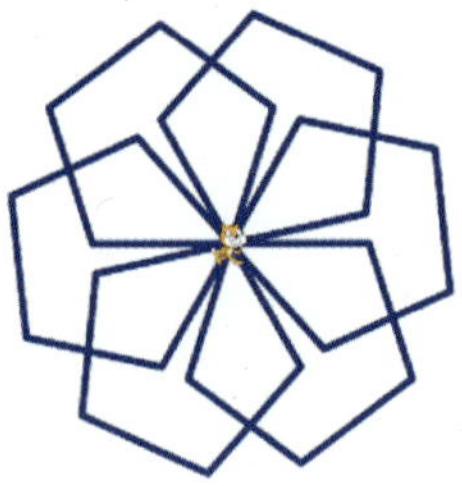

무늬 1

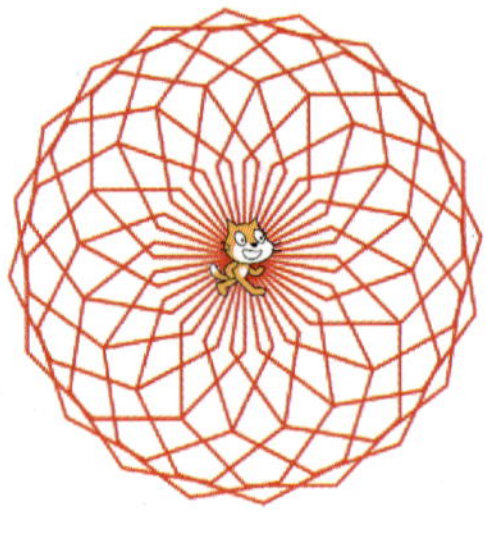

무늬 2

무늬 3

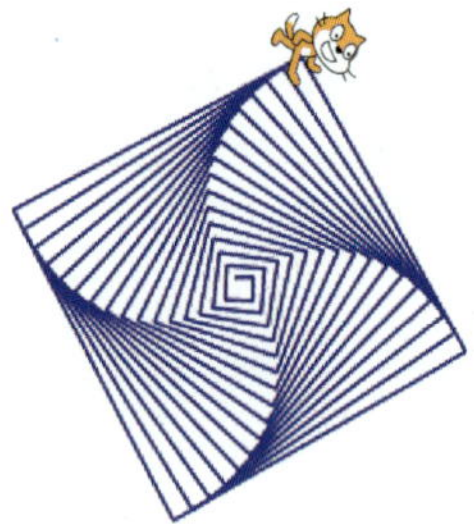

무늬 4

· 문제 · 01 정오각형 꽃 그리기

앞에서 만든 정오각형 그리기 프로그램을 수정하여 변의 길이가 60인 정오각형 꽃잎 6개로 이루어진 무늬 1이 완성되도록 코딩해 보자.

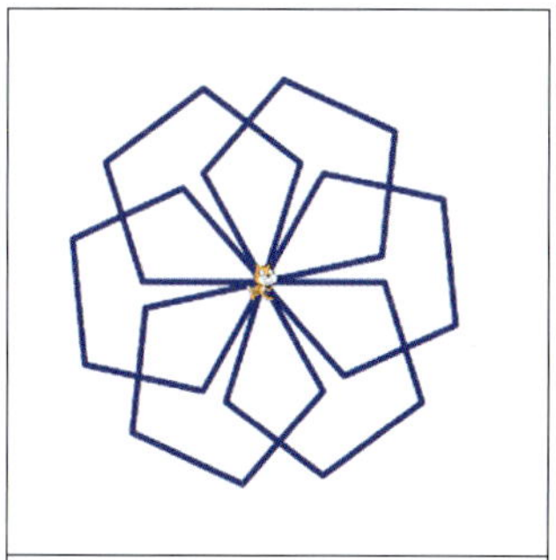

무늬 1

문제 분석하기

❶ 정오각형 꽃잎을 한 개 그린 후 다음 정오각형 꽃잎 6개를 그리려면 몇 도를 회전해야 할까?

360/6=60도

❷ 정오각형 한 개 그리기 프로그램은 앞장에서 작성해 보았듯이 다음과 같다.

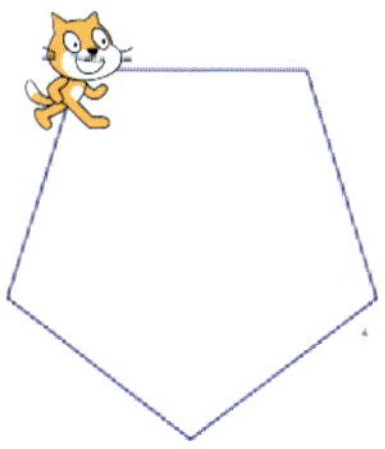

❸ '꽃잎 하나를 그리고 60도 회전하기'를 몇 번 반복해야 할까?

6번

설계하기

❶ 알고리즘

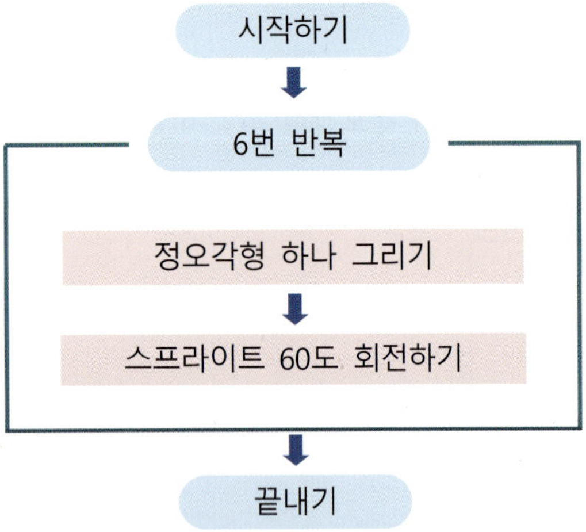

❷ 새로운 블록

형태	크기를 (100) %로 정하기	해당 스프라이트의 크기를 입력한 값으로 정한다.
펜	펜 굵기를 (1) (으)로 정하기	스프라이트가 그리는 선의 굵기를 입력한 값으로 정합니다. (1 ~ 무한의 범위, 1 이하는 1로 처리)
펜	펜 색깔을 ( ) (으)로 정하기	스프라이트가 그리는 선의 색을 선택한 색으로 정합니다. 색을 선택하면 여러 가지 색이 나옵니다. 이 중 원하는 색을 선택합니다.

블록 조립하기

❶ 스프라이트 크기를 바꾸기 위해 형태 에서 크기를 (100) %로 정하기 를 드래그한 뒤 크기를 적당히 바꾼다.

❷ 펜의 색과 굵기를 바꾸기 위해 펜 에서 펜 색깔을 ( )(으)로 정하기와 펜 굵기를 (1) (으)로 정하기, 펜 내리기를 드래그한 뒤 색과 값을 바꾼다.

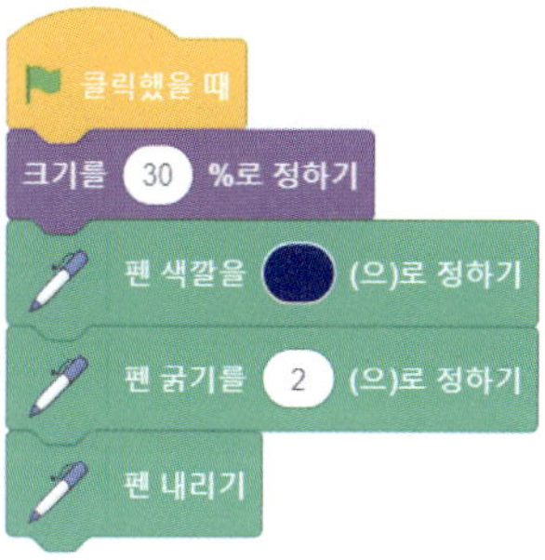

❸ 정오각형을 그리는 블록을 만들고 그 정오각형을 하나 더 그릴 때마다 60도씩 회전하도록 동작 에서 방향으로 (60) 도 돌기를 드래그해 붙인다.

❹ 무늬의 꽃잎이 6개이므로 정오각형 그리기를 6번 반복한다.

❺ 블록을 모두 이어 붙인다.

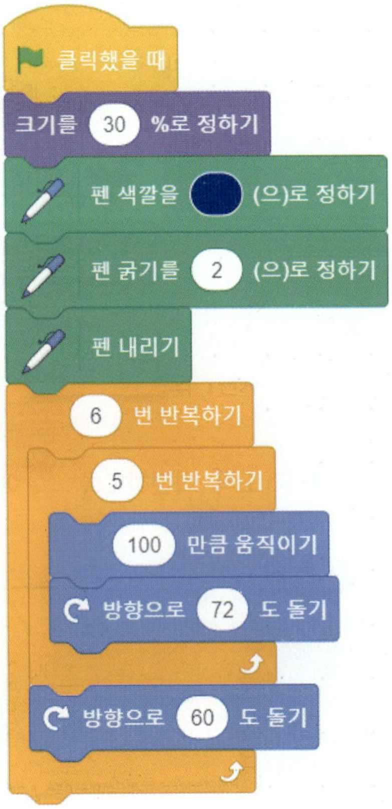

········· 스프라이트 크기를 바꾼다

········· 붓 색깔을 바꾼다.

········· 붓 굵기를 바꾼다.

········· 꽃잎이 6개이므로 정오각형 그리기를 6 번 반복한다.

········· 정오각형을 그린다.

········· 다음 정오각형을 하나 더 그릴 때마다 6 0도씩 회전한다.

프로그램 실행결과 확인하기

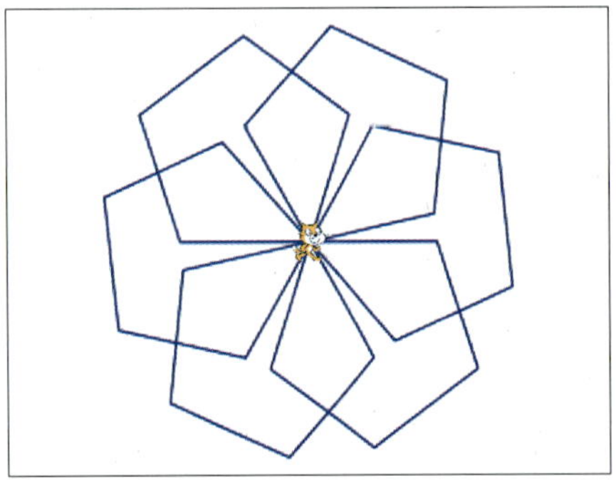

http://scratch.mit.edu/projects/301030638/

꾸미기

하늘을 배경으로 한 변의 길이가 100인 정삼각형 날개가 3개인 바람개비를 만들어 돌려보자.

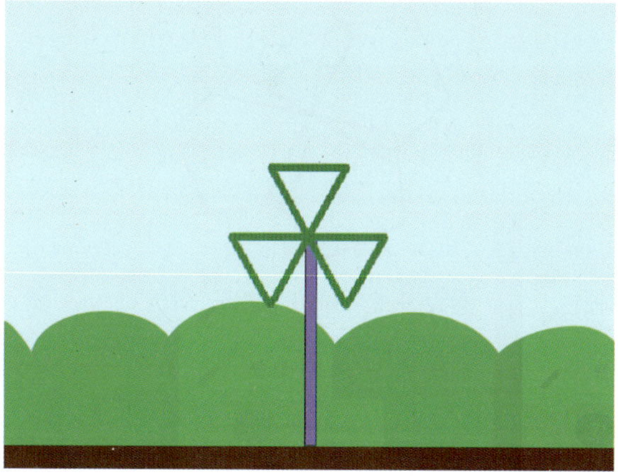

· 문제 ·
02
다양한 모양의 정다각형 꽃 그리기

문제 분석하기

❶ 무엇을 변수 만들기 해야 할까?

꽃잎 개수와 꽃잎 모양이 대답에 따라 변하므로 꽃잎 개수와 꽃잎 모양(몇 각형)을 변수 만들 기를 한다.

❷ 변수 이름을 무엇이라고 정할까?

'변의 수', '꽃잎 수'라고 이름을 붙여도 되지만 간단히 정다각형의 변의 수= n, 꽃잎 수=a 로 정해보자.

❸ 정n각형을 그렸다면 그다음 정n각형을 그리기 위해 꽃잎이 a개이므로 스프라이트를 (　　)도 회전해야 한다.

$360/a$

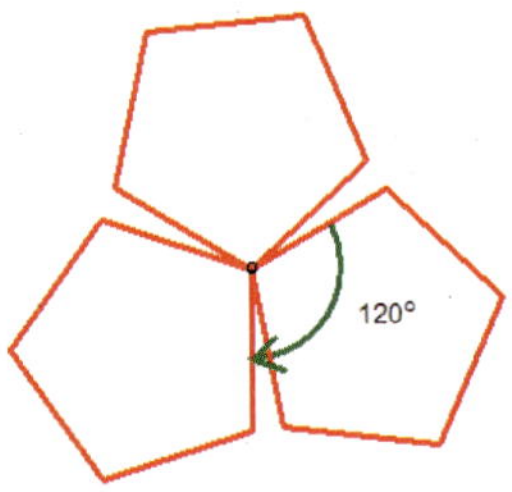

꽃잎 3개: 360/3=120도 회전

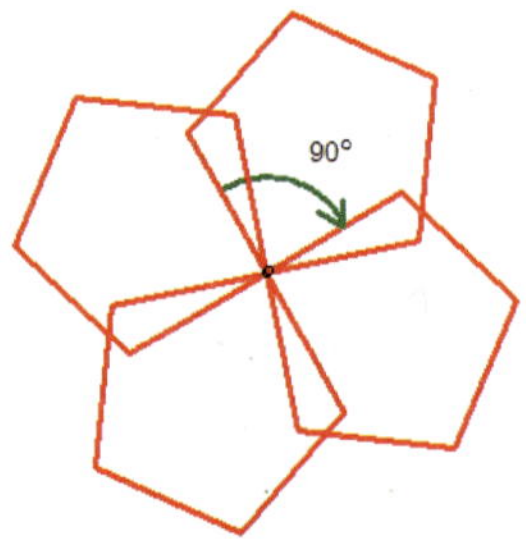

꽃잎 4개: 360/4= 90도 회전

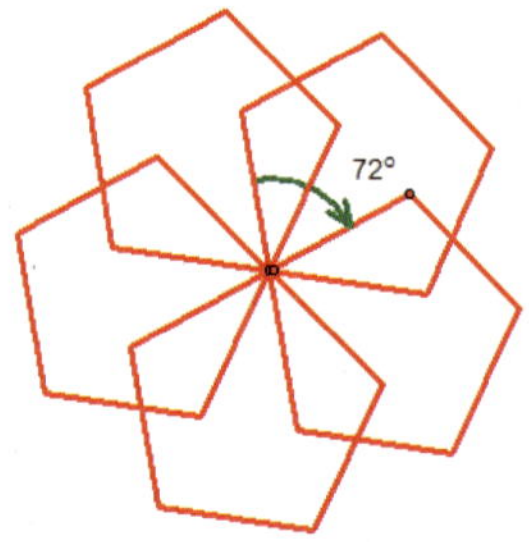

꽃잎 5개: 360/5= 72도 회전

설계하기

❶ 알고리즘

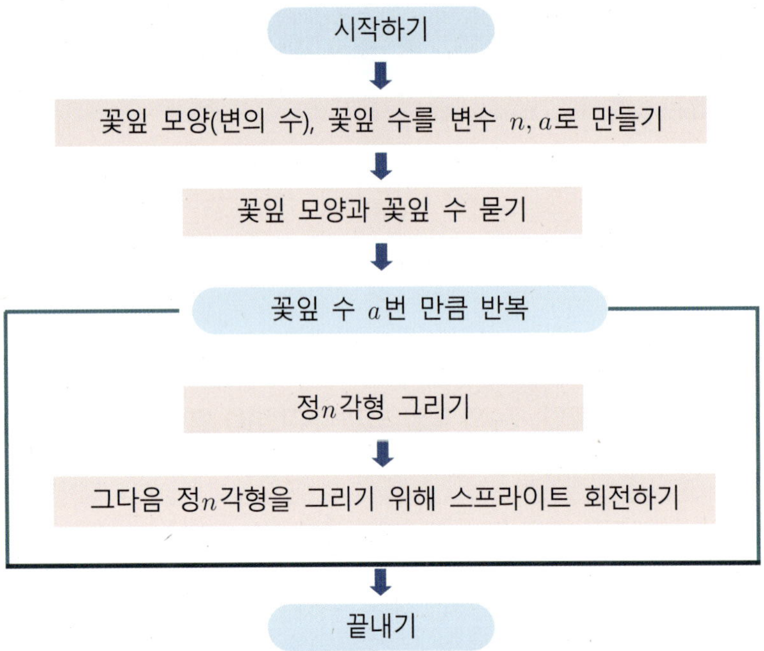

❷ 스프라이트

기본 스프라이트 고양이로 정하고 스프라이트의 크기를 적당한 크기로 줄이자.

❸ 변수 만들기

- 두 개의 변수 n, a를 만든다. 

의

에서 변수 이름을 n으로 입력하고 확인을 누른다. 다시

를 누르고 변수 n을 만든 것처럼 변수 a을 만든다. 그러면 블록의 자료에 변수 값 버튼과 함께 변수 관련 블록이 생긴다.

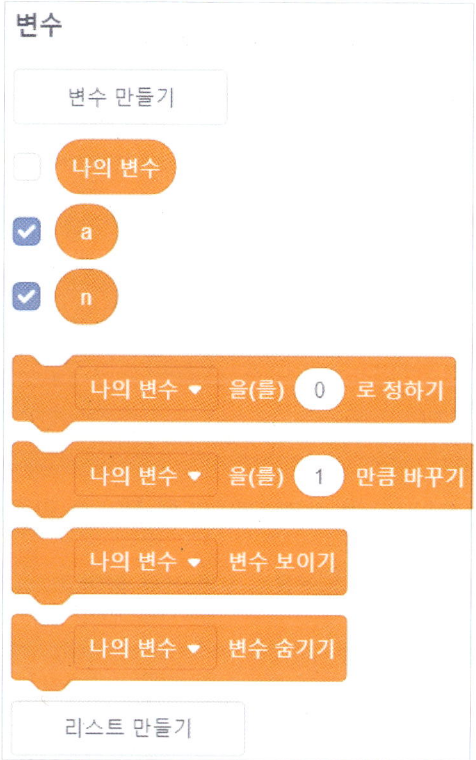

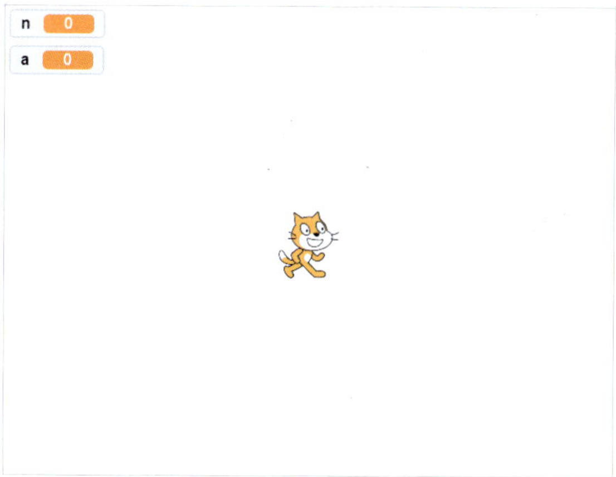

블록 조립하기

❶ 몇 각형인지를 결정하는 변수 n과 꽃잎의 개수를 결정하는 변수 a를 

를 이용해 만든다.

❷ '몇 각형?'인지 묻고 그 답을 n으로 하기 위해 감지 에서 What's your name? 라고 묻고 기다리기와 변수 에서 나의 변수 ▾ 을(를) 0 로 정하기를 드래그한 다음 나의 변수 ▾를 클릭한 뒤 n ▾을 선택하고 '0'에 감지 의 대답을 드래그하여 붙인다.

❸ '꽃잎은 몇 개?'인지 묻고 그 답을 a로 하기 위해 ②와 같은 방식으로 만들어 붙이고 펜 에서 펜 내리기를 붙인다.

❹ 한 변의 길이가 60인 정n각형을 그리는 블록을 만들고 꽃잎 수가 a만큼 반복하게 하도록 꽃잎 수 만큼 스프라이트를 $360/a$도 회전할 수 있게 동작 에서 ↻ 방향으로 360 ÷ a 도 돌기블록을 만들어서 붙이고 제어 에서 a 번 반복하기블록을 만들어서 감싼다.

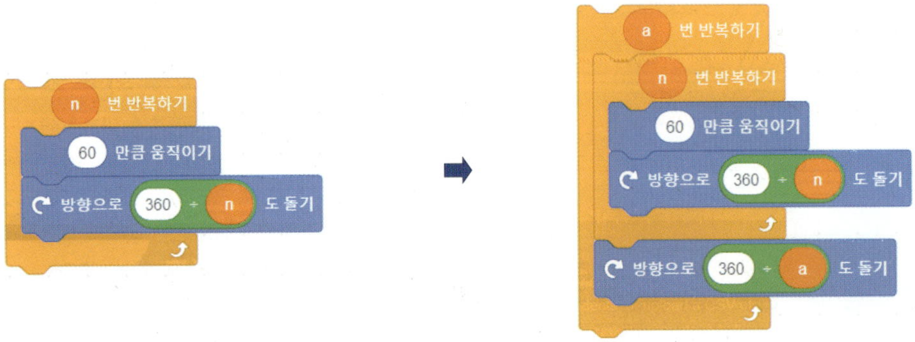

❺ 블록을 모두 이어 붙인다.

몇 각형인지 물었을 때 대답하면 그 값은 대답에 잠시 저장된다. 대답을 n에 저장한다. 이제 n 은 구체적인 값이 된다.
꽃잎 수를 묻고 대답을 a에 저장한다. a를 몇인지 대답했으므로 a는 구체적인 값이 된다.

이제 n과 a가 정해졌으므로 그리기 시작한다.

❶ ❷

❶ 한 변 길이가 60인 정n각형을 그린다.
❷ 꽃잎 수 a만큼 반복한다.

꽃잎 수가 a개이므로 스프라이트를 $360/a$ 도 회전한다.

프로그램 실행결과 확인하기

http://scratch.mit.edu/projects/301031414/

잠깐!

화면에 다 그릴 수 없을 때 [60 만큼 움직이기] 의 숫자(변의 길이)를 더 작은 수로 바꿔본다. 60 대신 [360 ÷ n] 을 넣고 프로그램을 실행해 보자.

· 문제 · 03 무늬 3 그리기

다음과 그림과 같이 정삼각형부터 정십이각형으로 이루어진 무늬를 그려보자.

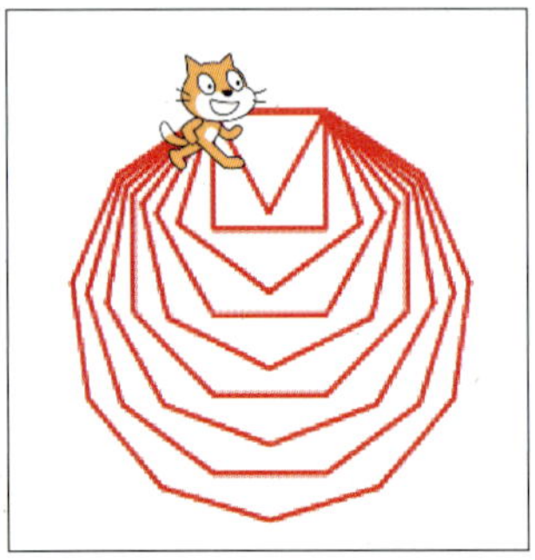

문제 분석하기

❶ 앞에서 만든 정n각형 그리기 블록을 이용하자.

❷ 모든 정다각형 변의 길이는 같다.

❸ 정삼각형부터 차례로 변의 수를 늘려가며 정 12각형까지 그려야 한다.

❹ 변의 수가 $3, 4, 5, \cdots, 12$로 변해가므로 변의 수를 변수 n으로 만들자.

❺ n을 처음 3에서 시작하여 n이 12가 될 때 끝낸다.

설계하기

❶ 알고리즘

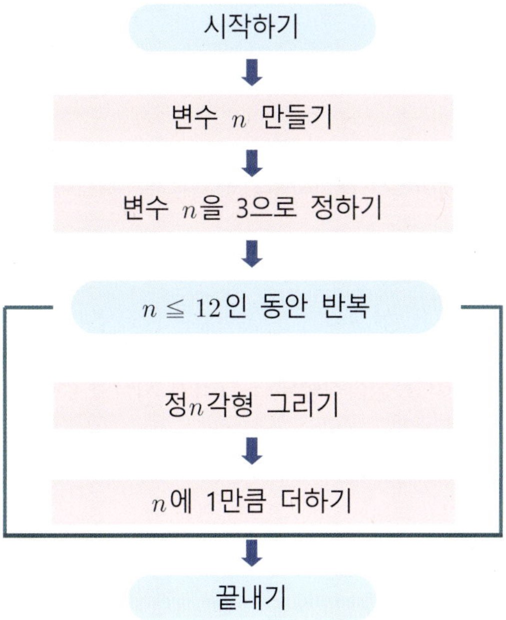

❷ 스프라이트

■ 기본 스프라이트 고양이로 정하고 스프라이트의 크기를 적당한 크기로 줄이자.

❸ 변수 만들기

■ 변의 수를 n이라는 이름으로 변수 만들기를 한다.

❹ 새로운 블록

범주	블록	설명
변수	나의 변수 ▾ 을(를) 1 만큼 바꾸기	선택한 변수에 입력한 값을 더한다.
제어	까지 반복하기	조건을 만족하는 동안 감싸고 있는 블록들을 반복 시행한다.
연산	( ) > 50	( ) > 50 (변의 길이, 100) 참인지 거짓인지 판단한다.

블록 조립하기

❶ 정n각형을 만들기 위해 변수 에서 '변수 만들기'를 클릭하고 n을 입력한 후 확인을 클릭하여 변수 n을 만든다.

☑ n

❷ 지시한 대로 그리기 위해 펜 에서 펜 내리기를 드래그해 붙이고 정삼각형부터 그리기 시작할 것이므로 'n'의 값을 3에서부터 시작하도록 변수 에서 n ▾ 을(를) 3 로 정하기 블록을 만들어 붙인다.

❸ 변의 길이가 50인 정n각형의 블록을 만들고 n의 값을 1씩 늘리기 위해 

에서 

블록을 만들어 붙인다.

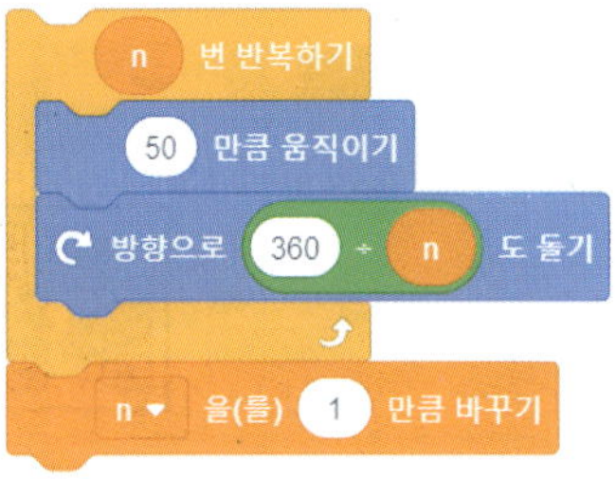

❹ 12각형까지 반복 실행하도록 

에서 

블록을 만들고 

에서 

블록을 만들어 감싼다.

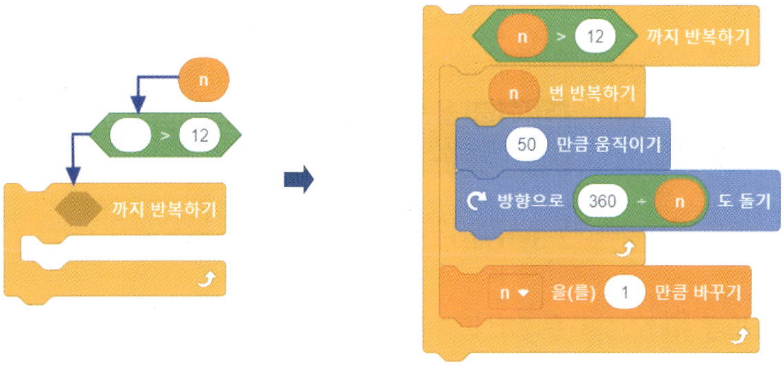

❺ 블록을 모두 이어 붙인다.

프로그램 실행결과 확인하기

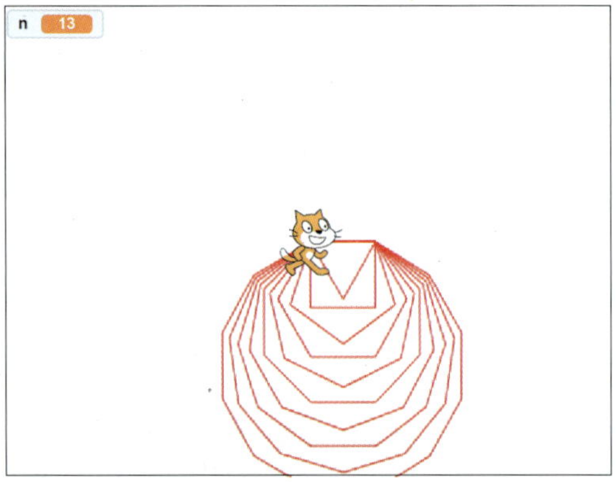

http://scratch.mit.edu/projects/301032140/

생각해 보기 1

정다각형들이 아래를 향하고 있다. 위를 향하도록 하려면 어떻게 해야 할까?

더 나아가기 1 나만의 블록을 이용한 프로그래밍

SCRATCH

정삼각형부터 그리기 시작하자.

Step 1

정다각형의 변의 수를 나타내는 변수 n을 변수에서 만들고 한 변 길이가 50인 정n각형을 그린다.

Step 2

그리기를 멈추고 -90도 회전하여 10만큼 이동한 후 다시 90도 회전하고 다음 정다각형을 그리기 위해서 n에 1만큼 더한다.

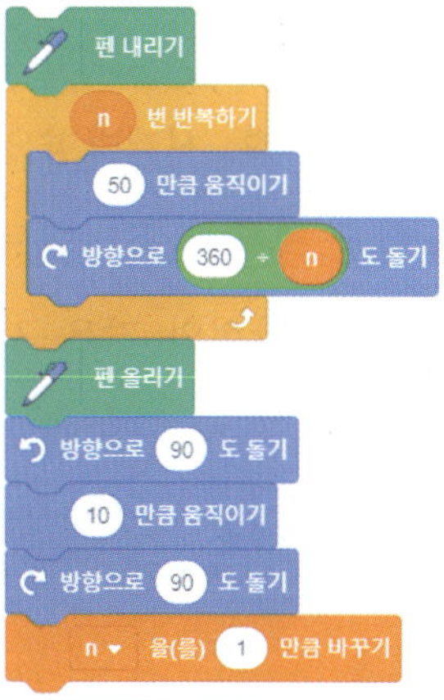

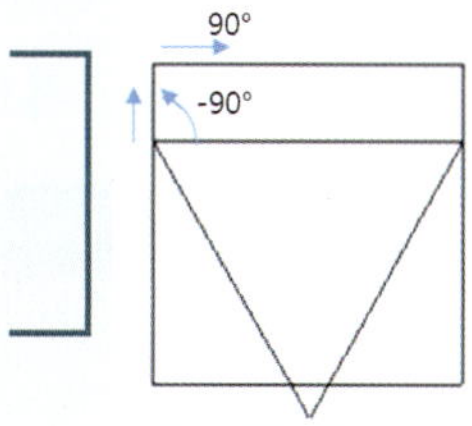

Step 3

이러한 과정을 n이 3일 때부터 12일 때까지 반복하는 블록은 다음과 같다.

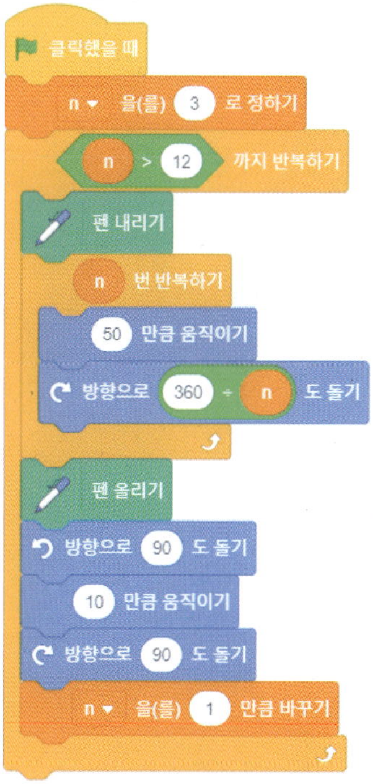

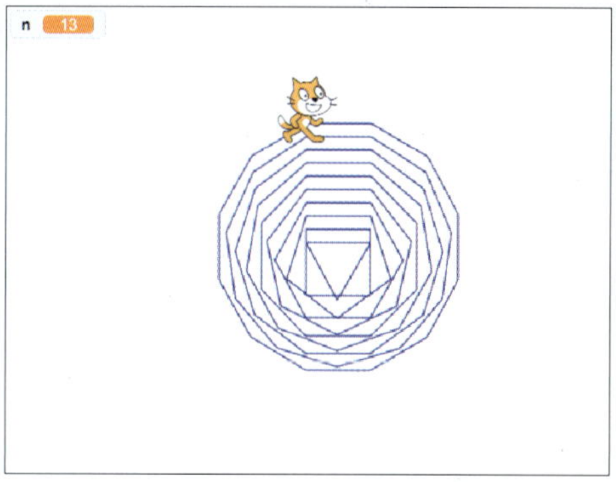

http://scratch.mit.edu/projects/308072132/

생각해 보기 해답

생각해 보기 1

스크래치에서는 시계방향으로 돌기 블록과 시계 반대 방향으로 돌기 블록이 있다. 따라서 정삼각형, 정사각형, 정오각형.. 모두 오른쪽으로 60만큼 이동하여서 한 변을 그린 후 시계방향으로 외각 120도, 90도, 72도...만큼 회전하여 다시 변을 그리면 앞에서와 같이 도형이 모두 스프라이트보다 아래쪽을 향하고 있다. 도형을 모두 스크래치 스프라이트 위쪽에 그리려면 정삼각형의 경우 시계 반대 방향으로 120도, 정사각형의 경우 시계 반대 방향으로 90도, 정오각형의 경우 시계 반대 방향으로 72도, 만큼 회전하여 변을 그려야 한다. 따라서 ↻ 방향으로 (360 ÷ n) 도 돌기 블록을 ↺ 방향으로 (360 ÷ n) 도 돌기 블록으로 수정하면 된다.

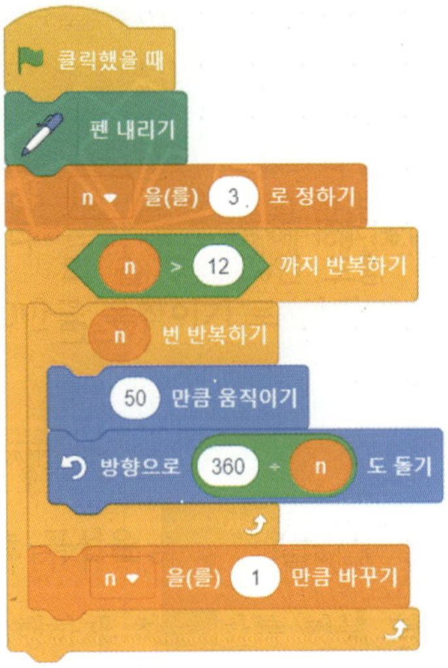

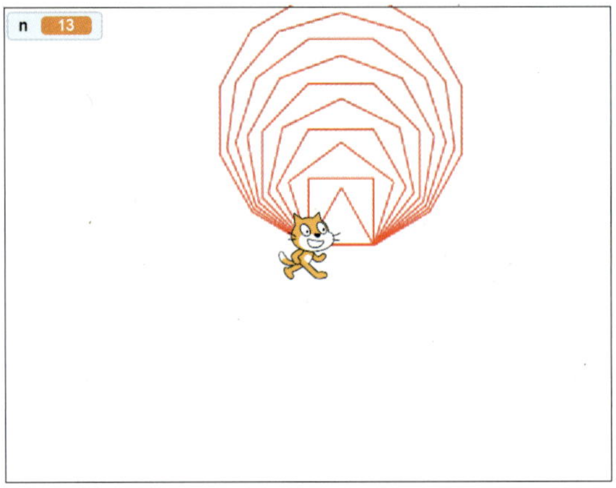

http://scratch.mit.edu/projects/301032525/

꾸미기 [문제1] 에서 그린 정다각형 무늬를 이용하여 아래와 같이 코딩해 보자.

Step 1

우선 120도 간격으로 정삼각형 날개 3개를 그린다.

돌아가는 움직임은 3장의 날개가 그려졌다가 지워지고 약간 다시 회전한 다음 지워졌다 다시 그려지는 과정을 계속 반복하면 된다.

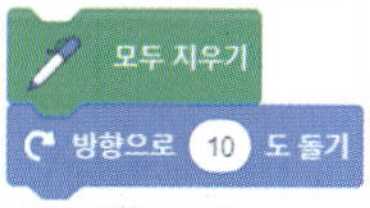

Step 2

배경을 만들기 위해 무대 에서 를 클릭하고 나서 배경으로 Blue Sky 를 선택한다. 배경 에서 그리기 도구에서 □을 이용해 바람개비의 막대를 그린다.

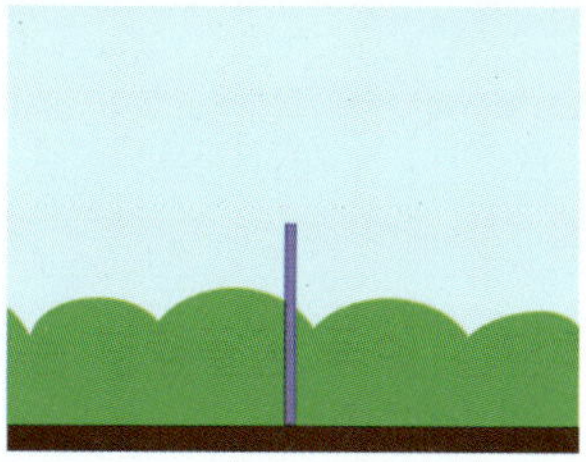

Step 3

붓의 굵기를 5로 정하고 고양이는 나타나지 않도록 숨기고 위의 과정을 무한 번 반복하게 블록을 조립한다.

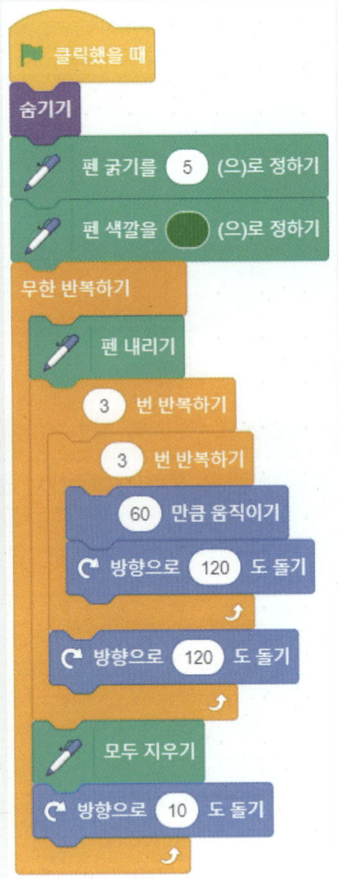

http://scratch.mit.edu/projects/308072894/

CHAPTER

3

원 그리기

CHAPTER

03 원 그리기

학습 내용

- 수학 - 원, 원 호의 길이, 다각형의 내각과 외각, 원의 방정식, 원의 매개방정식 좌표
- 코딩 - 반복하기, 변수, 나만의 블록(함수), 조건을 포함한 반복하기

원의 정의 : 원이란 한 점(중심)으로부터 거리가 일정한 점들의 모임이다. 여러 가지 방법으로 원 그리기를 프로그래밍해 보자.

· 문제 · 01 회전하면서 도장찍기를 이용하여 원 그리기

문제 분석하기

❶ 스프라이트로부터 중심을 끌어내어 원하는 위치(원의 중심)에 놓는다.

❷ '돌기' 블록을 실행하여 스프라이트의 중심을 회전의 중심으로 하여 회전한다.

❸ 스프라이트가 '돌기'와 '도장 찍기'를 반복하여 원을 그린다.

❹ 한 바퀴 돌아서 제자리로 돌아와야 하므로 반복횟수와 회전 각도의 곱은 360도가 되어야 한다.

❺ 회전 각도가 적어지면 반복횟수가 커지고 도장을 찍는 횟수가 많아지므로 점들이 더욱 촘촘하게 찍힌다.

설계하기

❶ 알고리즘

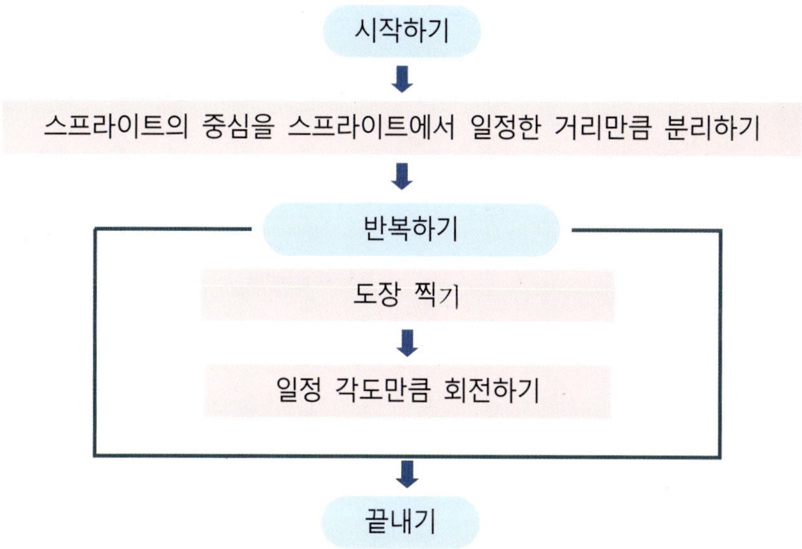

❷ 스프라이트

- 화면 상단의 탭에서 모양 을 클릭한 뒤 에서 모양 그리기 를 클릭하여 'ball-a'를 선택한다.
- 채우기 색 도구 를 이용하여 스프라이트 모양의 색을 바꿔주고 선택 도구 를 이용하여 크기를 조절하고 그리려고 하는 원의 반지름만큼 스프라이트를 옮겨준다.
- 스프라이트 실행화면에서 크기를 조절한다.

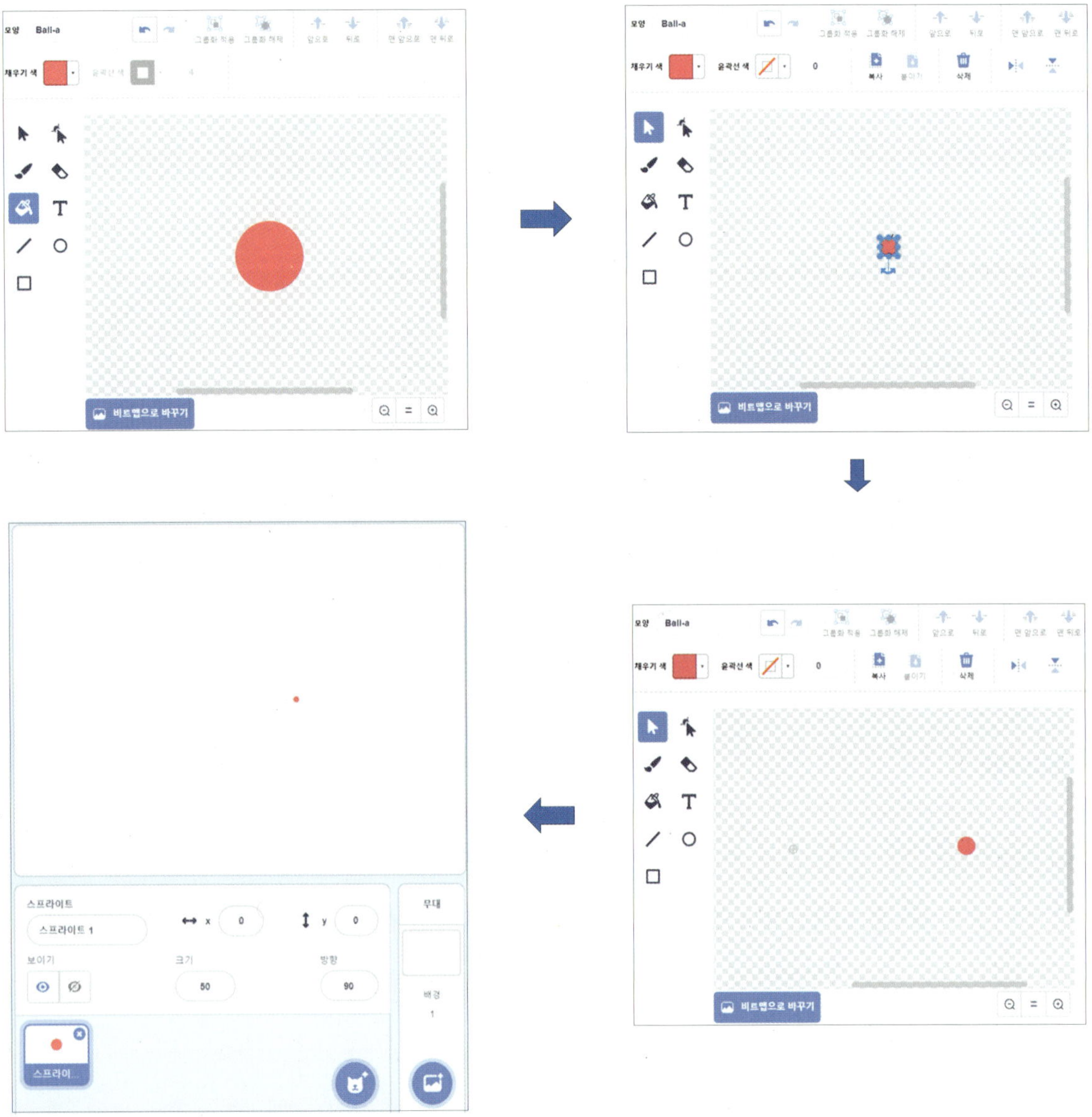

❸ 새로운 블록

펜	도장찍기	스프라이트의 모양을 도장처럼 실행화면 위에 찍는다.

블록 조립하기

❶ 스프라이트의 회전 각도를 10도로 도장을 찍게 하도록 동작 에서 [방향으로 10 도 돌기]를 붙인다.

❷ 지시한 위치에 도장을 찍기 위해 펜 에서 [도장찍기]를 드래그해 붙인다.

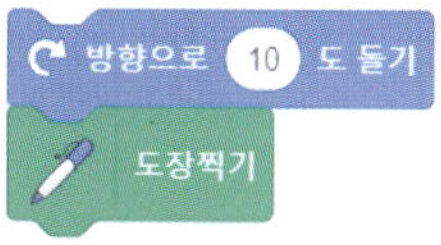

❸ 스프라이트를 이용하여 원을 그리려면 10도를 36번 반복하여야 하므로 제어 에서 [36 번 반복하기]으로 감싼다.

❹ 블록을 모두 이어 붙인다.

----- 아래의 임의로 정한 회전 각도가 10도이므로 원을 그리려면 36번 반복해야 한다.

----- 다음 위치에 도장을 찍기 위해서 스프라이트를 10도만큼 회전한다.

프로그래밍 실행결과 확인하기

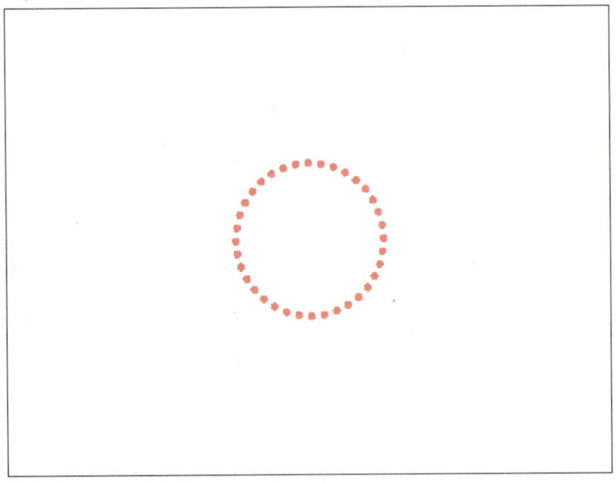

http://scratch.mit.edu/projects/301063902/

생각해 보기 1

방향을 5도씩 바꾸면 몇 번 회전해야 할까?

잠깐!

- 이 방법으로 원을 그릴 때의 장단점은 원 모양을 쉽게 그릴 수는 있으나 대략 중심을 끌어 반지름을 정했기 때문에 정확한 반지름을 갖는 원을 그릴 수 없다는 것이다.

· 문제 · 02 도장 찍기로 반지름이 정해진 원 그리기

원이란 한 점(중심)으로부터 거리가 일정한 점들의 모임이다. 따라서 중심으로부터 반지름만큼 떨어진 위치에 점을 찍으면 그러한 점들이 모여 원을 이룬다. 반지름이 100인 원을 그려보자.

문제 분석하기

❶ 원의 중심을 정한다.

❷ 원의 중심에서 100(반지름)만큼 이동한 곳에 점을 찍는다.

❸ 다시 중심으로 돌아온다.

❹ 다음 점을 찍기 위해 일정한 각 θ 만큼 돈다

❺ 다시 위 과정을 (　　　)회 반복한다.

360/θ

설계하기

❶ 알고리즘

시작하기

⬇

원의 중심 정하기

⬇

반복하기

- 중심에서 반지름만큼 떨어진 곳으로 이동하기
- ⬇
- 점 찍기
- ⬇
- 다시 중심으로 돌아오기
- ⬇
- 일정한 각 만큼 돌기

⬇

끝내기

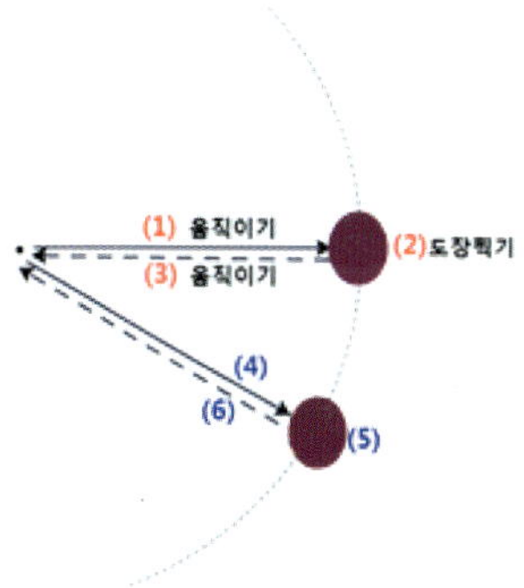

❷ 스프라이트

- 화면 상단의 탭에서 모양 을 클릭한 뒤 에서 모양 그리기 를 클릭하여 'ball-a'를 선택한다.
- 채우기 색 도구 를 이용하여 스프라이트 모양의 색을 바꿔주고 선택 도구 를 이용하여 크기를 조절한다.
- 스프라이트 실행화면에서 크기와 위치를 조절한다.

❸ 새로운 블록

동작	x: 0 y: 0 (으)로 이동하기	입력한 x와 y 좌표로 스프라이트가 이동한다(스프라이트의 중심점이 기준)

블록 조립하기

❶ 원의 중심을 (0, 0)에 놓기 위해 동작 에서 x: 0 y: 0 (으)로 이동하기 블록을 만들어 붙인다.

❷ 반지름이 100인 원을 만들기 위해 동작 에서 100 만큼 움직이기 블록을 만들어둔다.

❸ 스프라이트가 원의 일부인 점으로 그리기 위해 펜 에서 도장찍기 블록을 드래그해 붙인다.

❹ 스프라이트가 원래 원의 중심으로 돌아온 다음 10도만큼 회전하게 하기 위해 동작 에서 x: 0 y: 0 (으)로 이동하기와 ↻ 방향으로 10 도 돌기블록을 드래그해 붙인다.

❺ 스프라이트를 이용하여 원을 그리려면 10도를 36번 반복하여야 하므로 ②③④ 블록을 제어 에서 36 번 반복하기 블록으로 감싼다.

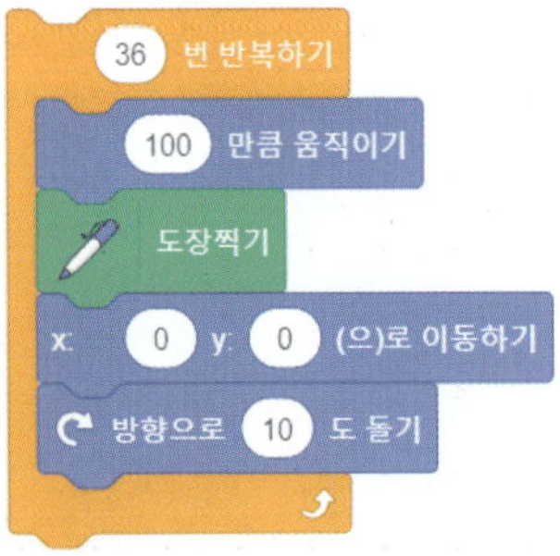

❻ 블록을 모두 이어 붙인다.

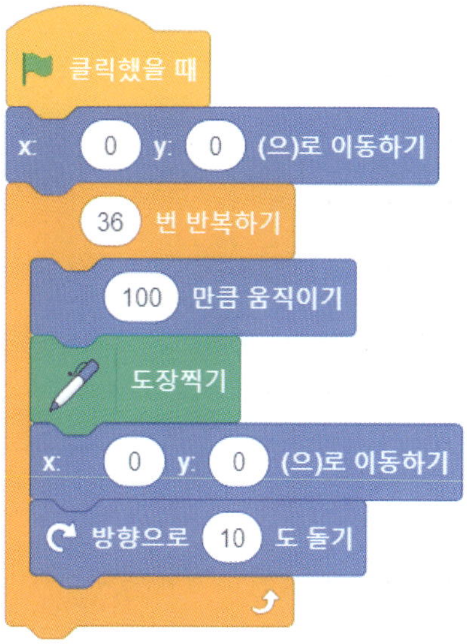

------ 원의 중심을 (0,0)에 놓는다.

----- 반지름 100 만큼 움직여 도장을 찍고 다시 중심 (0,0)으로 돌아온 후 10도만큼 회전하여 다음 점찍기를 준비한다. 그리고 이런 과정을 36번 반복한다. 이때 10도씩 회전하므로 한 바퀴를 돌려면 36번 반복해야 한다. 그러면 36개의 점이 찍혀 원 모양을 나타내게 된다.

프로그램 실행결과 확인하기

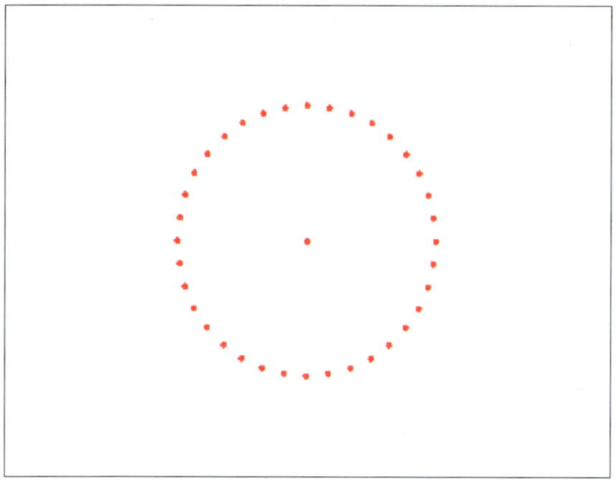

http://scratch.mit.edu/projects/301064809/

생각해 보기 2

스프라이트의 회전각을 1도로 바꾸어봅시다. 그러면 원이 완성되기 위해서는 몇 번 반복해야 할까? 이 경우 앞의 경우와 어떻게 달라질까?

잠깐!

- 이 방법으로 원을 그리면 원의 중심이 명확하고 정확한 반지름을 갖는 원을 그릴 수 있다.
- 원의 중심(0,0)에서 일정한 거리(반지름)만큼 떨어진 곳에 점을 찍은 후 다시 원의 중심 $(0,\ 0)$으로 이동하는 다음 두 방법은 같은 결과를 나타낸다.

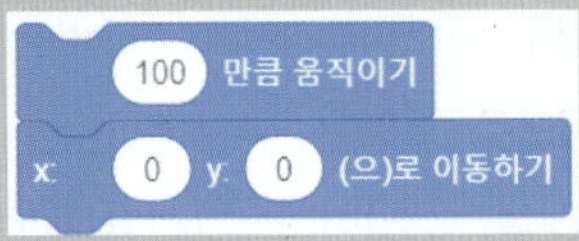

=

· 문제 · 03 정360각형으로 원 모양 그리기

정오각형, 정육각형, 정칠각형 $\cdots$을 그리면 변의 수가 커질수록 원에 가까워짐을 알 수 있다. 우리는 앞 장에서 n이 주어짐에 따라 정n각형을 그리는 프로그램을 완성하였고 이 정n각형 그리기 프로그램으로 정360각형을 그려보면 원 모양이 됨을 알 수 있다.

문제 분석하기

❶ 프로그램에서 원의 크기를 결정하는 것은 이동 거리(한 변의 길이)이다.

설계하기

❶ 스프라이트

- 기본 스프라이트 고양이로 정하고 스프라이트의 크기를 적당한 크기로 줄이자.
- 스프라이트 위치를 $x:\ 0\ \ y:\ 100$으로 옮기자.

블록 조립하기 및 프로그램 실행결과 확인하기

Ⓐ 한 변의 길이가 1인 정360각형

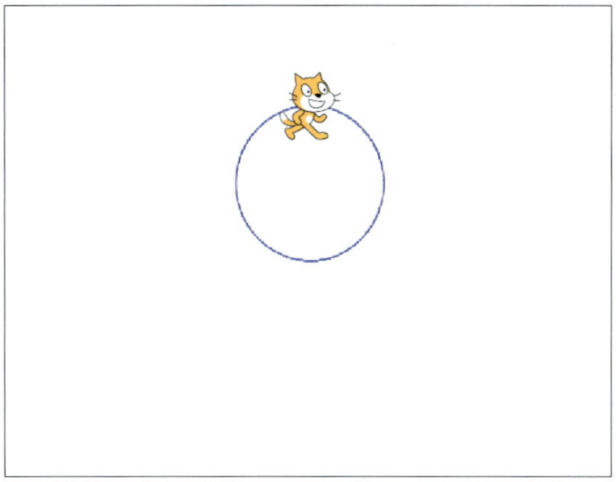

http://scratch.mit.edu/projects/301065825/

Ⓑ 한 변의 길이가 2인 정360각형

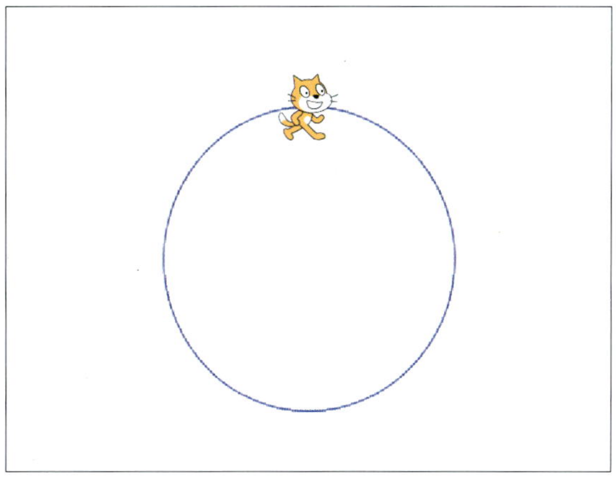

http://scratch.mit.edu/projects/301066149/

잠깐!

- 컴퓨터는 유한 번의 과정을 반복한다. 따라서 원도 유한개의 점으로 이루어지고 다만 연결되어 보일 뿐이다.
- 정360각형을 그리면 원처럼 보이고 이 경우 정360각형의 중심에서 꼭짓점에 이르는 거리를 원의 반지름이라고 할 수 있다.
- 그러나 이와 같은 정 360각형 그리기에서는 반지름의 길이를 곧바로 알기가 어렵다.

· 문제 ·
04
반지름 r인 원 그리기

문제 분석하기

❶ 반지름이 r인 원의 둘레길이는 $2\pi r\,(=2\times3.14\times r)$이다.

❷ 반지름이 r인 원에서 중심각 1도에 대한 호의 길이는 $\frac{2\pi r}{360}$이다.

❸ 중심각 1도 움직일 때마다 $\frac{2\pi r}{360}\left(=\frac{2\times3.14\times r}{360}\right)$만큼 이동하면서 그리도록 하자.

블록 조립하기

❶ 반지름에 해당하는 변수를 만들기 위해 변수 에서 [변수 만들기] 로 변수 'r'을 만든다.

☑ (r)

❷ 원이 화면 안에 그려지도록 시작 위치를 정하기 위해 동작 에서 [x: (0) y: (100) (으)로 이동하기] 블록을 만들어 붙인다.

❸ 반지름의 길이를 결정하기 위해 감지 에서 [(반지름은?) 라고 묻고 기다리기]을 만들어 붙인다.

❹ 반지름을 그 대답으로 정하기 위해 감지, 변수 에서 [r ▾ 을(를) (대답) 로 정하기]을 만들어 붙인다.

❺ 지시한 대로 그리기 위해 펜 에서 펜 내리기를 붙인다.

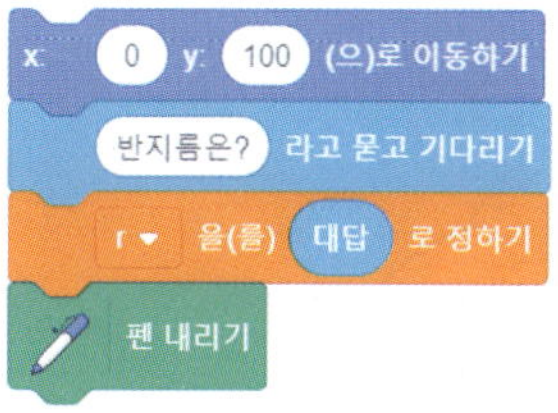

❻ 반지름이 r인 정360각형의 한 변의 길이 만큼 이용하게 하도록 연산 으로 (2 × 3.14 × r ÷ 360)을 만들고 동작 에서 (10 만큼 움직이기)블록의 '10'에 드래그해 붙인다.

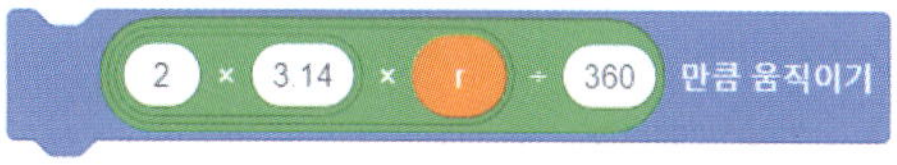

❼ 정360각형을 만들기 위해 ⑥ 블록 아래에 동작 에서 (방향으로 1 도 돌기)를 만들어 붙이고 제어 에서 (360 번 반복하기) 블록을 만들어 감싼다.

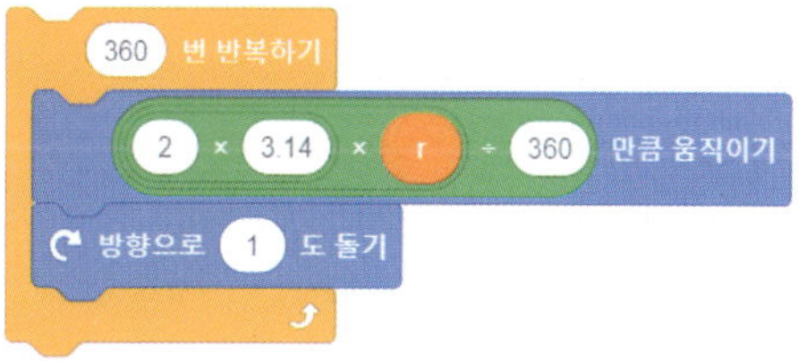

❽ 블록을 모두 이어 붙인다.

----- 반지름을 얼마로 할지 묻고 대답을 r 변수로 저장한다.

반지름이 r인 원에서 중심각 1도에 대한 호의 길이를 이용해 360번 반복하여 그린다.

프로그램 실행결과 확인하기

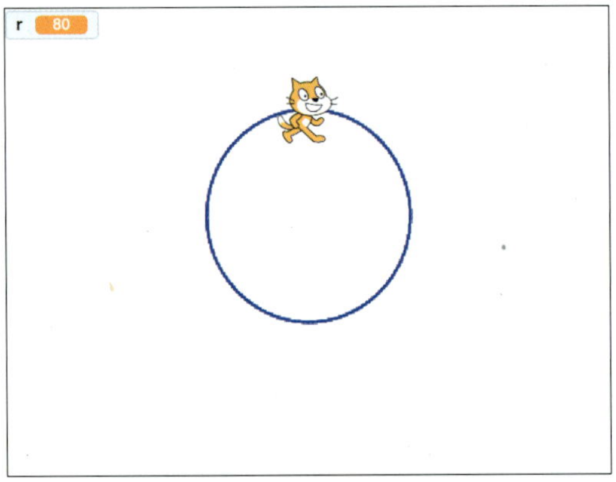

http://scratch.mit.edu/projects/301067477/

생각해 보기 3 – 반지름이 r인 360각형 그리기

이제 다른 방법으로 반지름 이 주어진 원을 그려보자. 위의 원 그리기 프로그램을 보면 실제로는 정360각형을 그린 것이다.

(1) 정 360각형에서 중심에서 꼭짓점까지 거리가 r 이면 각 ABO가 1도일 때 선분 AB의 길이 (이동 거리)는 얼마일까?

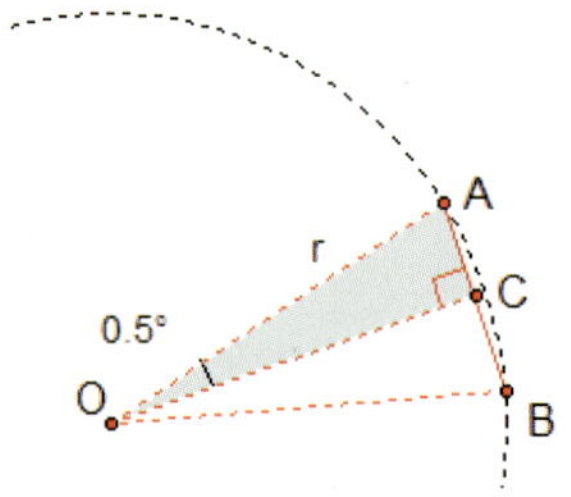

(2) 위의 원 그리기 프로그램에서 이동 거리 $\frac{2\pi(\text{반지름})}{360}$를 선분 AB로 수정하여 실행해 보자.

· 문제 ·

05 직교방정식을 이용하여 원 그리기

반지름이 100이고 중심이 $(0,0)$인 원의 방정식 $x^2+y^2=100^2$ 을 이용하여 원을 그려보자.

문제 분석하기

❶ 원의 중심 좌표는 $(0,0)$이다.

❷ x값에 따라 변하는 y값은 $y_1=\sqrt{100^2-x^2}$, $y_2=-\sqrt{100^2-x^2}$ 이다.

❸ 변수는 (　　　　) 이다. x, y_1, y_2

❹ x값의 범위는 $100-x^2 \geqq 0$이어야 하므로 (　)에서 (　)까지이다. -100, 100

설계하기

❶ 알고리즘

시작하기

⬇

변수 x, y_1, y_2 정하기

⬇

x의 시작값 정하기

⬇

x가 100이 될 때까지 이 과정을 반복하기

- (x, y_1), (x, y_2) 에 점 찍기
- ⬇
- x를 1씩 늘리기

⬇

끝내기

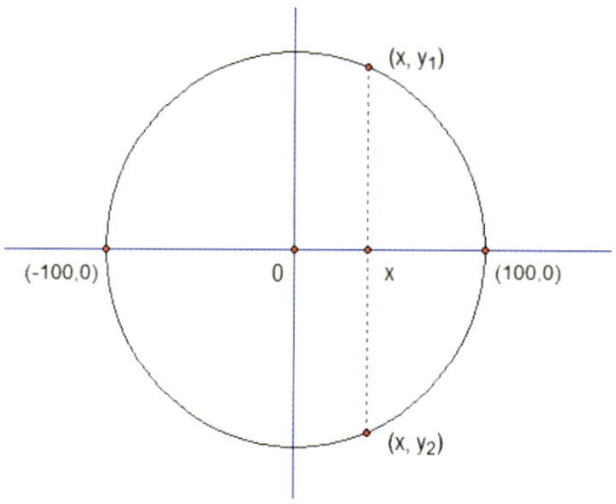

❷ 스프라이트

- [모양]에서 [스프라이트 고르기]의 [검색]를 클릭하여 'ball-a'를 선택한다.
- 채우기 색 도구 [채우기 색]를 이용하여 스프라이트 모양의 색을 바꿔주고 선택 도구 [선택]를 이용하여 크기를 조절한다.

블록 조립하기

❶ 원의 중심을 $(0,\ 0)$에 놓기 위해 [동작]에서 [x: 0 y: 0 (으)로 이동하기] 블록을 만들어 붙인다.

❷ x, y_1, y_2에 해당하는 변수를 만들기 위해 [변수]에서 [변수 만들기]로 변수 'x', '$y1$', '$y2$'을 만든다.

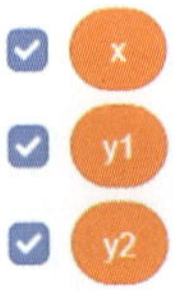

❸ x의 범위가 -100부터 이므로 [변수]에서 [x ▾ 을(를) -100 로 정하기] 블록을 만들어 붙인다.

❹ x값에 따라 $y_1 = \sqrt{100^2 - x^2}$, $y_2 = -\sqrt{100^2 - x^2}$로 하기 위해 [연산]에서 [제곱근 ▾ (100 × 100 - x × x)]과 [-1 × 제곱근 ▾ (100 × 100 - x × x)]을 만들고 [변수]에서 [나의 변수 ▾ 을(를) 0 로 정하기]를 이용해 $y1$과 $y2$를 다음과 같이 정한다.

❺ $(x,\ y1)$과 $(x,\ y2)$의 점이 찍히게 하도록 [동작]에서 [x: x y: y1 (으)로 이동하기]와 [x: x y: y2 (으)로 이동하기]를 만들고 각각의 사이에 [펜]의 [도장찍기] 블록을 붙인다.

❻ x의 값이 0.1씩 증가하면서 그려지게 하도록 변수 에서 x ▾ 을(를) 0.1 만큼 바꾸기 블록을 만들어 붙이고 x값이 -100부터 100까지 변화하게 하도록 제어 에서 2000 번 반복하기로 감싼다.

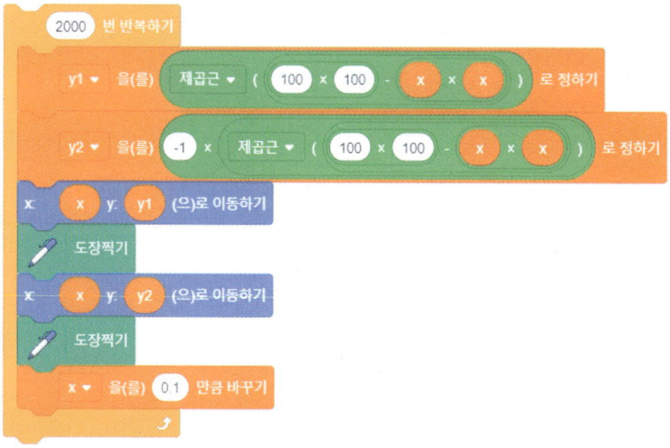

❼ 블록을 모두 이어 붙인다.

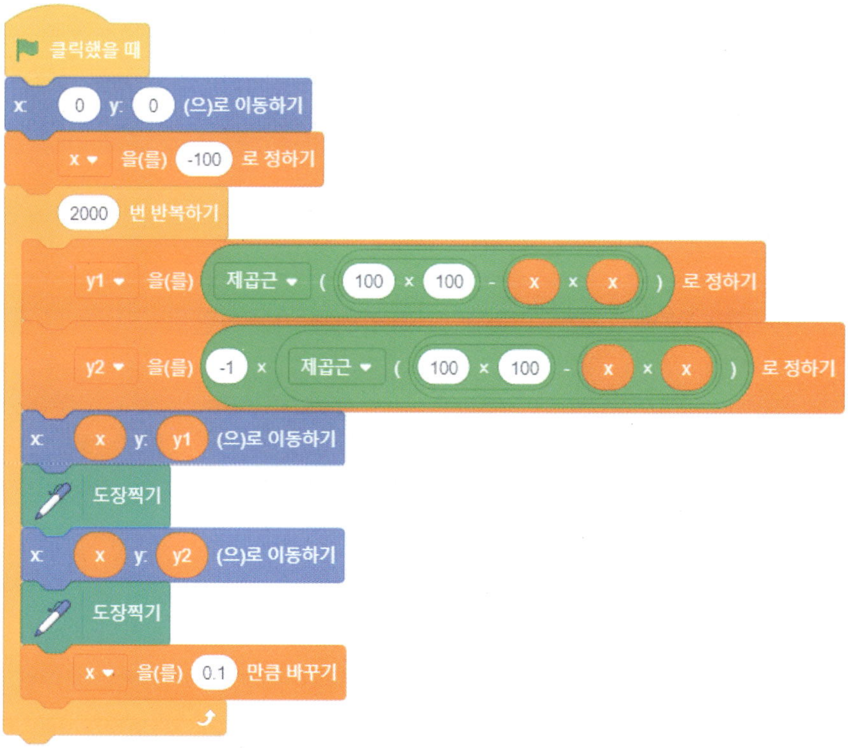

프로그래밍 결과 확인하기

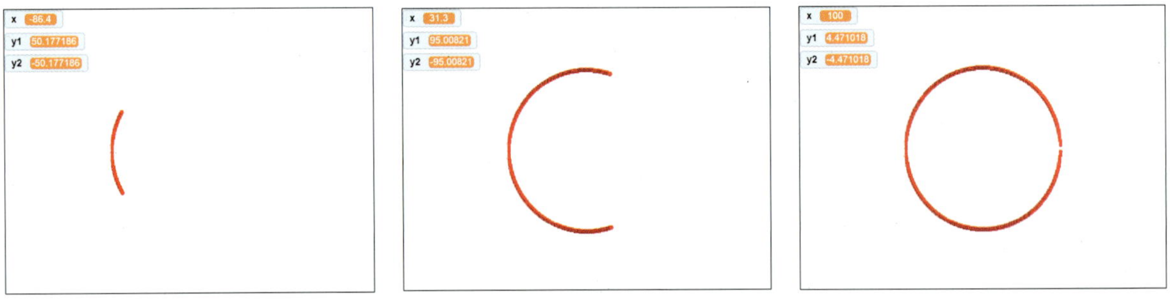

http://scratch.mit.edu/projects/301068721/

이 프로그래밍의 실행 과정을 살펴보면 x값에 따라 (x, y_1), (x, y_2) 점이 동시에 찍히고 있음을 알 수 있다.

생각해 보기 4

위의 프로그램에 의하면 Ⓐ와 같이 원이 그려진다. Ⓑ처럼 그리려면 프로그램을 어떻게 수정해야 할까?

Ⓐ 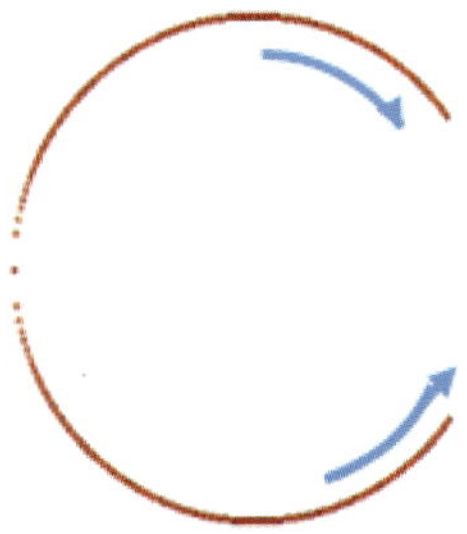

Ⓑ 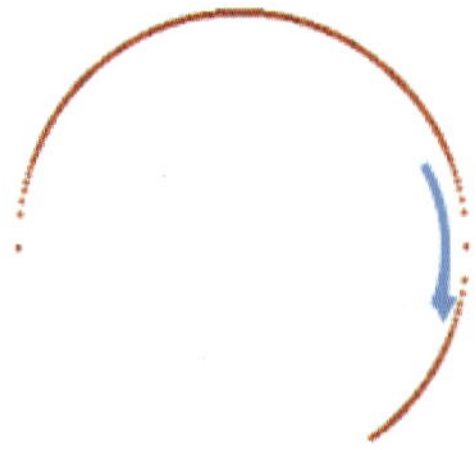

· 문제 ·

06 매개방정식을 이용하여 원 그리기

문제 분석하기

원의 매개방정식은 $x = r\cos\theta,\ y = r\sin\theta\ (0 \le \theta \le 360)$이다. 이것을 이용하여 원을 그려보자.

설계하기

❶ 스프라이트

- 모양 에서 의 를 클릭하여 'ball-a'를 선택한다.
- 채우기 색 도구 를 이용하여 스프라이트 모양의 색을 바꿔주고 선택 도구 를 이용하여 크기를 조절한다.

블록 조립하기

❶ 변수 에서 변수 '반지름'과 변수'각'를 만들자.

❷ 반지름이 얼마인 원을 그릴지 묻기 위해 감지 에서 [반지름은? 라고 묻고 기다리기] 블록과 대답한 것을 반지름값으로 정하기 위해 변수 에서 [반지름 ▾ 을(를) 대답 로 정하기]를 붙인다. 그리고 각은 0부터 시작하기 위해 [각 ▾ 을(를) 0 로 정하기] 블록을 붙인다.

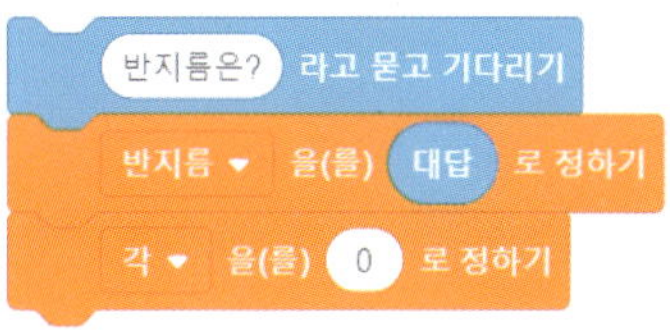

❸ (x,y)가 $x = r\cos\theta,\ y = r\sin\theta$로 이동해서 도장찍기를 하기 위해 동작 에서 [x: 반지름 × cos ▾ (각) y: 반지름 × sin ▾ (각)]로 이동하기 블록과 펜 에서 [도장찍기]를 붙인다.

❹ 다음 각을 1만큼 늘리기 위해 변수 에서 [각 ▾ 을(를) 1 만큼 바꾸기] 블록을 만들어 붙이고 각이 360이 될 때까지 반복하게 하도록 연산 과 제어 에서 [각 = 360 까지 반복하기]를 만들어 감싼다.

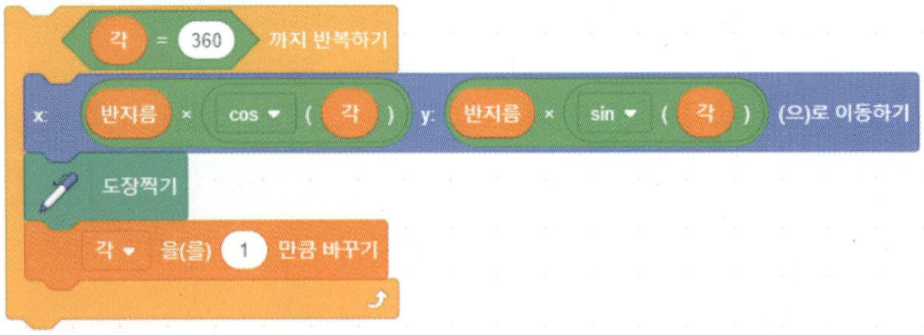

❺ 모든 블록을 이어 붙인다.

프로그래밍 결과 확인하기

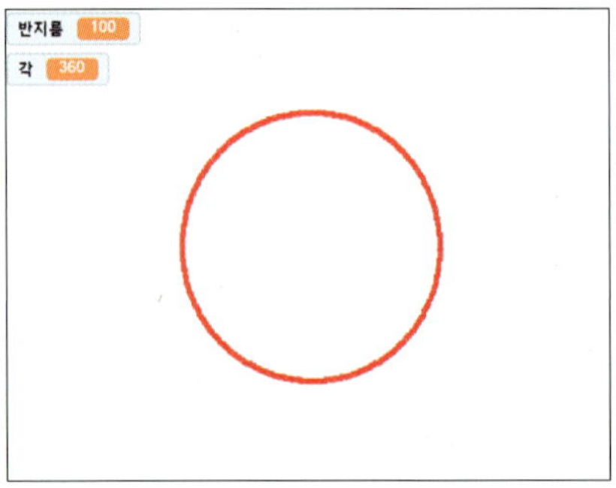

http://scratch.mit.edu/projects/301069673/

생각해 보기 해답

➽ 생각해 보기 1 – 72번

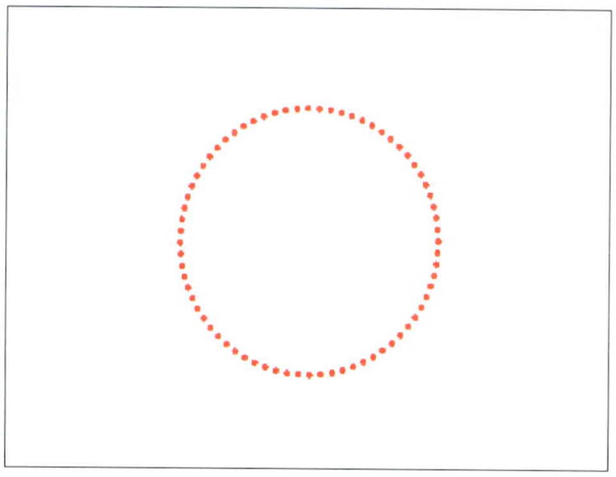

http://scratch.mit.edu/projects/301064358/

➽ 생각해 보기 2 – 360번. 점들이 촘촘해지면서 더 자연스러운 원이 그려진다.

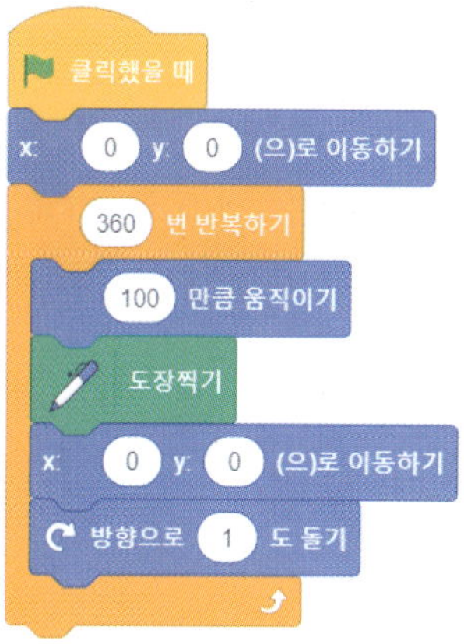

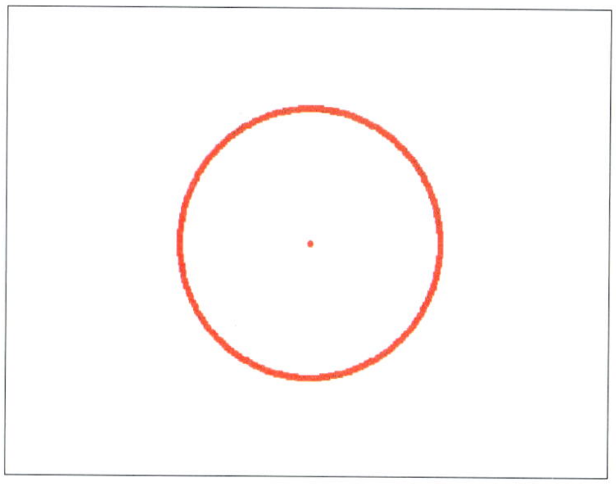

http://scratch.mit.edu/projects/301065289/

➽ 생각해 보기 3

(1) 한 변 AB의 길이가 a인 정360각형에서 반직선 OC가 선분 AB의 수직 이등분선이면 $\angle \mathrm{AOC}=0.5°$ 도이고 삼각형 OCA 는 직각삼각형이므로 $\dfrac{\mathrm{AC}}{r}=\sin 0.5°$ 이다. 따라서 반지름이 r인 정360각형의 한 변 AB의 길이는 $\mathrm{AB}=2\times\mathrm{AC}=2\times r\sin 0.5°$ 이다.

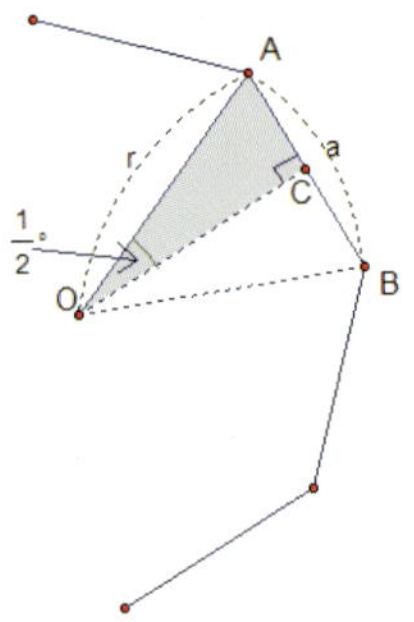

(2) 완성된 프로그램은 다음과 같다.

http://scratch.mit.edu/projects/301067914/

➽ 생각해 보기 4

http://scratch.mit.edu/projects/301069200/

수학 개념 정리

1. 원이란?

❶ 원의 정의 : 원이란 한 점(중심)으로부터 거리가 일정한 점들의 모임이다.

❷ 원의 직교 좌표 방정식 : 중심이 $(0,0)$ 이고 반지름이 r인 원의 방정식은

$$x^2 + y^2 = r^2,\ y = \pm\sqrt{r^2 - x^2}\ (-r \le x \le r)$$

❸ 원의 매개방정식 : 중심이 $(0,0)$ 이고 반지름이 r인 원의 매개 방정식은

$$x = r\cos\theta,\ y = r\sin\theta,\quad 0 \leq \theta \leq 360$$

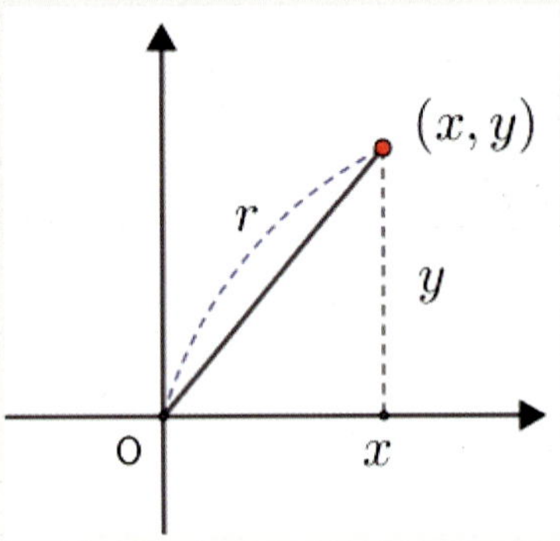

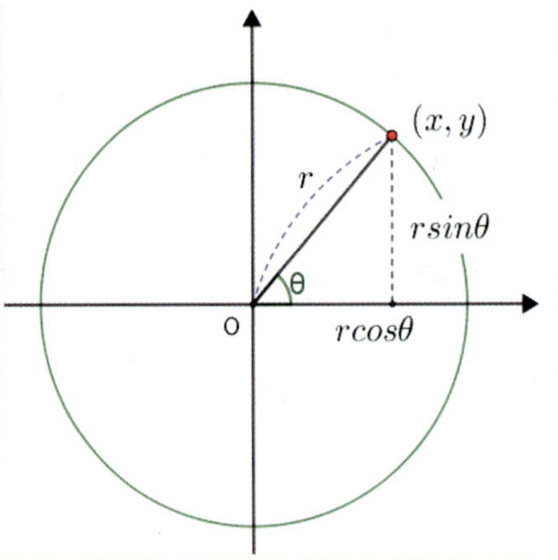

CHAPTER

4

올림픽 오륜기 그리기

CHAPTER 04

올림픽 오륜기 그리기

학습 내용

- 수학 - 원, 원 호의 길이, 좌표
- 코딩 - 순차처리, 반복하기, 변수, 나만의 블록(함수)

오륜기는 근대 올림픽의 창시자 피에르 쿠베르탱이 창안하여 1914년 국제올림픽위원회(IOC) 창립 20주년 기념식에서 처음으로 선보였다. 오륜마크는 올림픽 정신으로 하나가 된 유럽, 아시아, 아프리카, 오세아니아, 아메리카 5개 대륙을 상징한다. 아래 오륜기를 그려보자.

· 문제 ·
01

오륜기 그리기 1

도장 찍기를 이용한 원 그리기 프로그램을 이용하여 오륜기를 그려보자.

문제 분석하기

❶ 반지름은 50으로 한다.

❷ 중심을 이동해 가며 도장찍기를 이용하여 오륜기를 그린다.

❸ 원들 사이의 거리는 20으로 한다.

❹ 그러면 중심의 좌표는 오른쪽 그림에서와 같다.

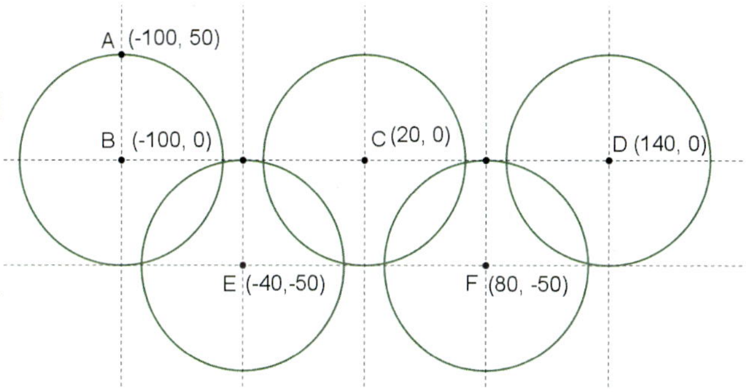

설계하기

❶ 알고리즘

시작하기

⬇

점 B를 중심으로 파란 원을 그리고 점 E로 이동

⬇

점 E를 중심으로 노란 원을 그리고 점 C로 이동

⬇

점 C를 중심으로 검정 원을 그리고 점 F로 이동

⬇

점 F를 중심으로 녹색 원을 그리고 점 D로 이동

⬇

점 D를 중심으로 빨간 원을 그리고 끝내기

⬇

끝내기

❷ 스프라이트

- 모양 에서 기본 스프라이트 모양인 고양이를 제거하고 그리기 도구 중 ○ 을 이용하여 원 모양의 파란색 스프라이트를 만든다. 변경한 모양의 이름을 '파랑'으로 바꾼다.

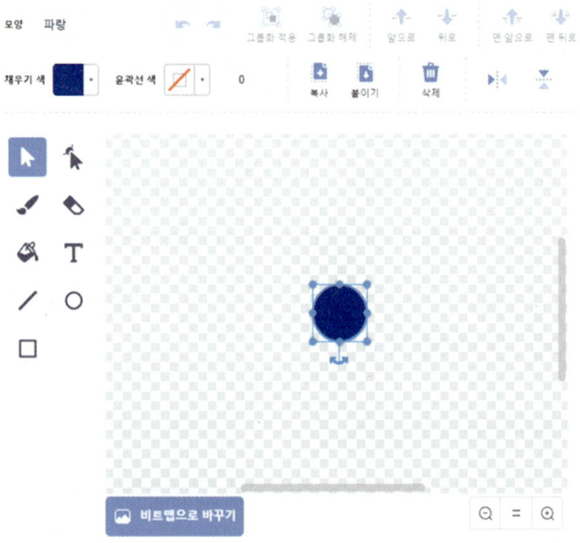

- 에서 를 클릭하여 새로운 모양을 만들고 기존 모양에서 복사 붙이기 를 이용하여 복사하여 붙이고 색을 바꿔주면서 각각'노랑', '검정', '초록', '빨강' 모양을 만든다.

기능 알기 스프라이트 모양 추가 및 수정

스크래치에서는 에서 모양을 추가할 수도 있지만 로 직접 만들어 추가할 수도 있다.

스프라이트 만들기

를 클릭하면 **모양 검색** 외에 **파일업로드, 새로 그리기** 방법이 있습니다. 파일을 업로드 하거나 새로 그리는 방법으로 점 모양 등의 스프라이트를 만들 수 있다.

-- 내장된 카메라로 찍은 사진을 스프라이트 모양으로 만들 수 있다.

-- 파일로 저장된 것을 업로드해 스프리이트 모양으로 만들 수 있다.

-- 임의의 스프라이트 모양이 나온다.

-- 스프라이트 모양을 새로 그려 만들 수 있다.

-- 검색하여 나온 그림 중에 택하여 스프라이트 모양으로 만들 수 있다.

❸ 새로운 블록

형태	모양을 (모양 1 ▾) (으)로 바꾸기	스프라이트의 모양을 다른 모양으로 바꾼다.

블록 조립하기

다음은 순차처리로 5개의 원을 그린 프로그램과 나만의 블록을 이용하여 5개의 원을 그린 프로그램이다.

❶ 스프라이트 크기를 조절하기 위해 형태 에서 [크기를 (30) %로 정하기] 블록을 붙인다.

❷ 중심이 B(−100, 0)이고 반지름이 50인 파란색 원을 그리기 위해 형태 에서 [모양을 (파랑 ▾) (으)로 바꾸기] 블록과 동작 에서 [x: (-100) y: (0) (으)로 이동하기] 블록을 만든다.

❸ 반지름이 50인 원을 도장 찍기로 만들기 위해 동작, 펜 에서 다음과 같은 블록을 만든다.

❹ 마찬가지 방법으로 중심이 E(−50, 0)인 노란색 원, C(20, 0)인 검정색 원, F(80, −50)인 초록색 원, D(140, 0)인 빨간색 원을 그리는 블록을 만든다.

❺ 마지막에 있는 스프라이트를 숨기기 위해 형태 에서 [숨기기] 블록을 붙인다.

❻ 모든 블록을 이어 붙인다.

순차처리 프로그램

나만의 블록 이용 프로그램

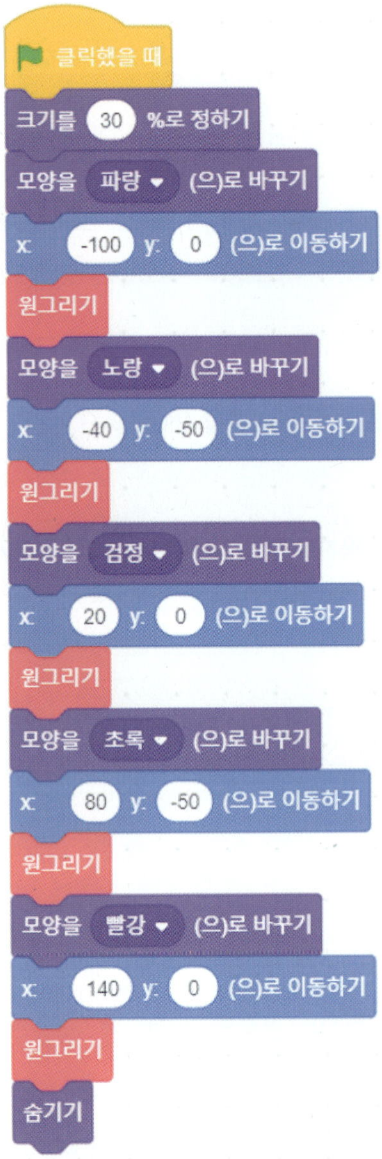

→ 점 B로 중심이동

→ 점 E로 중심이동

→ 점 C로 중심이동

→ 점 F로 중심이동

→ 점 D로 중심이동

기능 알기 나만의 블록 만들기

스크래치에서는  에서 모양을 추가할 수도 있지만  로 직접 만들어 추가할 수도 있다.

[나만의 블록] 스크립트를 이용하여 프로그램을 더 간단히 해 보자. 블록 만들기 를 클릭하면 다음과 같은 것이 나타난다.

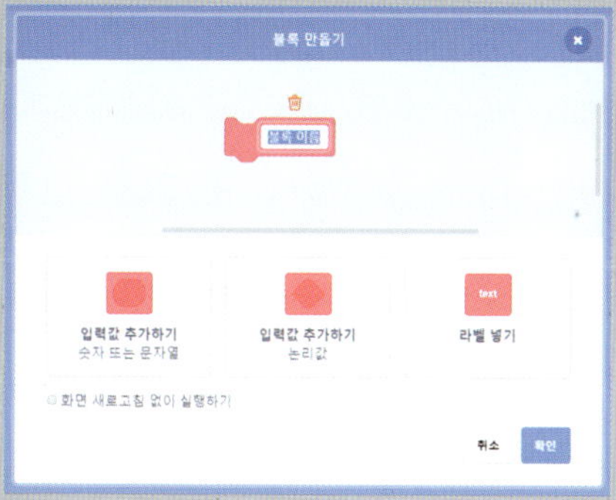

---- '블록 이름'의 빈칸 안에 블록 이름을 입력한다.

---- 해당 나만의 블록을 실행하는 데 문자/숫자 값이 필요한 경우 빈칸에 조립하여 매개 변수로 사용한다. 블록에서 number or text 을 분리하여 나만의 블록 중 필요한 곳에 넣어 사용한다.

---- 해당 나만의 블록을 실행하는데 참 또는 거짓의 판단이 필요한 경우 빈칸 안에 조립하여 매개 변수로 사용한다. 이 블록에서 boolean 을 분리하여 나만의 블록 중 필요한 곳에 넣어 사용한다.

---- 입력값과 이름 사이에 텍스트를 넣고 싶은 경우 사용한다.

❶	블록 이름	나만의 블록의 블록 만들기을 클릭한다.
❷	원 그리기 정의하기	나만의 블록의 이름을 '원 그리기'라고 하자.
❸	원그리기 정의하기 360 번 반복하기 50 만큼 움직이기 도장찍기 -50 만큼 움직이기 방향으로 1 도 돌기	원 그리기 정의하기 아래에 원을 그리는 블록 묶음을 붙인다. 그러면 '원 그리기' 블록 원그리기가 만들어진다.
❹	원그리기	다시 나만의 블록을 클릭하면 원그리기이 생긴 것을 볼 수 있다.
❺	이제 앞의 올림픽 오륜기 코딩에서 여러 번 사용되는 원 그리기 블록 묶음 대신 원그리기을 조립하면 된다.	

프로그램 실행결과 확인하기

http://scratch.mit.edu/projects/301074400/

· 문제 ·

02 오륜기 그리기 2

문제 분석하기

❶ 반지름을 50으로 한다.

❷ 점 A와 점 B 사이 거리는 120이다.

❸ 두 원 사이 간격은 20으로 한다.

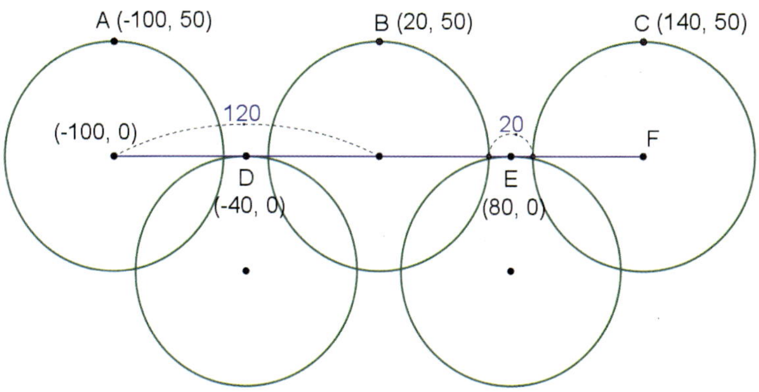

❹ 반지름이 50인 원의 둘레 길이는 $2 \times 3.14 \times 50$이므로 중심각 1도에 대응하는 호의 길이는 (전체 둘레 길이) /360= $\frac{2 \times 3.14 \times 50}{360}$이므로 원을 그리기 위해 한 번 길이가 $\frac{2 \times 3.14 \times 50}{360}$인 정360각형을 그리자.

설계하기

❶ 알고리즘

시작하기

↓

점 A에서 시작하여 파란 원을 그리고 점 D 로 이동

↓

점 D에서 시작하여 노란 원을 그리고 점 B 로 이동

↓

점 B에서 시작하여 검정 원을 그리고 점 E 로 이동

↓

점 E에서 시작하여 녹색 원을 그리고 점 C 로 이동

↓

점 C에서 시작하여 빨간 원을 그리고 끝낸다.

↓

끝내기

블록 조립하기

❶ 오륜기가 그려지는 펜의 굵기와 색을 조절하기 위해 펜 에서 펜 굵기를 (10) (으)로 정하기 블록과 펜 색깔을 ( ) (으)로 정하기 블록을 붙인다.

❷ 반지름 50인 원을 그리기 위하여 한 변의 길이 $\frac{2\times3.14\times50}{360}$ 만큼 이동하고 1도씩 회전하기를 360번 반복한다.

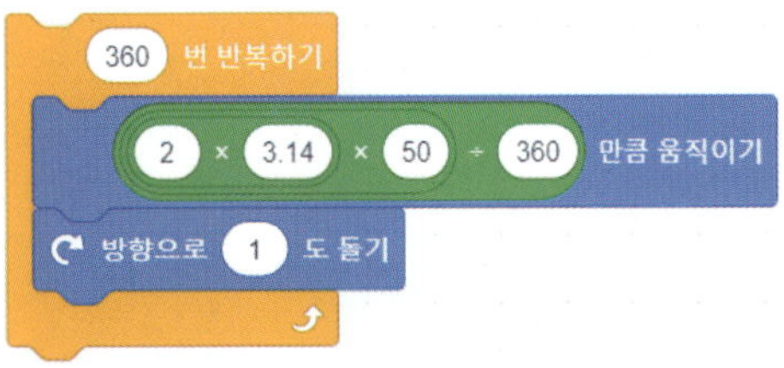

❸ 원이 그려지도록 펜 에서 펜 올리기, 펜 내리기 블록을 ②에서 만든 블록 위, 아래에 붙이고 이 블록들을 5번 반복하여야 하므로 나만의 블록에서 원 블록으로 만들어둔다.

--- 나만의 블록 이름을 '원'이라고 정한다.

--- 원 그리기를 시작한다.

--- 1도씩 돌기를 360번 반복

--- 원을 그리고 다음으로 이동하기 위해서 그리기를 멈춘다.

❹ 파란 원이 있어야 할 위치로 이동하게 하도록 동작 에서 x: -100 y: 50 (으)로 이동하기 블록을 만들고 원 블록을 붙인다.

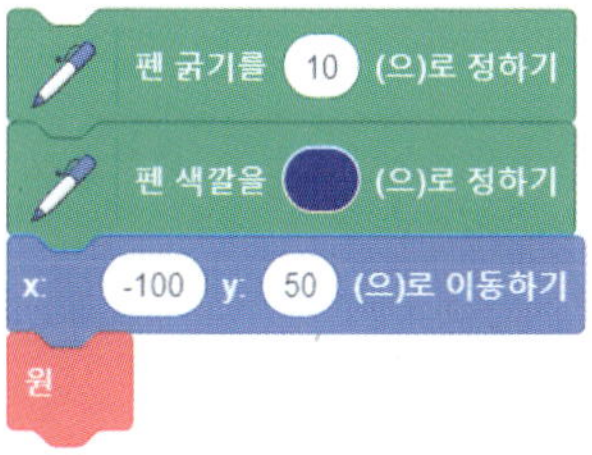

❺ A(100,50), D(−40,0), B(20,50), E(80,0), C(140,50)에서 시작하여 각각 반지름이 50인 원을 색깔별로 그려 코딩을 완성하고 마지막에 있는 스프라이트를 숨기기 위해 형태 에서 숨기기 블록을 붙인다.

❻ 모든 블록을 이어 붙인다.

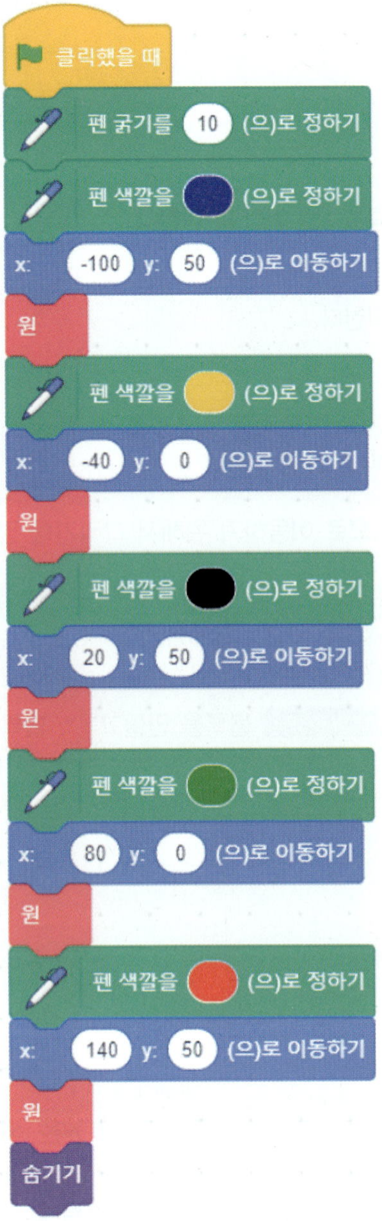

프로그램 실행결과 확인하기

http://scratch.mit.edu/projects/301074924/

더 나아가기 1 반지름이 r인 원으로 이루어진 오륜기 그리기

반지름을 정해주면 그 반지름을 갖는 원들로 이루어진 오륜기를 그려보자. 이때 원의 반지름을 r이라고 하고 원들 사이 거리는 20만큼 떨어지도록 해 보자.

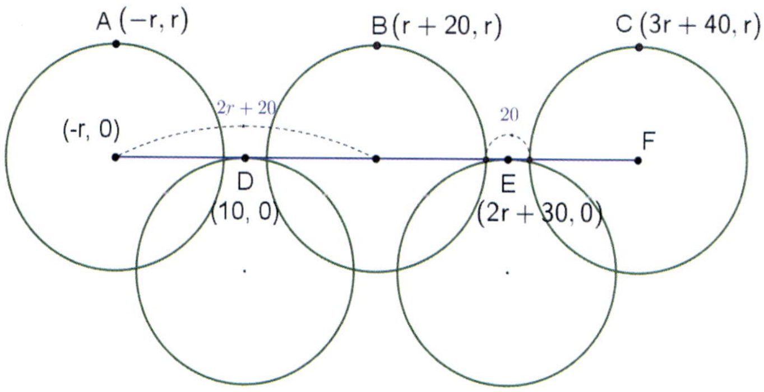

Step 1 – 블록 조립하기

❶ 반지름에 해당하는 변수를 만들기 위해 변수 에서 변수 만들기 로 변수 'r'을 만든다.

❷ 'r'을 대답으로 정하기 위해 감지 에서 반지름은? 라고 묻고 기다리기 블록과 변수 에서 r ▾ 을(를) 대답 로 정하기 블록을 만들어 붙인다.

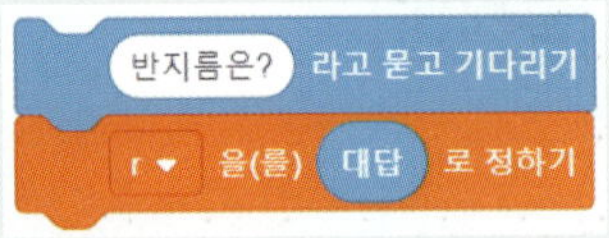

❸ 나만의 블록 으로 반지름이 r인 원을 그리기 위해 한 변이 $\frac{2\times3.14\times r}{360}$인 정360각형을 그리는 원 블록을 만든다.

❹ [문제 2]에서 만든 것과 마찬가지로 펜 에서 펜 굵기와 펜 색깔을 정하는 블록을 만들고 처음 원을 그리는 위치인 $(-r,\ r)$로 이동할 수 있게 동작 에서 x: -1 × r y: r (으)로 이동하기 블록을 만든 다음 '원' 블록을 붙인다.

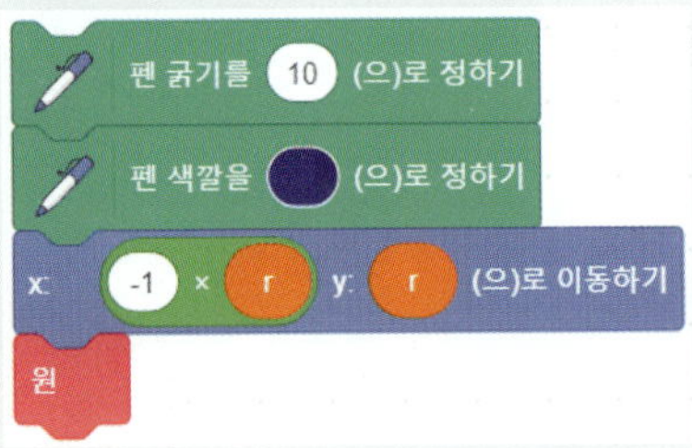

❺ 각 원을 그리기 시작하는 점 A, B, C, D, E의 좌표는 다음과 같다.

A(−r, r)

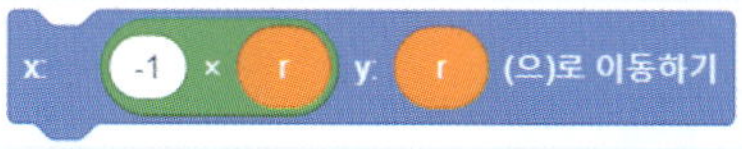

B(r + 20, r)

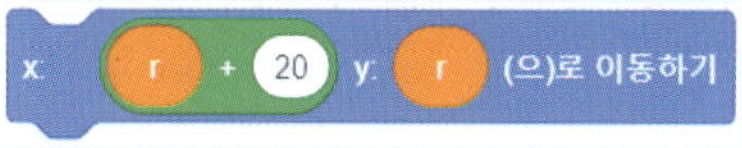

C(3r + 40, r)

D(10, 0)

E(2r + 30, 0)

❻ 모든 블록을 이어 붙인다.

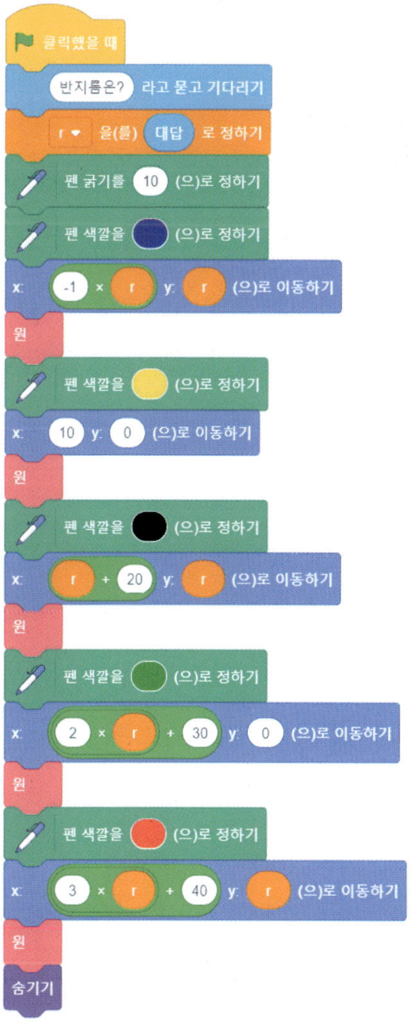

Step 2 – 프로그래밍 실행결과 확인하기

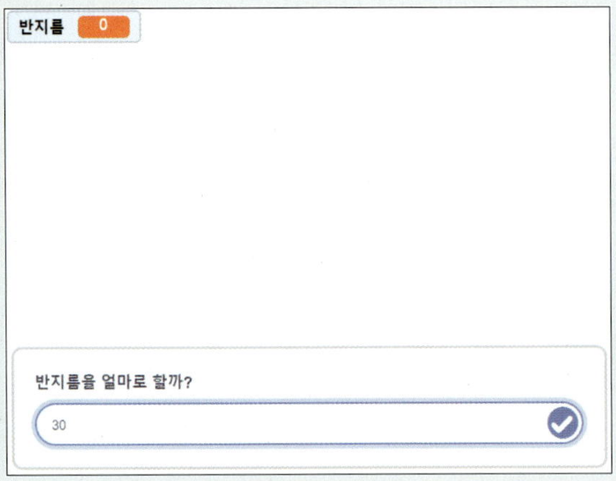

http://scratch.mit.edu/projects/301075290/

수학 개념 정리

1. 좌표

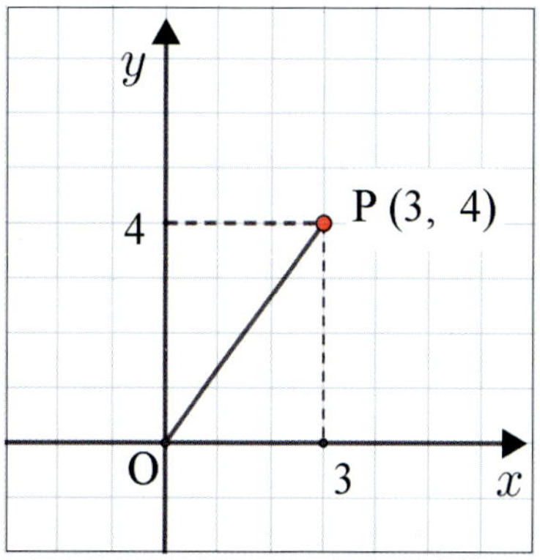

좌표는 직선, 평면, 공간에서 점의 위치를 나타내기 위해 사용되는 값을 말한다.
평면에서는 원점에서 만나는 x축(가로축)과 y축(세로축)을 사용해서 점의 위치를 $(x,\ y)$로 표현하고 입체 공간에서는 x축, y축, z축을 사용해서 점의 위치를 좌표$(x,\ y,\ z)$로 나타낸다. 예를 들어 위 그림의 점 P의 좌표는 $(3,\ 4)$으로서 원점에서 x축의 오른편으로 3인 위치, 원점에서 y축의 위편으로 4인 위치에 있음을 나타낸다.
이 좌표계는 이를 발명한 프랑스의 수학자 르네 데카르트의 이름을 따 데카르트 좌표계라고도 한다.

C H A P T E R

5

꽃무늬 그리기

CHAPTER

05 꽃무늬 그리기

학습 내용

- 수학 - 원, 원 호의 길, 원의 접선, 닮음, 평행이동, 회전 이동
- 코딩 - 반복하기, 반복의 반복하기, 변수, 변수를 가진 나만의 블록(함수)

꽃무늬 1

꽃무늬 2

꽃무늬 3

· 문제 · 01 꽃무늬 1 그리기

문제 분석하기

❶ 꽃잎 스프라이트를 선택한다.
❷ 회전 이동의 중심을 정한다.
❸ 꽃잎을 회전하면서 도장 찍기를 한다.
❹ 꽃잎의 크기를 변화시키면서 같은 일을 반복한다.

설계하기

❶ 알고리즘

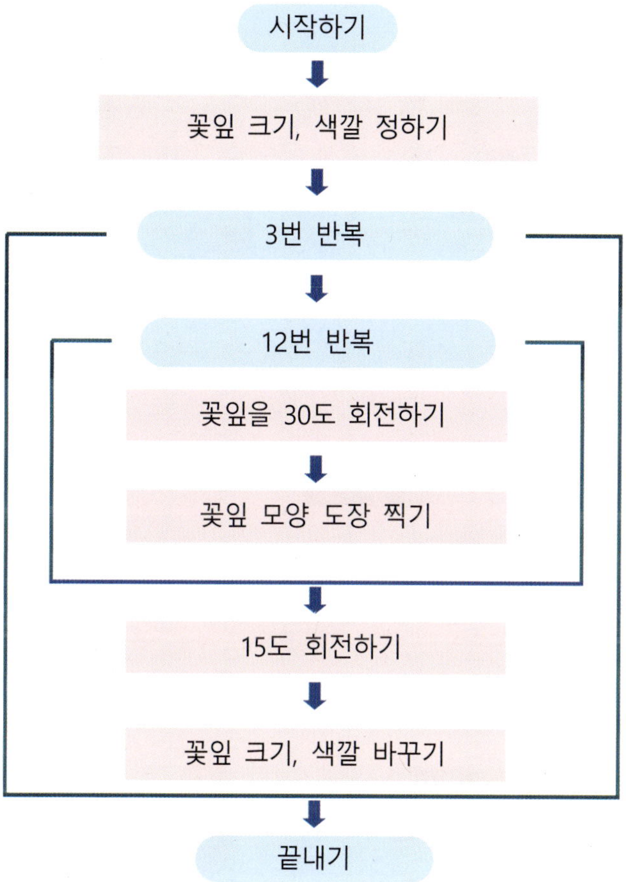

❷ 스프라이트

- 화면 상단의 탭에서 모양 을 클릭한 뒤 기본 스프라이트 모양인 고양이를 지우고 에서 를 선택한 다음 'Ball-a'를 검색해서 나오는 그림을 모양으로 한다.

- 선택 도구 ▶ 을 이용하여 세로길이를 조절하여 타원 모양으로 바꿔주고 적당한 크기로 만든 다음 회전의 중심이 스프라이트의 아래쪽으로 가도록 위치를 옮겨준다.
- 채우기 색을 이용하여 스프라이트의 색을 바꿔준다.

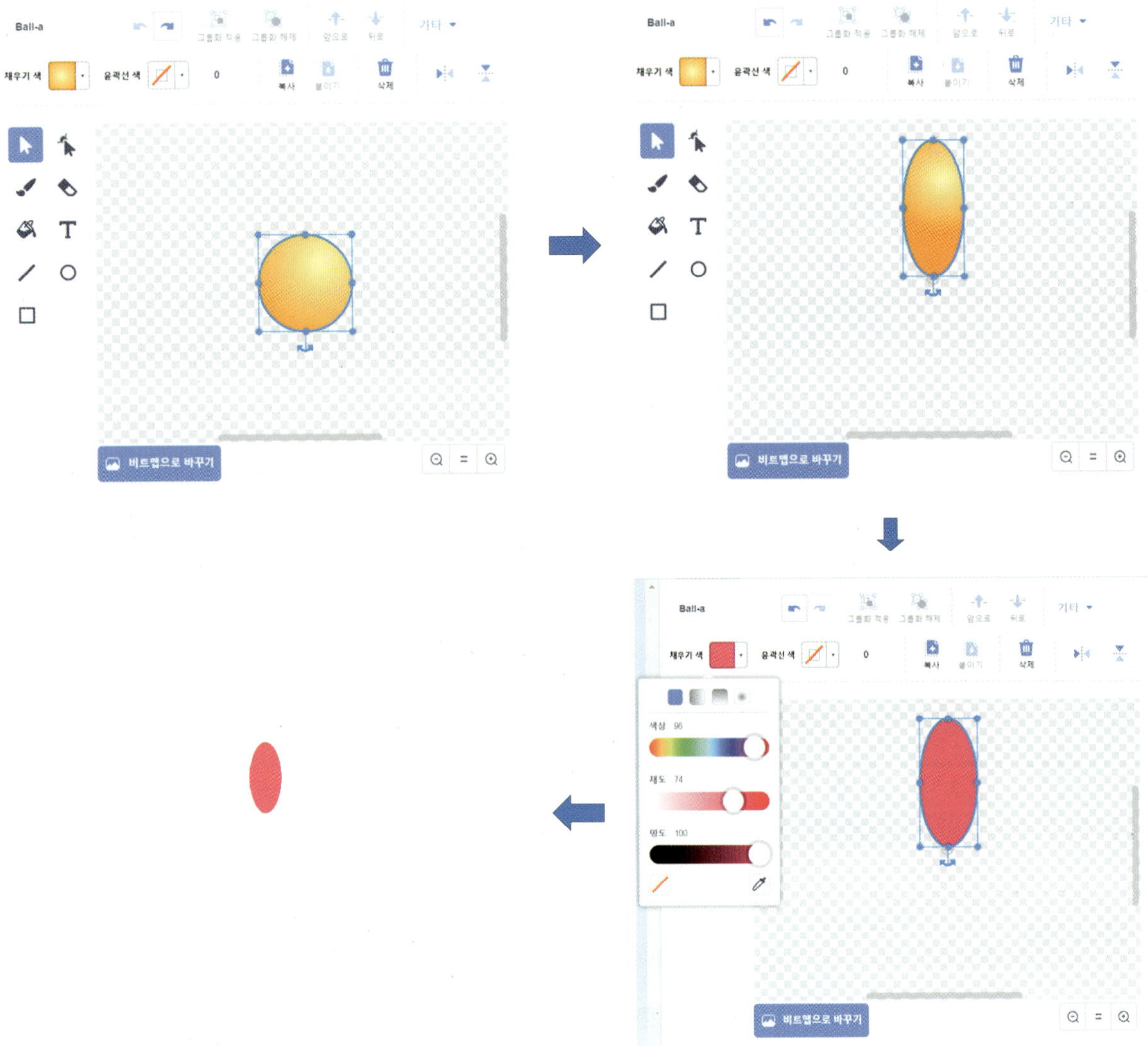

❸ 새로운 블록

형태	색깔 ▾ 효과를 (0) (으)로 정하기	색깔, 밝기, 투명도 등의 효과를 입력한 값으로 정한다.

블록 조립하기

❶ 첫 번째 꽃잎의 크기와 색을 조절하기 위해 형태 에서 크기를 120 %로 정하기 블록과 색깔 ▾ 효과를 10 (으)로 정하기 블록을 만들어 붙인다.

❷ 꽃잎을 회전하며 돌려가며 12번 찍게 하려고 동작 에서 ↻ 방향으로 30 도 돌기, 펜 에서 도장찍기 블록을 만들어 붙이고 제어 에서 12 번 반복하기 블록을 만들어 감싼다.

❸ 안쪽 꽃잎을 만들기 위해 동작 에서 ↻ 방향으로 15 도 돌기를 만들어 붙이고 ②까지 만든 블록을 복사하여 붙인 뒤 크기를 90, 색깔을 30으로 바꾼다.

❹ 더 안쪽 꽃잎을 만들기 위해 ③에서 만든 블록을 만들어 붙이고 크기를 50, 색깔을 50으로 바꾼다.

❺ 모든 블록을 이어 붙인다.

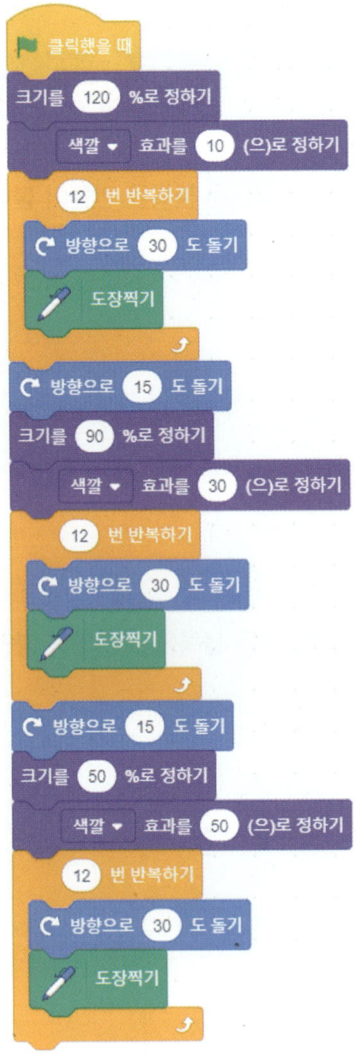

---- 스프라이트 크기를 120으로 정한다.

---- 색깔을 10으로 정한다.

가장 큰 꽃잎 12장을 돌려가면서 찍는다.

---- 꽃잎이 엇갈리도록 15도 회전한다.

---- 스프라이트 크기를 90으로 줄여 정한다.

---- 색깔을 다르게 30으로 정한다.

중간크기의 꽃잎 12장을 돌려가면서 찍는다.

---- 꽃잎이 엇갈리도록 15도 회전한다.

---- 스프라이트 크기를 50으로 줄여 정한다.

---- 색깔을 다르게 50으로 정한다.

가장 작은 크기의 꽃잎 12장을 돌려가면서 찍는다.

프로그램 실행결과 확인하기

http://scratch.mit.edu/projects/301078128/

더 나아가기 1 나만의 블록을 이용한 코딩

앞의 프로그램에서는 다음 블록묶음(꽃잎 도장을 돌아가면서 12번 찍음)을 반복하여 사용하고 있다. 간단히 하는 방법은 없을까?

Step 1 – 나만의 블록 '꽃잎' 만들기

❶		나만의 블록 의 블록 만들기 을 클릭한다.
❷	꽃잎이라는 블록은  아래의 블록들을 실행한다.  = 	

Step 2 – 블록 조립하기

http://scratch.mit.edu/projects/301078487/

더 나아가기 2 변수를 가진 나만의 블록을 이용한 코딩

그런데 위 프로그래밍에서 다음 두 블록은 숫자만 다르게 반복되어 사용되고 있음을 알 수 있다. 이 블록도 나만의 블록에 같이 넣어 정의할 수는 없을까?

두 블록이 반복되긴 하지만 크기와 색깔을 나타내는 수는 계속 변하고 있다. 따라서 이 프로그램에서는 크기와 색깔도 변수라고 볼 수 있다. 변수를 갖는 나만의 블록을 만들어 보자.

Step 1 – 변수를 가진 나만의 블록 만들기

❶

나만의 블록 의 블록 만들기 을 클릭한다.

❷

나만의 블록 이름을 '꽃잎'이라고 하고 '입력값 추가하기'를 두 번 클릭하여 변수를 두 개 생성한 뒤 변수의 이름을 각각 '크기'와 '색깔'로 변경한다.

'꽃잎' 블록 정의하기 아래에 정의하고자 하는 블록을 붙이고 나서 '크기'변수를 크기 블록의 숫자 칸에 '색깔'변수를 색깔 정하기 블록의 숫자 칸에 드래그하여 붙인다.

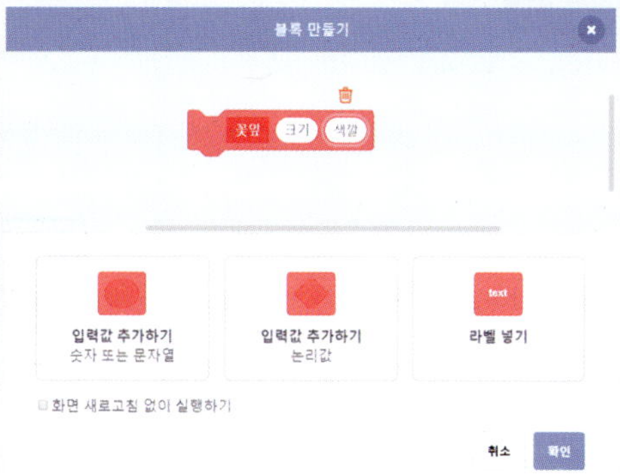

❸

꽃잎 크기와 꽃잎 색깔을 정해줄 수 있는 '꽃잎' 나만의 블록이 정의되고, 나만의 블록 을 클릭하면 블록

이 생성되어 있다.

=

Step 2 – 블록 조립하기

결국 긴 프로그램이 간단하게 수정되었다. 꽃잎 크기는 120-90-50으로 줄어들었고 색깔은 10-30-50 으로 달라졌다. 이 숫자들을 바꿔가면서 모양을 관찰하자.

http://scratch.mit.edu/projects/301078756/

· 문제 ·

02 꽃무늬 2 그리기

문제 분석하기

❶ 하나의 꽃잎은 두 개의 활꼴 모양이 연결된 형태이다.

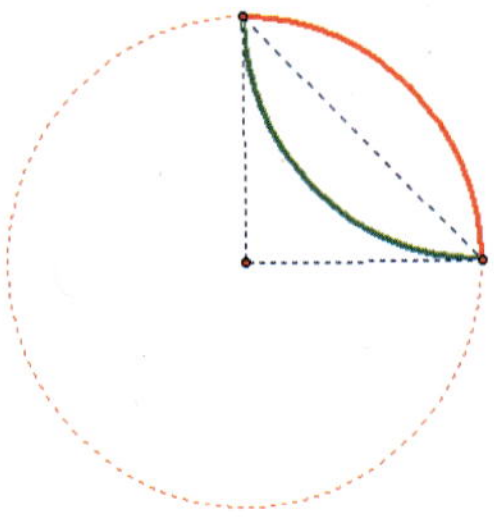

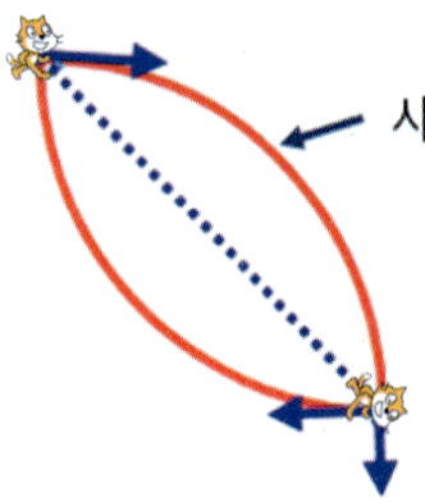

❷ 하나의 활꼴은 원주의 1/4이므로 원 그리기에서 원의 1/4(사분원)만 그리면 된다.

❸ 하나의 꽃잎을 회전이동하여 꽃을 그린다.

❹ 아래 원 그리기 프로그램을 이용한다.

원 그리기

사분원 그리기

<table>
<tr>
<td>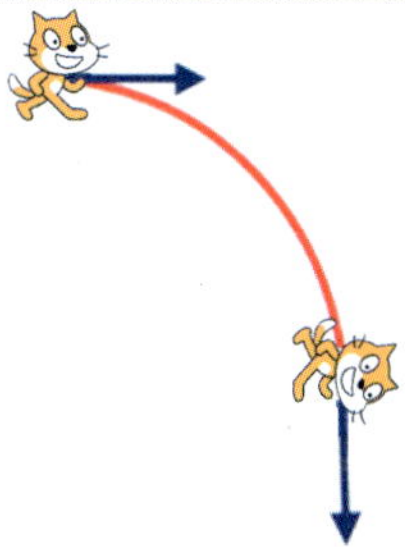</td>
<td>
</td>
<td>원의 1/4만 그린다.</td>
</tr>
<tr>
<td>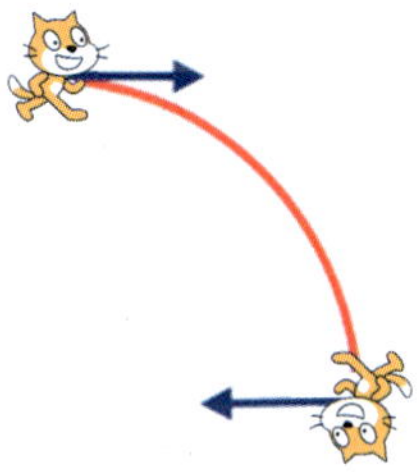</td>
<td>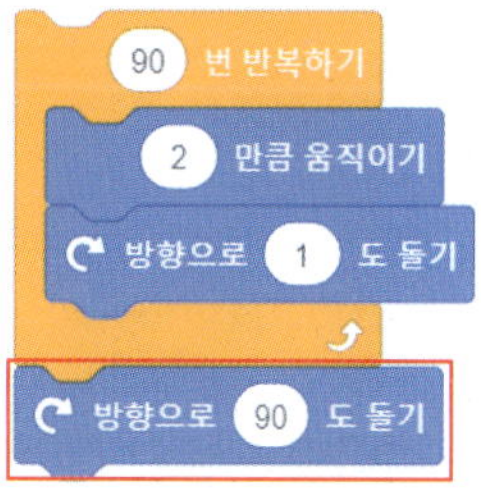
</td>
<td>스프라이트의 방향을 90도 회전하여 다음 사분원을 그릴 준비한다.</td>
</tr>
<tr>
<td></td>
<td>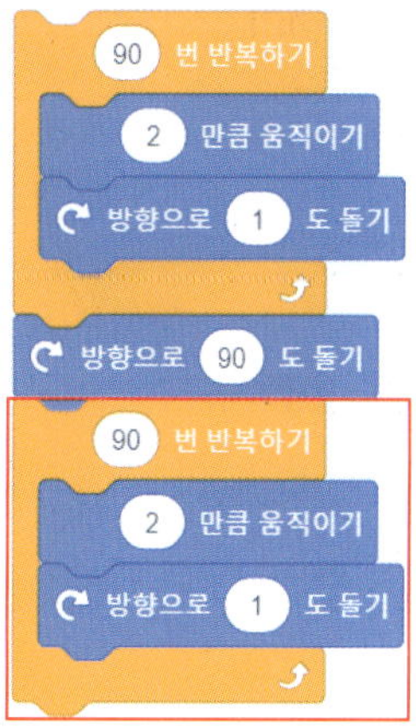
</td>
<td>사분원을 하나 더 그려 꽃잎 하나를 완성한다.

꽃잎 하나를 완성한 후 스프라이트는 처음 시작할 때의 방향에서 –90도 회전한 방향(화살표 방향)을 바라보고 있음에 주의하자.</td>
</tr>
</table>

설계하기

❶ 알고리즘

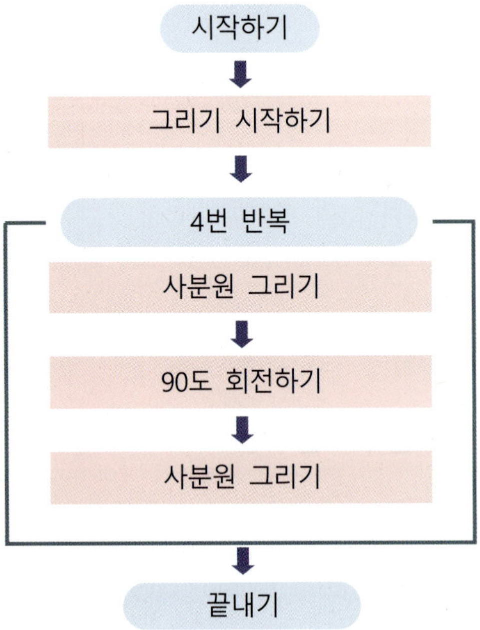

❷ 스프라이트

- 화면 상단의 탭에서 모양 을 클릭한 뒤 기본 스프라이트 모양인 고양이를 지우고 에서 를 선택한 다음 'Ball-c'를 검색해서 나오는 그림을 모양으로 한다.

❸ 나만의 블록

- 꽃잎 하나를 그리는 나만의 블록 꽃잎2 정의하기 을 만들자.

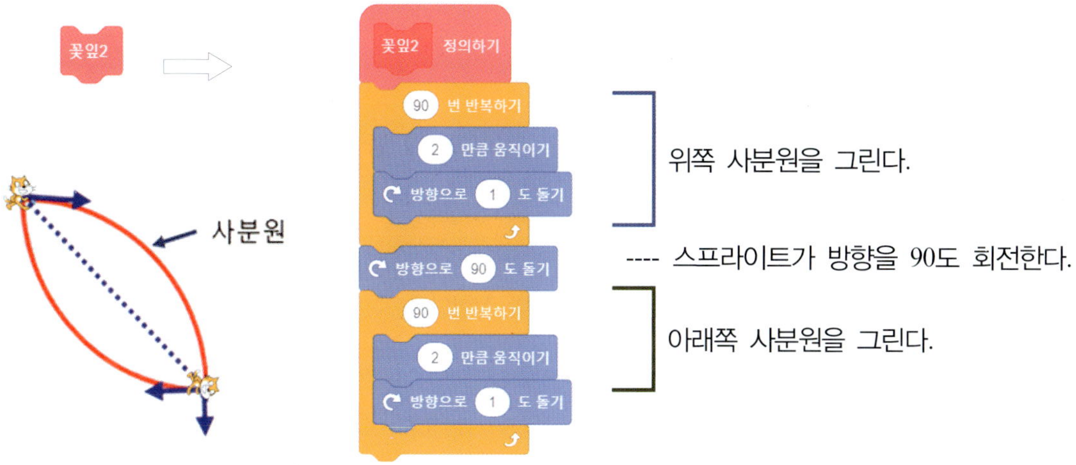

잠깐!

- 이동 방향을 2로 할 경우와 1로 할 경우는 꽃잎의 크기에서 차이가 있다.
- 같은 1도를 회전 후 이동하는 거리가 크면 꽃잎도 커진다.

블록 조립하기

❶ 스프라이트 크기를 조절하기 위해 형태 에서 크기를 30 %로 정하기 블록을 만들어 붙인다.

❷ 지시한 대로 그리고 펜 굵기를 결정하기 위해 펜 에서 펜 내리기, 펜 굵기를 5 (으)로 정하기 블록을 만들어 붙인다.

❸ 꽃잎을 4개를 만들어 붙이기 위해 만들어둔 꽃잎2 블록을 제어 에서 4 번 반복하기 블록으로 감싼다.

❹ 모든 블록을 이어 붙인다.

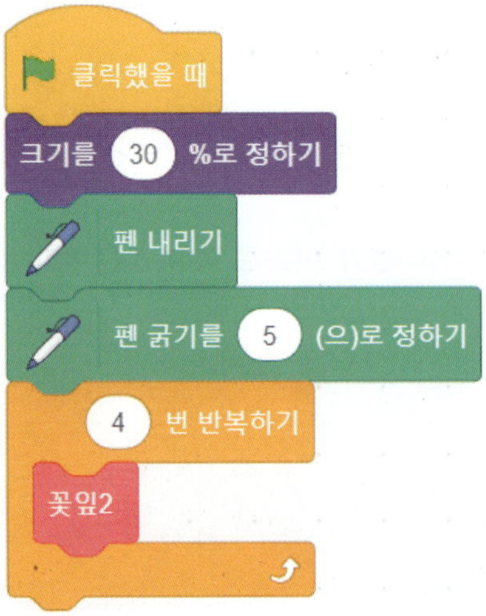

----- 스프라이트의 크기를 정한다.

--- 펜의 굵기를 정한다.

4개의 꽃잎을 그린다.

잠깐!

나만의 블록을 이용하여 꽃잎을 하나 그리고 나면 스프라이트는 처음 방향에서 반시계방향으로 90도 회전한 방향을 바라보게 된다(0도 방향). 따라서 꽃잎 하나를 그린 후 계속 반복하게 하면 꽃잎을 4개 그리게 된다.

프로그래밍 실행결과 확인하기

http://scratch.mit.edu/projects/301079274/

생각해 보기 1

위 프로그램을 수정해서 꽃잎이 6개인 꽃을 그려보자.

생각해 보기 2

꽃잎 20개를 그리기 위해서 빈칸에 어떤 수를 넣어야 할까?

생각해 보기 해답

생각해 보기 1

첫 번째 꽃잎을 그리기 위해서 스프라이트의 처음 방향(파란색 화살표)은 아래쪽 꽃잎의 중심선(빨간색 점선)과 45도 각을 이루어야 한다. 꽃잎 하나를 그린 후의 스프라이트 방향은 녹색화살표 방향을 향하고 있다. 6개의 꽃잎을 그리기 위해서는 중심선들이 60도 간격을 이루어야 한다. 다시 두 번째 꽃잎을 그리려면 두 번째 꽃잎의 중심선과 45도를 이루는 하늘색 선을 바라보고 시작해야 하므로 30도(녹색 선과 하늘색 선이 이루는 각) 회전 후 다시 시작해야 한다.

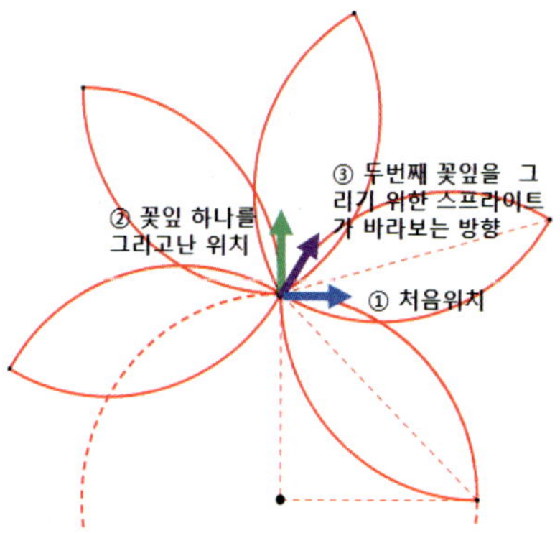

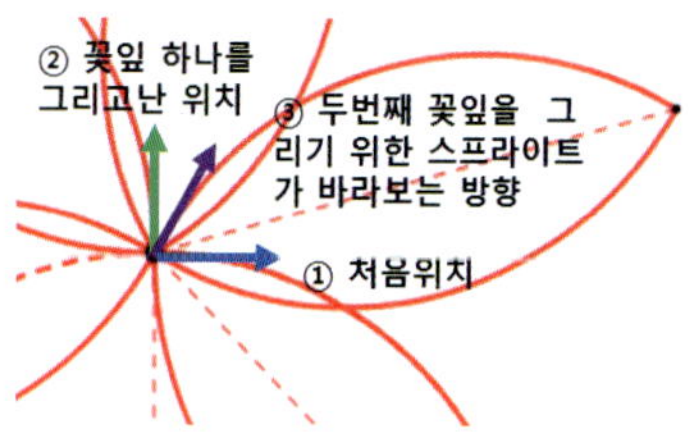

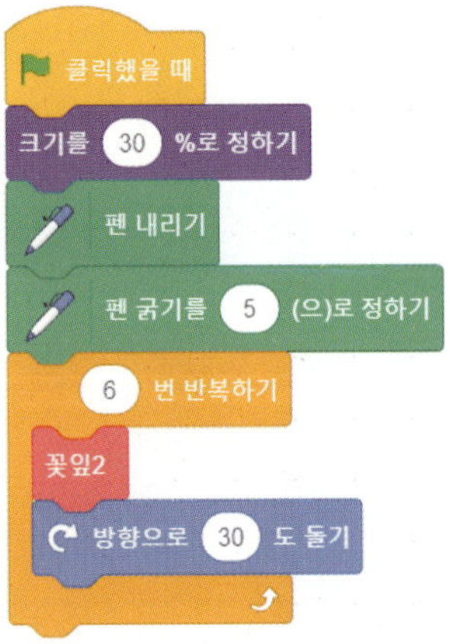

http://scratch.mit.edu/projects/301079581/

잠깐! 한 변의 길이 설정

• 꽃잎을 n개 그릴 때

첫 번째로 그린 꽃잎과 두 번째로 그린 꽃잎은 $\frac{360}{n}$도를 이루어야 한다. 첫 번째로 그린 꽃잎은 90도를 바라보고 그리기 시작하였으므로 두 번째로 그리는 꽃잎은 $-\frac{360}{n}$도 회전한 방향에서 그리기 시작해야 한다. 그런데 첫 번째 꽃잎을 완성하고 나면 스프라이트의 방향이 처음 방향에서 반시계방향으로 90도 회전한 방향을 향하고 있으므로 두 번째 꽃잎이 반시계방향으로 $\frac{360}{n}$도 회전한 방향을 향하게 하도록 시계방향으로 $90-\frac{360}{n}$도만큼 회전시켜야 한다.

• 꽃잎을 20개 그릴 때

따라서 꽃잎을 20개 그릴 때는 두 번째 꽃잎을 그릴 때 $90-\frac{360}{20}=72$도만큼 시계방향으로 회전시켜야 한다.

➽ 생각해 보기 2 – 20, 72

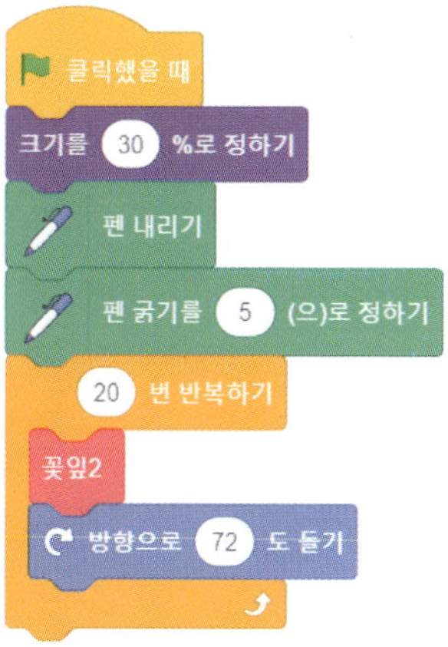

http://scratch.mit.edu/projects/301079808/

수학 개념 정리

1. 원의 접선

원의 접선이란 원과 한 점에서 만나는 직선을 말하고 만나는 한 점을 접점이라고 한다. 접점에서 그은 직선은 접점을 지나는 반지름과 수직으로 만난다.

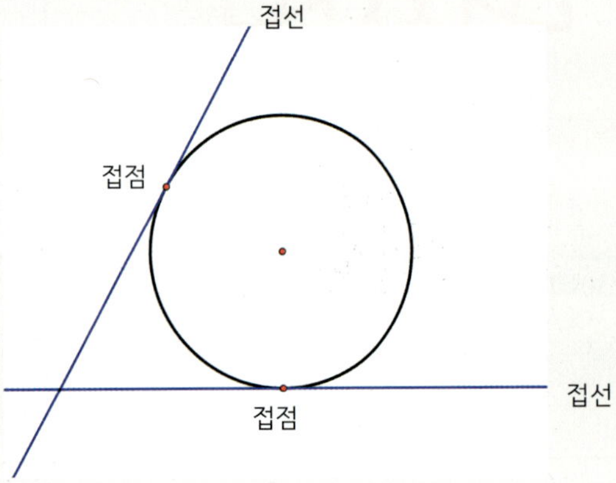

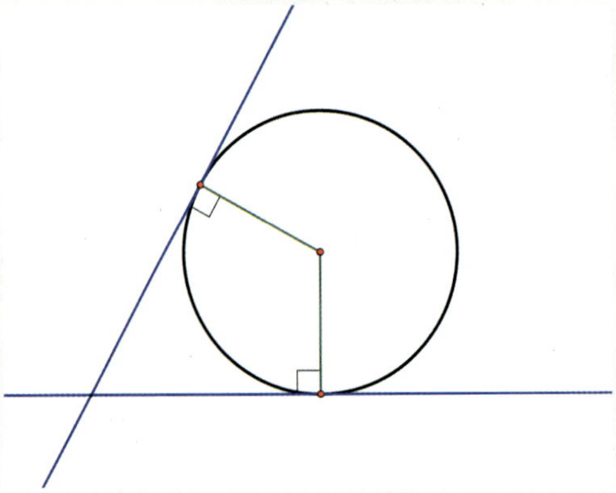

CHAPTER

6

장미꽃 그리기

CHAPTER 06 장미꽃 그리기

학습 내용

- 수학 - 삼각비, 원
- 코딩 - 반복하기, 조건을 가진 반복하기, 변수를 가진 나만의 블록(함수)

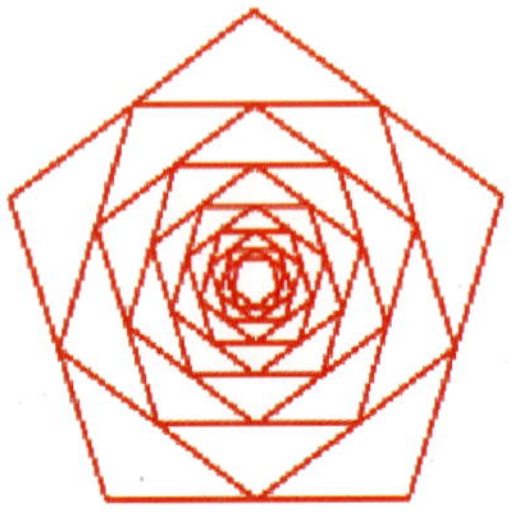

꽃 그림 1

꽃 그림 2

· 문제 · 01 정오각형을 이용한 장미꽃 그리기

다음과 그림과 같이 정오각형으로 장미꽃 무늬를 디자인하는 프로그래밍을 해 보자. 그리는 순서는 정다각형을 작은 것부터 큰 것 순으로 그리자.

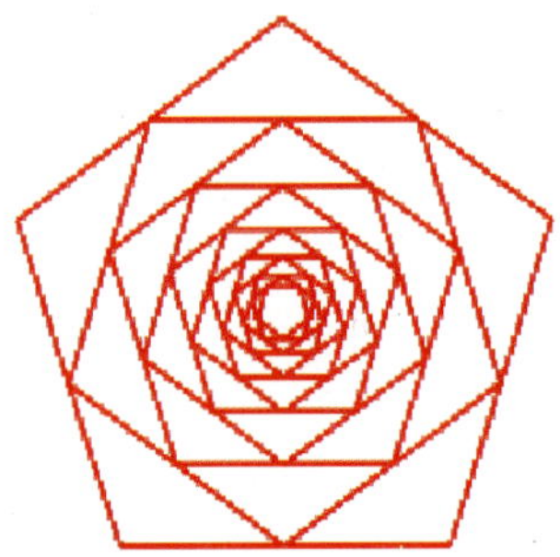

꽃 그림 1

문제 분석하기

❶ 가장 작은 정오각형부터 그리기 시작하자. 물론 거꾸로 가장 큰 정오각형부터 시작할 수도 있다. 아래 그림에서와 같이 점 A에서 시작하여서 한 변 AC의 길이가 a인 정오각형을 하나 그리자.

❷ 두 번째 정오각형의 한 변의 길이 $2\mathrm{AB}=\mathrm{BD}$는 얼마로 해야 할까?

작은 정오각형의 한 변의 길이를 a라고 하면 두 번째 정오각형의 한 변 길이는 $2\mathrm{AB}$ 이고 두 번째 그림에서 보듯이

$$\frac{\frac{a}{2}}{\mathrm{AB}}=\cos 36^\circ \Leftrightarrow \mathrm{AB}=\frac{\frac{a}{2}}{\cos 36^\circ}$$

이다. 따라서 두 번째 정오각형의 한 변 길이 $2\mathrm{AB}$ 는

$$2\mathrm{AB}=\frac{a}{\cos 36^\circ}$$

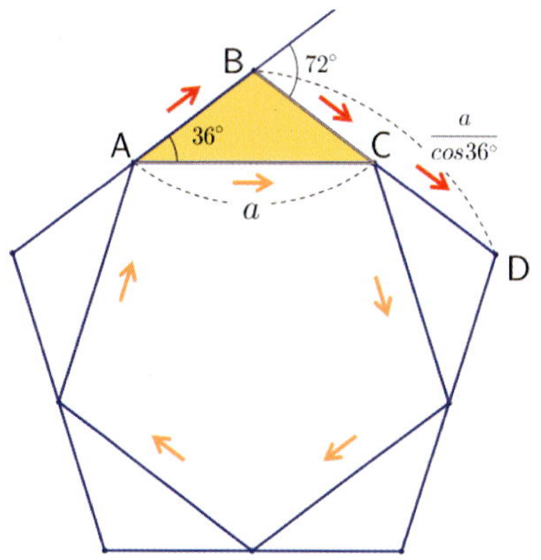

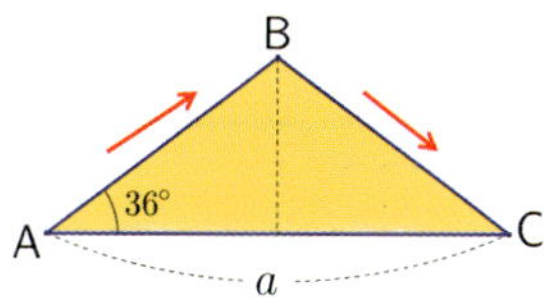

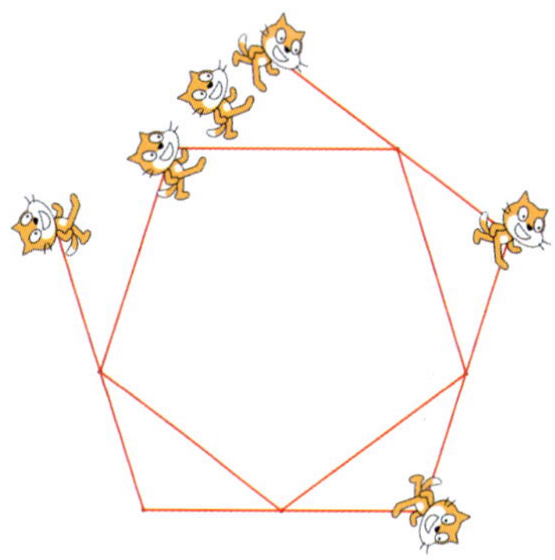

❸ 새로운 정오각형을 그릴 때마다 정오각형의 한 변의 길이가 달라짐을 알 수 있다. 따라서 변수라고 할 수 있다.

설계하기

❶ 알고리즘

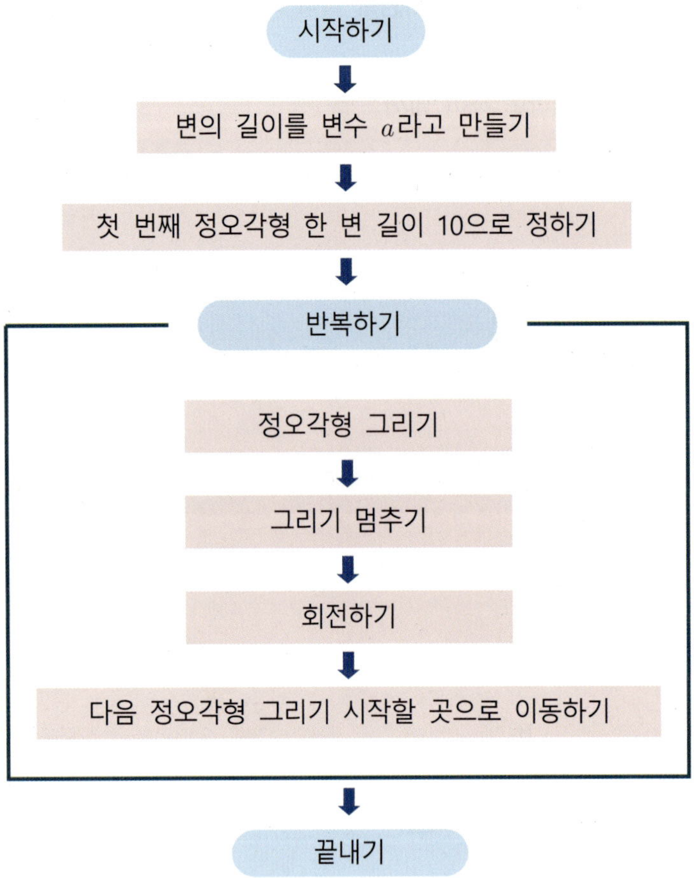

❷ 변수 만들기

다각형을 하나 더 그릴 때마다 변의 길이가 변하므로 변의 길이를 변수로 만들자. 변수 이름을 '변의 길이'로 정하면 변의 길이에 관련된 블록들이 만들어진다.

❸ 새로운 블록

형태	숨기기	해당 스프라이트를 화면에서 보이지 않게 한다.
펜	펜 올리기	스프라이트가 선 그리는 것을 멈춘다.

블록 조립하기

❶ 변의 길이를 결정하는 변수 '변의 길이'를 (변수)를 이용해 만든다.

☑ 변의 길이

❷ 변의 길이를 정하기 위해 (변수)에서 [변의 길이 ▾ 을(를) (10) 로 정하기] 블록을 만들어 붙인다.

❸ 하나의 정오각형을 그리기 위해 (제어), (펜), (동작) 스크립트를 이용하여 다음 블록들을 만들어 붙인다.

❹ 다음 정오각형을 그리는 위치로 이동하여 그리기 위해 우선 (펜)에서 [펜 올리기] 블록을 붙이고 '변의 길이'를 $\frac{\text{변의 길이}}{\cos(36^\circ)}$(= 2AB)로 바꾸기 위해 (연산)에서 [(변의 길이) ÷ (cos ▾ ((36)))]를 만들고 (변수)에서'변의 길이÷cos 36로 정하기' 블록을 만들어 붙인다.

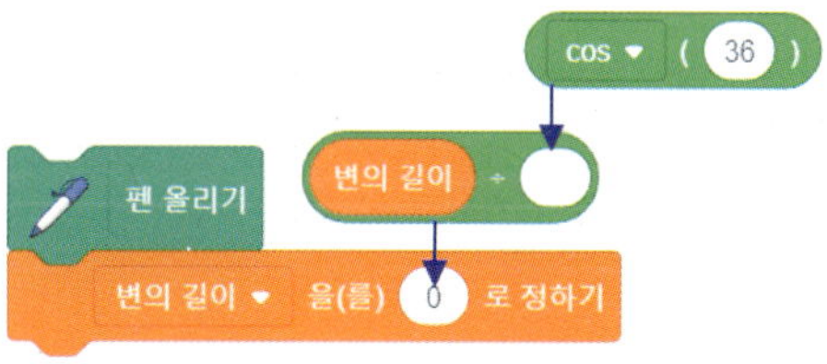

❺ 스프라이트가 앞의 단계까지 90도(정면) 방향으로 바라보고 있으므로 (동작)에서 [↺ 방향으로 (36) 도 돌기] 블록을 붙여서 그다음 정오각형을 그릴 방향으로 보게 하고 AB만큼 이동하게 하고 72° 돌게 하도록 [(변의 길이) ÷ (2) 만큼 움직이기], [↻ 방향으로 (72) 도 돌기] 블록을 만들어 붙인다.

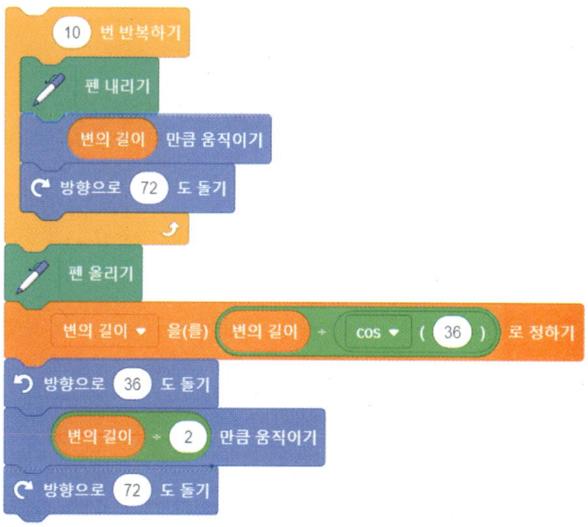

❻ 이제 그다음 정오각형을 그릴 위치로 옮겨졌으므로 ⑤블록들을 반복하면 다음 정오각형이 그려진다. 따라서 12개의 정오각형을 그린다면 제어 를 이용하여 12 번 반복하기 블록으로 ⑤블록을 감싼다.

❼ 스프라이트를 숨기기 위해 형태 에서 숨기기 블록을 붙인다.

❽ 모든 블록을 이어붙인다.

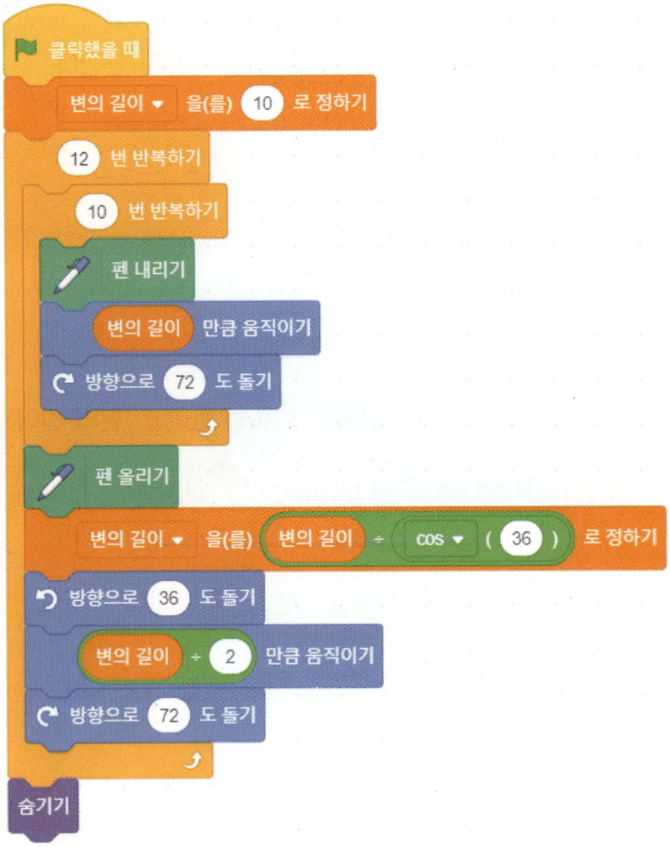

----- 첫 정사각형의 한 변 길이를 10으로 정하자.

----- 정오각형 12겹으로 그린다.

정해진 변의 길이에 따라 정오각형 하나 그리기

----- 잠시 그리기를 멈춘다.

----- 다음 정다각형 변의 길이

다음 정오각형을 그릴 위치로 이동하여 준비

----- 꽃을 완성한 후 스프라이트를 숨긴다.

프로그래밍 실행결과 확인하기

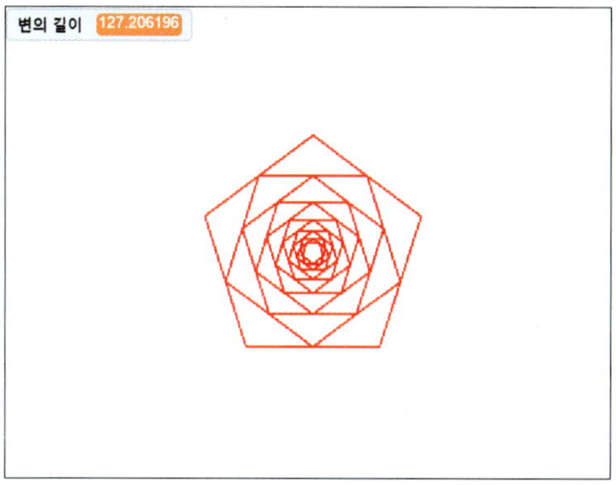

http://scratch.mit.edu/projects/301126265/

생각해 보기 1 – 정육각형을 작은 것부터 큰 것 순으로 그리기

정육각형을 이용한 꽃 그리기 프로그래밍을 완성하기 위하여 빈칸을 채우고 실행해 보자.

· 문제 ·

02 정n각형을 이용하여 장미꽃 그리기

n이 주어지면 정n각형으로 디자인한 장미꽃을 그릴 수 있을까? 정오각형, 정육각형으로 그린 장미꽃을 잘 관찰하고 규칙성을 찾아 프로그래밍해 보자. 정n각형을 작은 것부터 큰 것 순으로 그려보자.

설계하기

❶ 변수 만들기

다각형을 하나 더 그릴 때마다 변의 길이가 변하므로 변의 길이를 변수로 만들자. 변수 이름을 '변의 길이'로 정하면 변의 길이에 관련된 블록들이 만들어진다.

블록 조립하기

먼저 변수 'n(몇 각형?)'과 '변의 길이'를 만든다. 정n각형 한 변의 길이를 10부터 시작하자.

❶ '변의 길이'와 n각형에 대한 변수를 만들기 위해 변수 에서 '변의 길이'와 'n ' 변수를 만든다.

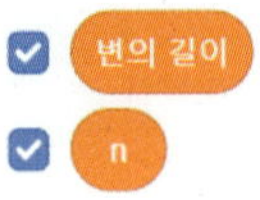

❷ 몇 각형인지 정하기 위하여 감지 에서 [몇각형 꽃을 그릴까? 라고 묻고 기다리기] 블록을 만들고 그 대답을 n으로 만들고 변의 길이를 정하기 위해 변수 와 감지 에서 [n ▾ 을(를) 대답 로 정하기] 블록과 [변의 길이 ▾ 을(를) 10 로 정하기] 블록을 만들어 붙인다.

❸ n각형을 만들기 위해 제어 , 펜 , 동작 , 감지 를 이용하여 다음 블록들을 만들어 붙인다.

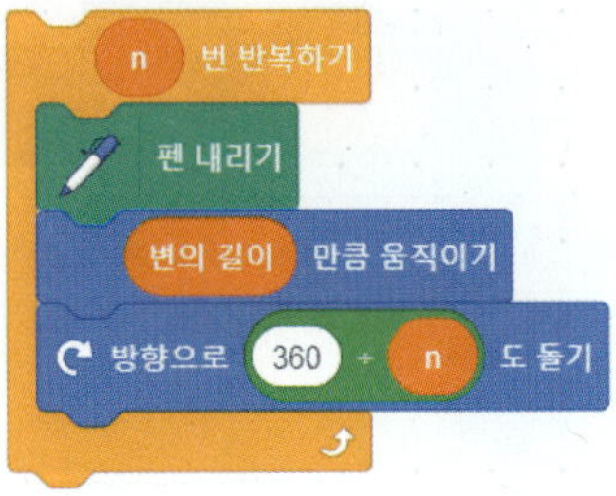

❹ 다음 정n각형을 그리는 위치로 이동하여 그리기 위해 우선 펜 에서 [펜 올리기] 블록을 붙이고'변의 길이'를 $\frac{\text{변의 길이}}{\cos(180 \div n^\circ)}$로 바꾸기 위해 연산 에서 [(변의 길이) ÷ (cos ▾ ((180) ÷ (n)))]를 만들어서 변수 에서 '변의 길이 $\div\cos\ (180 \div n)$로 정하기' 블록을 만들어 붙인다.

❺ 스프라이트가 앞의 단계까지 90도(정면) 방향으로 바라보고 있으므로 동작 에서 [↺ 방향으로 (180) ÷ (n) 도 돌기] 블록을 붙여서 그다음 정오각형을 그릴 방향으로 보게 하고 [(변의 길이) ÷ (2) 만큼 움직이기], [↻ 방향으로 (360) ÷ (n) 도 돌기] 블록을 만들어 붙인다.

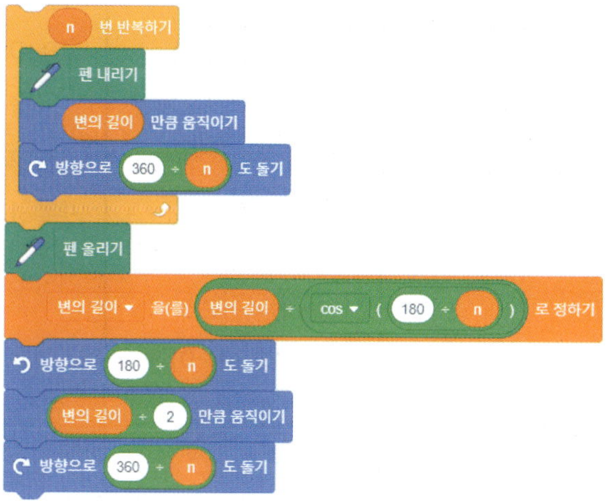

❻ 이제 그다음 정n각형을 그릴 위치로 옮겨졌으므로 ⑤블록들을 반복하면 다음 정n각형이 그려진다. 변의 길이가 길면 스크립트 화면을 벗어날 수도 있으므로 변의 길이가 100보다 크면 반복을 멈추도록 제어, 연산 을 이용하여 [< (변의 길이) > (100) > 까지 반복하기] 블록으로 ⑤의 블록을 감싼다.

❼ 스프라이트를 숨기기 위해 형태 에서 [숨기기]블록을 붙인다.

❽ 모든 블록을 이어붙인다.

----- 몇 각형 꽃을 그릴지 묻고 그 값을 n으로 정하고 변의 길이를 10으로 정한다.

정n각형을 만든다.

----- 잠시 그리기를 멈춘다.

----- 다음 정다각형 변의 길이

다음 정오각형을 그릴 위치로 이동하여 준비

변의 길이가 100이 넘을 때까지 반복하기

----- 꽃을 완성한 후 스프라이트를 숨긴다.

프로그래밍 실행결과 확인하기

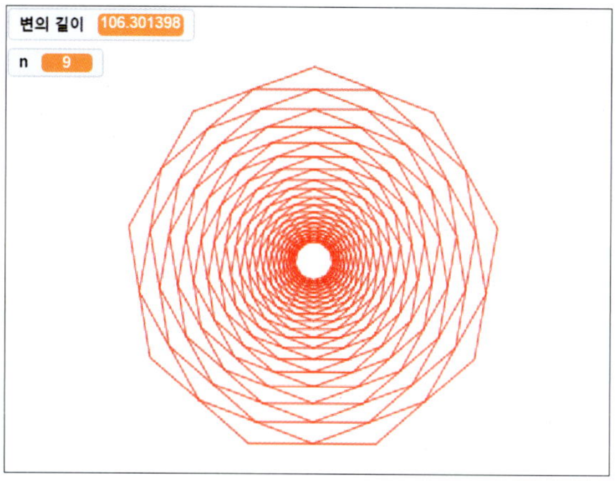

http://scratch.mit.edu/projects/301127402/

생각해 보기 2 – 정다각형을 큰 것부터 작은 것 순으로 그리기

정다각형을 큰 것부터 작은 것 순으로 그리려면 위의 코드를 어떻게 수정해야 할까?

더 나아가기 1 나만의 블록을 이용한 프로그래밍

정다각형을 큰 것부터 작은 것 순으로 그리는 프로그램을 나만의 블록을 이용하여 간단히 해보자. 어느 부분을 나만의 블록으로 정의해 보면 좋을까?

Step 1 – 나만의 블록 만들기

빨간색 상자 안의 블록은 정n각형을 그린 후 다음 정n각형을 그리기 위하여 회전하고 이동한 상태를 나타내는 블록으로 이 블록 묶음이 계속 반복 실행되고 있다. 따라서 이 블록 묶음을 '정다각형' 블록으로 정의하자. 정n각형의 변의 길이를 정해주면 정n각형을 그리고 그다음 더 작은 정n각형을 그릴 준비를 하는 단계까지를 나만의 블록으로 정의한다.

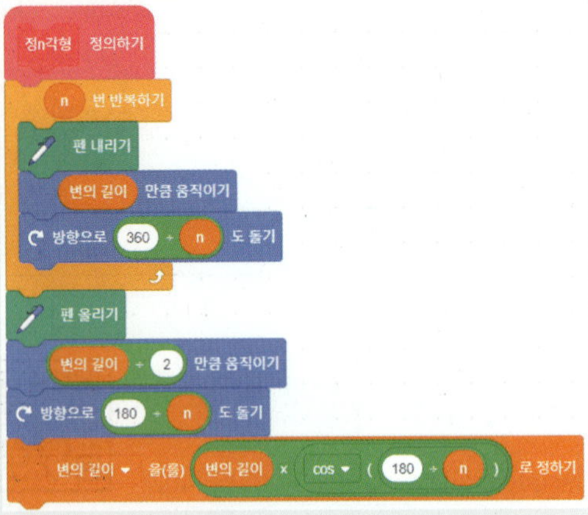

Step 2– 블록 조립하기

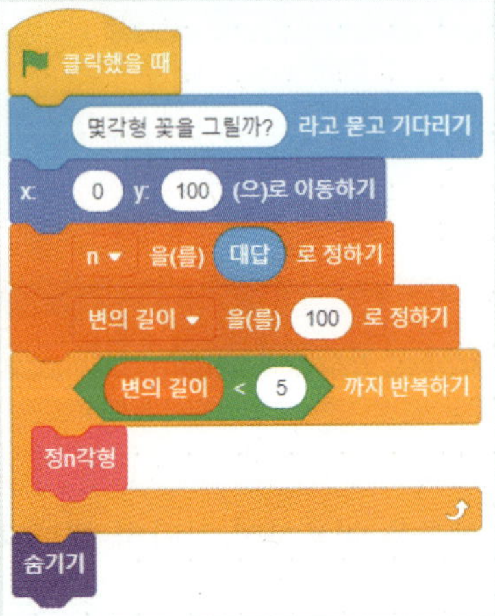

---- 몇 각형으로 그릴지 묻는다.

---- 가장 긴 변 길이를 100으로 정한다.

---- 가장 작은 변의 길이가 5보다 작은 순간까지 반복한다.

http://scratch.mit.edu/projects/301127819/

· 문제 ·

03 원을 이용하여 장미꽃 그리기

꽃 그림 2

문제 분석하기

❶ 아래 그림 1을 그리고 이 그림을 축소한 후 적당한 각도만큼 회전하면서 그리는 일을 반복한다.

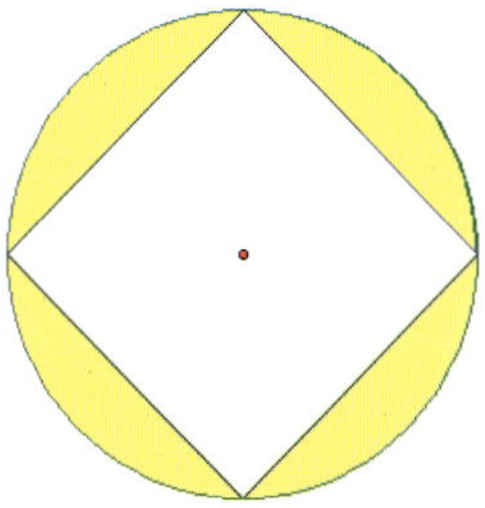

1. 그림 1

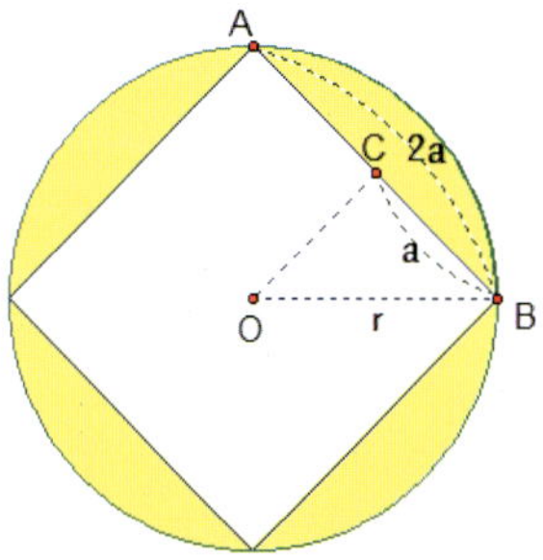

그림 2

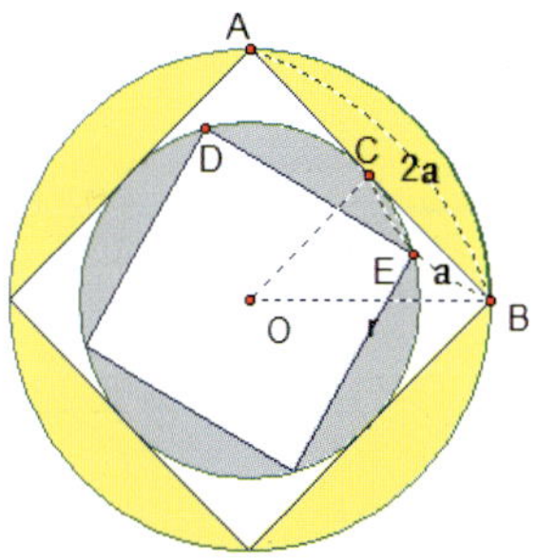

그림 3

❷ 반지름을 알면 내접하는 정사각형의 한 변 길이를 구할 수 있다. 반지름을 r라고 정하자. 정사각형의 한 변 a는 얼마일까?

> 그림 2에서 삼각형 AOB는 직각 이등변 삼각형이므로 $\angle OBC = 45°$ 이다.
>
> 이제 $\frac{a}{OB} = \cos 45° = \frac{\sqrt{2}}{2}$이므로 $a = \frac{\sqrt{2}}{2}$, $OB = \frac{\sqrt{2}}{2}r$이다. 정사각형 한 변의 길이는
>
> $2a = \sqrt{2}r$ 이다.

❸ 그림 3에서 작은 원의 반지름 OC는 얼마일까?

$$\frac{\mathrm{OC}}{\mathrm{OB}} = \sin 45^\circ = \frac{\sqrt{2}}{2} \quad \Rightarrow \quad \mathrm{OC} = \mathrm{OB} \times \frac{\sqrt{2}}{2} = \frac{\sqrt{2}}{2} r$$

❹ 그림 3에서 작은 원에 내접하는 정사각형의 한 변 길이 DE는 얼마일까?

❷에서 반지름이 r인 원에 내접하는 정사각형 한 변 길이 $\sqrt{2}\,r$이었다. 따라서 반지름이 $\frac{\sqrt{2}}{2}r$인 원에 내접하는 정사각형의 한 변 길이는 $\frac{\sqrt{2}}{2} \times \frac{\sqrt{2}}{2} r = \frac{r}{2}$이다.

설계하기

❶ 알고리즘

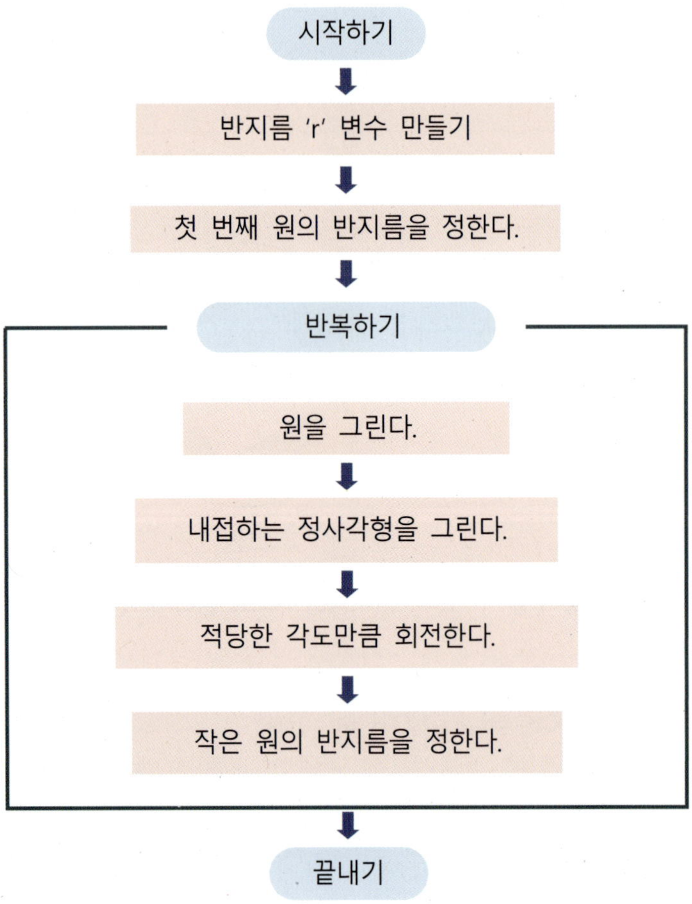

❷ 스프라이트

- 기본 스프라이트 고양이를 제거하고 그리기 도구 중 ○ 을 이용하여 빨간색 원 모양 스프라이트를 만든다.

❸ 변수 만들기

- 원의 크기를 결정하는 반지름 r과 내접하는 정사각형의 한 변의 길이를 변수 만들기 할 수 있다. 그러나 반지름만 알면 내접 정사각형의 한 변 길이는 정해지므로 반지름 r만 변수로 정하자.

블록 조립하기

❶ 반지름값을 변수로 만들기 위하여 변수 를 이용해 변수 'r'을 만들고 r ▾ 을(를) 120 로 정하기 블록을 만들어 붙인다.

☑ r

❷ 스프라이트의 크기를 적당하게 정하기 위해 크기를 10 %로 정하기 블록을 만들고 펜의 색과 굵기를 정해주기 위해 펜 에서 펜 굵기를 2 (으)로 정하기, 펜 색깔을 ● (으)로 정하기 블록을 만들어 붙인다.

❸ 가장 큰 원을 그리기 위해 나만의 블록을 이용하여 '원 그리기' 블록을 동작, 펜, 제어 를 이용하여 만들고 원그리기 블록을 붙인다.

❹ 정사각형을 그리기 위해 나만의 블록을 이용하여 '정사각형 그리기' 블록을 동작, 펜, 제어 를 이용하여 만들고 정사각형그리기 블록을 붙인다.

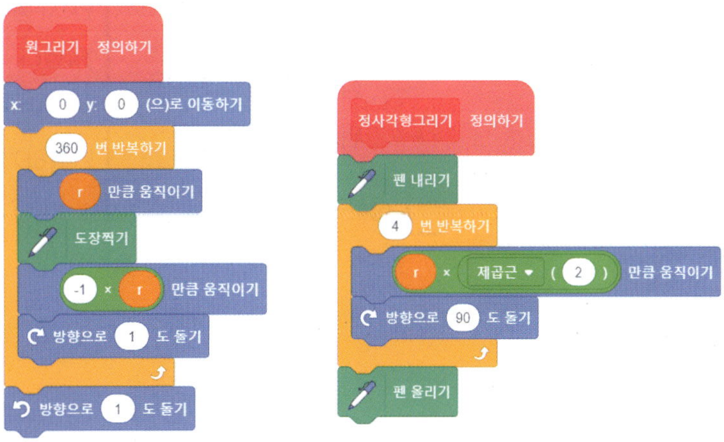

❺ 원그리기 블록과 정사각형그리기 블록 사이에 무늬가 약간 회전하게 보이도록 동작 에서 방향으로 15 도 돌기, r 만큼 움직이기 블록을 끼워 넣고 정사각형을 그리는 위치로 방향으로 돌리기 위해 방향으로 135 도 돌기 블록도 붙인다.

❻ 변수 'r'값이 다음 원의 반지름으로 정하게 하도록 연산 에서 를 만들고 변수 에서 'r을 (제곱근 $2\div2)\times r$로 정하기' 블록을 만들어 붙인다.

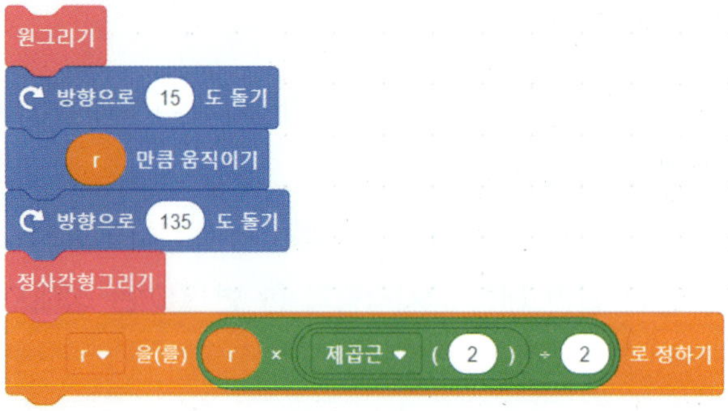

❼ 원과 정사각형 모양이 반복되길 원하므로 제어, 연산 을 이용해  블록으로 ⑥블록을 감싼다.

❽ 모든 블록을 이어붙인다.

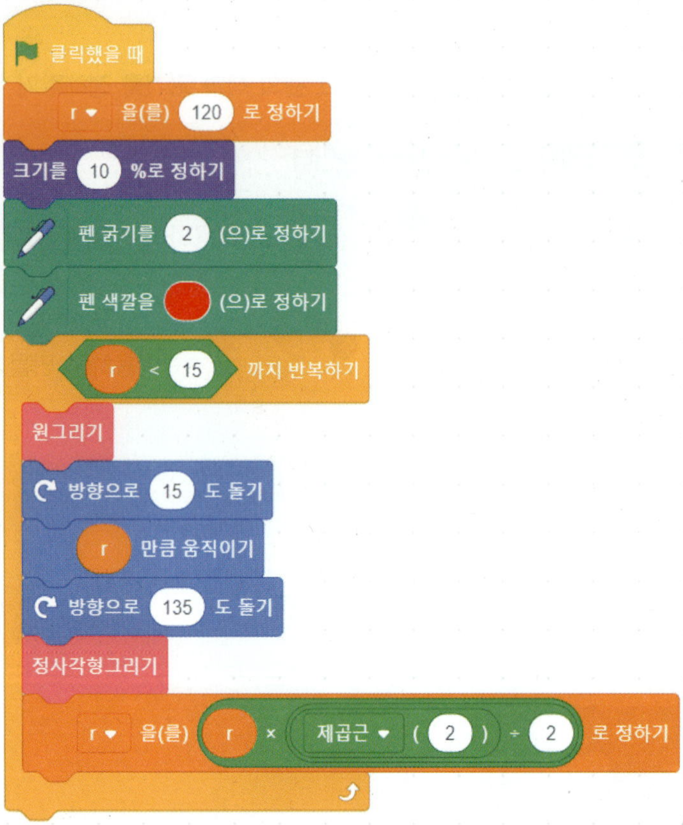

----- 처음 원의 반지름의 길이를 정한다.

----- 스프라이트 크기를 적당히 하고 펜의 굵기와 색을 정한다.

원을 그린다.

----- 정사각형을 그리는 위치로 이동한다.

정사각형을 그린다.

----- 다음 원의 반지름 길이

반지름이 15보다 작을 때까지 반복하기

프로그램 실행결과 확인하기

http://scratch.mit.edu/projects/301128252/

생각해 보기 해답

생각해 보기 1 – 6, 60, 30, −30, 60

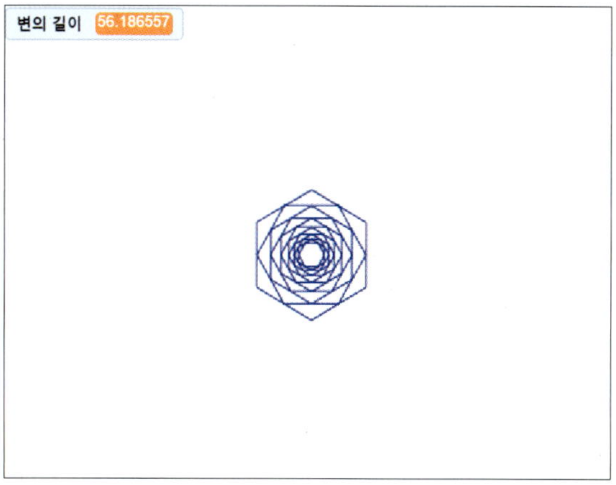

http://scratch.mit.edu/projects/301126885/

생각해 보기 2

Step 1 – 문제 분석하기

❶ 정n각형을 그린 후 그다음 작은 정 n각형을 그리기 위하여 A에서 B로 큰 정 n각형의 변의 길이의 반만큼 이동한다.

❷ 변 BC를 그리기 위해서 점 B에서 점 C를 향하도록 외각의 반($\frac{360^\circ}{2n} = \frac{180^\circ}{n}$) 만큼 회전한다.

❸ 한 변의 길이 BC를 (큰 정n각형 변의 길이) $\times \cos(\frac{180^\circ}{n})$ 로 정하고 다시 정n각형을 그릴 준비를 한다.

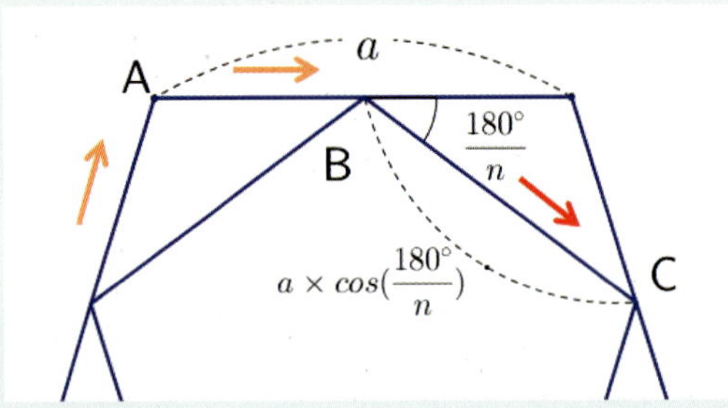

Step 2 – 블록 조립하기

❶ [문제2] 에서 다룬 ‘n각형 장미꽃 그리기’ 블록을 가져온다.

❷ 큰 정n각형에서 작은 정n각형으로 그리기 위해서 [변의 길이 ▾ 을(를) 10 로 정하기] 블록에서 [변의 길이 ▾ 을(를) 100 로 정하기] 으로 바꾸고 그 위에 [동작] 에서 [x: 0 y: 100 (으)로 이동하기] 블록을 붙인다.

❸ 아래의 블록은 작은 정n각형에서 큰 정n각형을 그리는 위치로 이동하는 블록이므로 큰 정n각형에서 작은 정n각형으로 그리는 위치로 옮기기 위해 다음과 같이 수정한다. 이때 변의 길이를 [변의 길이 x cos ▾ (180 ÷ n)]로 바꾼다.

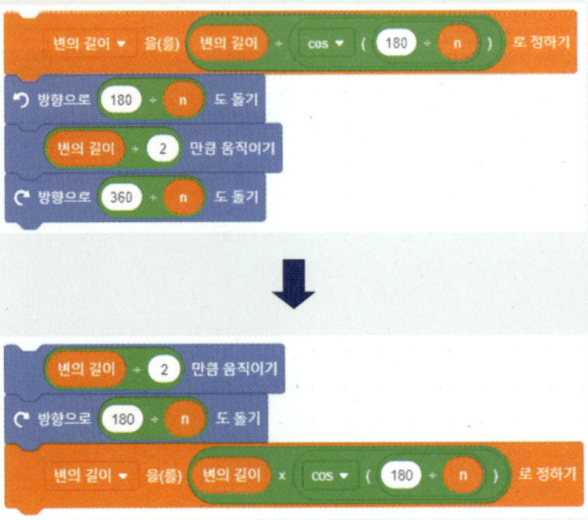

❹ 너무 작은 정n각형이 그려지지 않게 `변의 길이 > 100 까지 반복하기` 블록을 `변의 길이 < 5 까지 반복하기` 블록으로 바꾼다.

❺ 모든 블록을 이어붙인다.

----- 몇 각형 꽃을 그릴지 묻고 그 값을 n으로 정하고 변의 길이를 10으로 정한다.

정해진 변의 길이에 따라 정오각형 하나 그리기

----- 그리기를 잠시 멈춘다.

다음 작은 정오각형을 그릴 위치로 이동하여 준비

변의 길이가 5보다 작을 때까지 반복하기

----- 다음 정다각형 변의 길이

----- 꽃을 완성한 후 스프라이트를 숨긴다.

http://scratch.mit.edu/projects/301127559/

수학 개념 정리

1. 삼각비

두 개의 닮은 직각삼각형에 대하여 $\frac{\text{높이}}{\text{빗변의 길이}}$, $\frac{\text{밑변의길이}}{\text{빗변의 길이}}$, $\frac{\text{높이}}{\text{밑변의 길이}}$ 의 값은 각각 항상 같다는 것을 알 수 있다. 이와 같은 비를 삼각비라고 하고 다음과 같이 정의한다.

$\angle B = 90^\circ$ 인 직각삼각형 ABC 에서

$\angle A$ 의 사인(Sine) $\sin A = \frac{BC}{AC} = \frac{a}{b}$

$\angle A$ 의 코사인(Cosine) $\cos A = \frac{AB}{AC} = \frac{c}{b}$

$\angle A$ 의 탄젠트(Tangent) $\tan A = \frac{BC}{AB} = \frac{a}{c}$

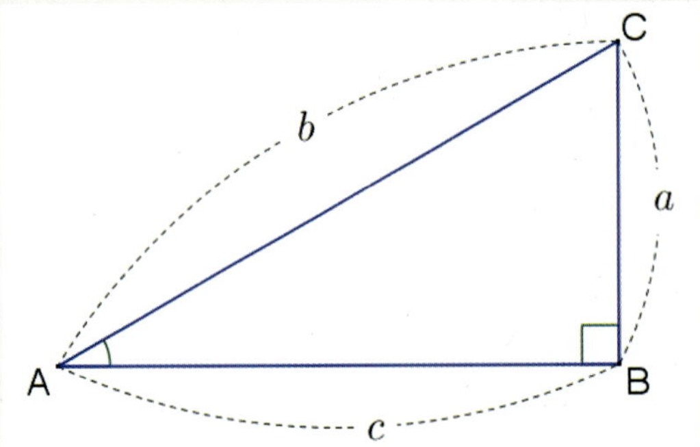

CHAPTER

7

아르키메데스 나선 그리기

CHAPTER 07

아르키메데스 나선 그리기

학습 내용

- 수학 - 나선, 삼각형의 닮음, 피타고라스의 정리
- 코딩 - 반복하기, 조건을 포함한 반복하기

아르키메데스 나선

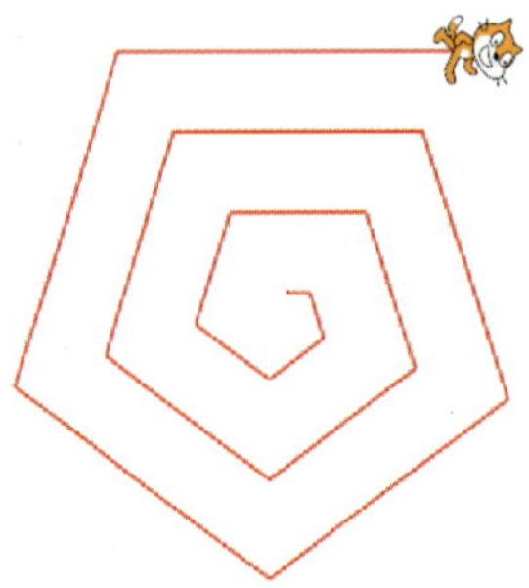

정다각형 나선

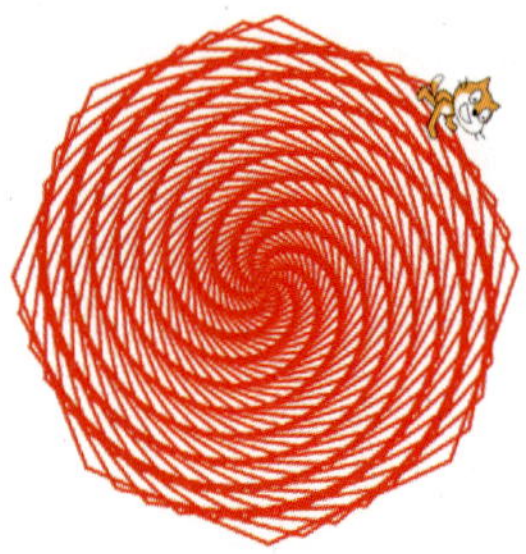

등각 나선

나선(Spiral)이란 한 점을 중심으로 점점 멀어지면서 그 점 주위를 도는 곡선을 말하며 고대 그리스 시대부터 탐구되어 왔다. 나선 모양에 따라 아르키메데스 나선, 황금 나선(피보나치 나선), 피타고라스 나선, 다각형 나선 등 다양한 나선들이 있으며, 해바라기 꽃씨의 배열이나 암모나이트의 모양과 같이 자연에서 나선 모양의 그림을 만날 수 있다.

· 문제 · 01 아르키메데스 나선 그리기

기원전 3세기경 아르키메데스는 나선의 원리를 응용해 나선식 펌프를 발명하였는데 이때 사용된 나선을 아르키메데스의 이름을 따서 아르키메데스 나선이라고 한다.

아르키메데스 나선은 한 점으로부터 멀어지는 속도가 일정하고 시간당 각의 변화가 일정한 곡선을 말한다.

앞 장에서 배운『도장찍기로 원 그리기』 프로그램을 변형하여 나선을 그려보자.

문제 분석하기

❶ 나선 모양을 잘 관찰하면서 원 모양과 비교해 보자. 나선이 원과 다른 점은 무엇일까?

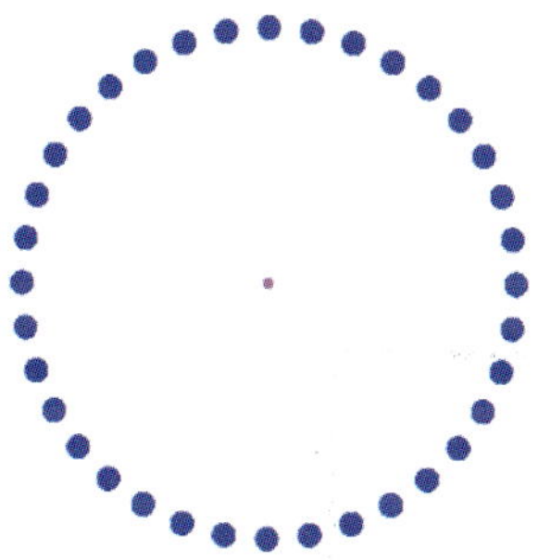

그림 1

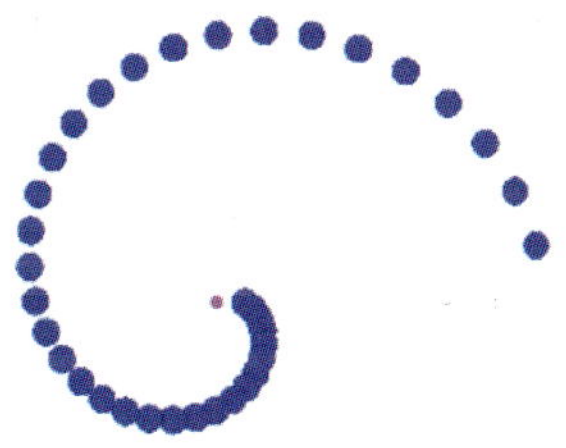

그림 2

원은 중심에서 모든 점까지의 거리(반지름)가 같지만, 나선은 중심에서 점까지의 거리(반지름)가 변한다.

그림 1의 원은 9도씩 돌아갈 때마다 같은 거리만큼 떨어진 곳에 점을 찍어 그린 원이다.

그러나 아르키메데스 나선은 $\frac{\text{중심으로부터의 거리의 변화량}}{\text{시간의 변화량}} = \text{일정}$,

$\frac{\text{회전한 각의 변화량}}{\text{시간의 변화량}} = \text{일정}$이므로 $\frac{\text{중심으로부터의 거리의 변화량}}{\text{각의 크기의 변화량}} = \text{일정}$하다.

따라서 그림 2는 9도(각의 크기 변화량)씩 돌아갈 때마다 중심에서의 거리가 10(중심으로부터 거리의 변화량)씩 늘어나도록 점을 찍은 나선이다.

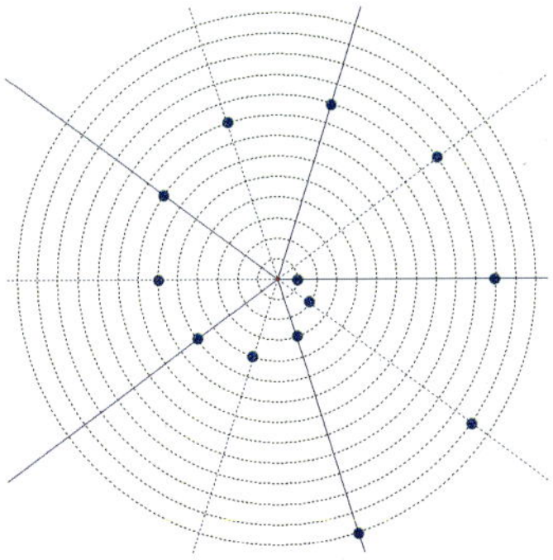

❷ 가장 작은 원의 반지름을 30으로 하고 원 위에 점을 찍는다.

❸ 30도를 회전한 후 중심에서 거리가 40인 위치에 점을 찍는다.

❹ 다시 30도를 회전한 후 중심에서 거리가 50인 위치에 점을 찍는다.

❺ 이와 같은 과정을 원하는 만큼 반복한다.

설계하기

❶ 알고리즘

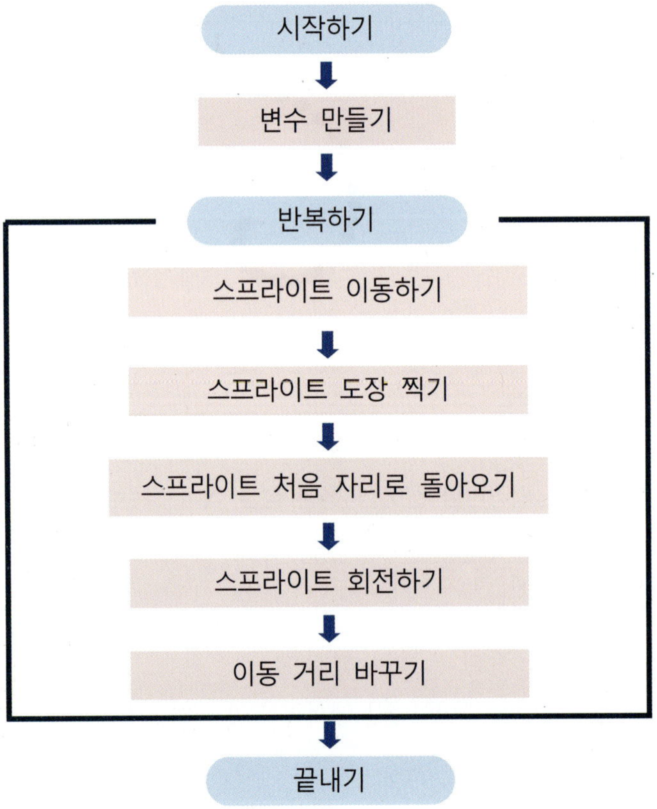

❷ 스프라이트

- 기본 스프라이트 모양인 고양이를 제거하고 그리기 도구 중 ○ 을 이용하여 원 모양 스프라이트를 만든다.

❸ 변수 만들기

원은 중심에서 모든 점까지의 거리(반지름)가 같지만, 나선은 중심에서 점까지의 거리(반지름)가 변한다. 이처럼 변하는 수가 필요할 때 변수 만들기를 해야 한다. '반지름'이라는 이름의 변수를 만들자.

블록 조립하기

앞에서 만든 '원 그리기' 프로그램(왼쪽)을 살펴보고 나선을 그리도록 변형해 보자.
왼쪽 프로그램에서 빨간 상자 안은 12개의 점을 찍어 반지름이 100인 원을 그린 것이다.
나선도 같은 방식으로 돌아가면서 12개의 점을 찍는다. 그러나 30도씩 돌아갈 때마다 반지름을 10만큼씩 일정하게 커지도록 하면(파란색 상자) 아르키메데스 나선을 그릴 수 있다.

❶ 나선의 반지름 변수를 만들기 위해 변수 를 이용해 변수 '반지름'을 만들고 [반지름 ▾ 을(를) 30 로 정하기] 블록을 만들어 붙인다.

☑ 반지름

❷ 다음과 같은 12개의 점을 찍는 <원 그리기 프로그램>에서 나선으로 바꾸려면 회전할 때마다 반지름의 길이가 다른 위치에 점을 찍어야 하므로 [100 만큼 움직이기] 블록을 [반지름 만큼 움직이기] 블록으로 수정하고 처음 위치 (0,0)으로 돌아와 방향을 30도만큼 바꾸고 다음 점을 찍기 위해 반지름을 10만큼씩 일정하게 늘리기 위해 변수 에서 [반지름 ▾ 을(를) 10 만큼 바꾸기] 블록을 만들어 붙인다.

❸ 모든 블록을 이어 붙인다.

<원 그리기>

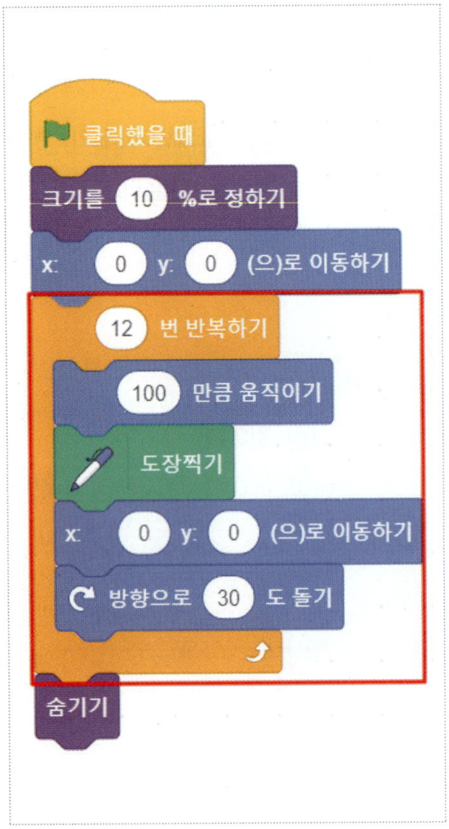

<아르키메데스 나선>

프로그램 실행결과 확인하기

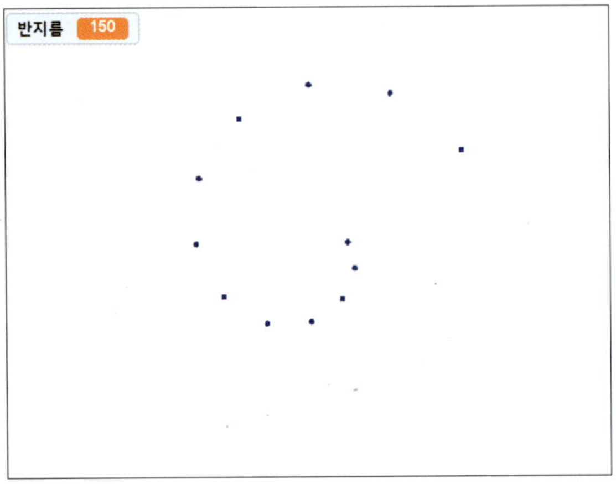

http://scratch.mit.edu/projects/301132924/

잠깐!

- 점의 크기를 줄이고 점의 개수를 더 많이 찍을수록 더 자연스럽고 아름다운 나선 모양이 된다.
- 점의 개수는 반복수이고 반지름은 그림의 크기와 관계가 있다.
- 그림이 실행화면 밖으로 나가지 않도록 그림의 크기와 중심점의 위치를 조절하고 실행한다.

생각해 보기 1

앞의 나선보다 좀 더 촘촘하게 그려보자. 어떤 값을 바꿔야 할까?

· 문제 · 02 정오각형 나선 그리기

먼저 앞장에서 만든 정오각형 그리기 프로그램을 이용하여 아르키메데스 나선과 같이 곡선 사이 간격이 일정한 정오각형 나선을 그려보자.

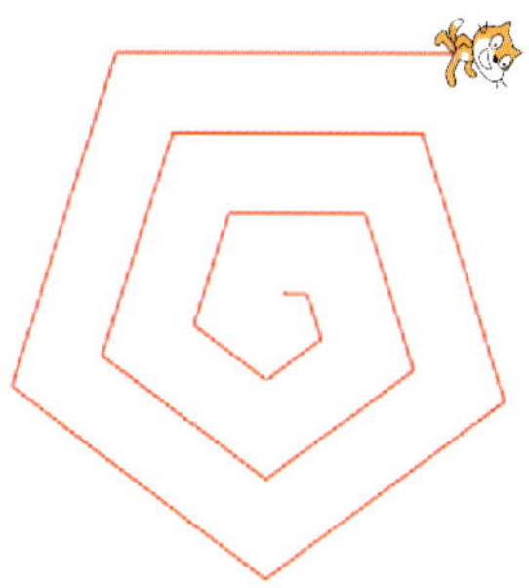

문제 분석하기

원 나선을 그릴 때와 같은 방법으로 그린 경우 변들 사이의 간격이 일정할까?

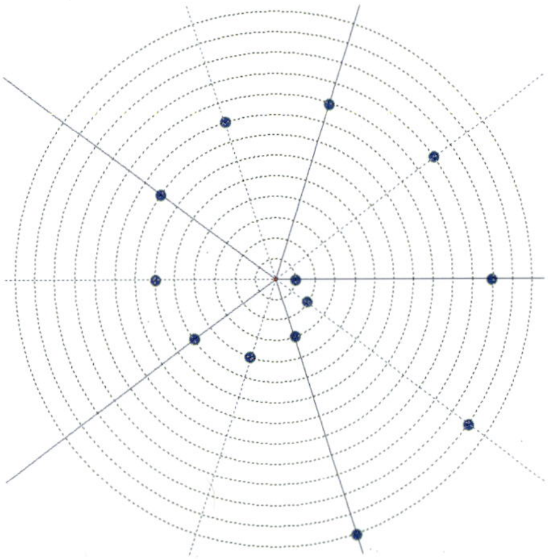

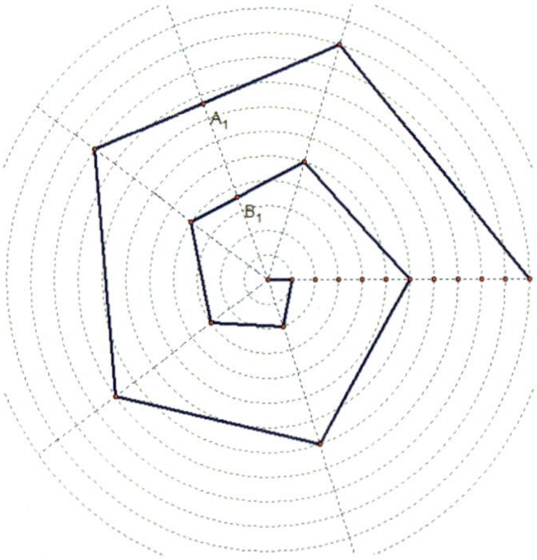

오른쪽 정다각형 나선의 경우 변들 사이의 간격이 일정하지 않음을 알 수 있다.

이제 정다각형을 그리는 방법을 변형하여 정다각형 나선을 그려보자.

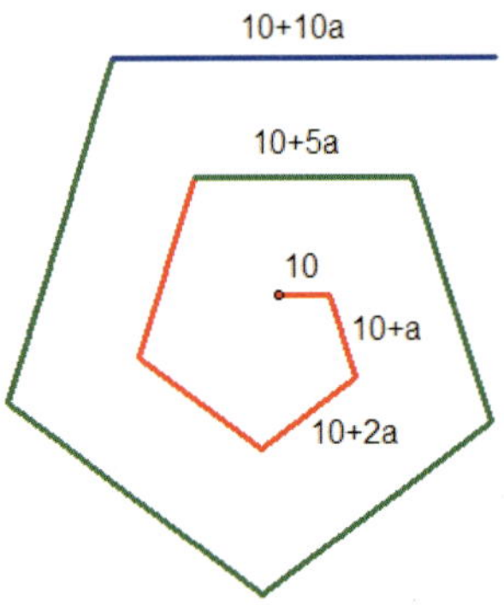

❶ 변의 길이는 각이 돌아갈 때마다 달라지므로 변수로 정하고 10에서 시작하자.

❷ 스프라이트가 10만큼 이동 후 정오각형 모양을 유지하기 위하여 외각의 크기인 $72°$ 만큼 회전한다.

❸ 두 번째 변은 5만큼 늘려서 $10+5=15$ 만큼 이동한다.

❹ 다시 스프라이트가 외각의 크기인 72° 만큼 회전한다.

❺ 세 번째 변은 또 5 만큼 늘려서 $15+5$만큼 이동한다.

❻ 이런 과정을 계속 반복한다.

❼ 한 변의 길이를 나타내는 이동 거리는 계속 변해가므로 변수이다.

설계하기

❶ 알고리즘

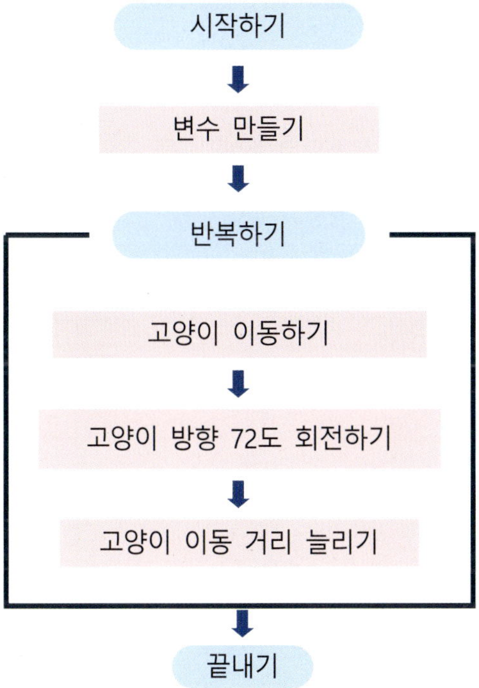

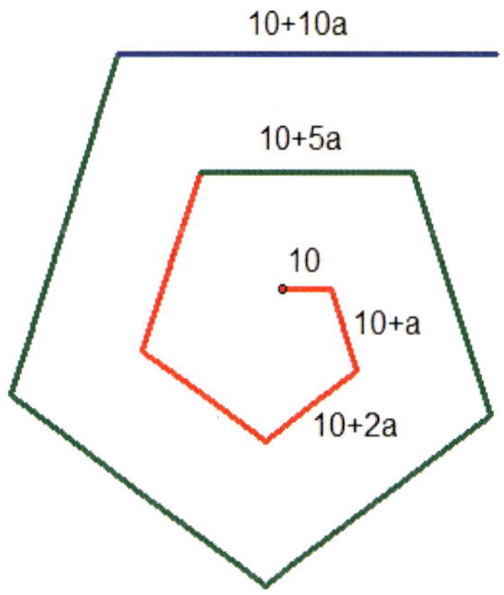

❷ 스프라이트

- 기본 스프라이트 고양이를 준비한다.

❸ 변수 만들기

- 변수 만들기에서 변수 이름을 '변의 길이'로 입력하고 확인한다.

블록 조립하기

❶ 정오각형 나선 변의 길이 변수로 만들기 위해 변수 에서 '변의 길이' 변수를 만든다.

☑ 변의 길이

❷ 변의 길이의 처음 값을 10으로 하기 위해 [변의 길이 ▾ 을(를) 10 로 정하기] 블록을 만들고 지시한 대로 그리기 위해 펜 에서 [펜 내리기] 블록을 만들어 붙인다.

❸ 정오각형을 그리는 것처럼 나선을 그리기 위해 동작 에서 [변의 길이 만큼 움직이기], [↻ 방향으로 72 도 돌기] 블록을 붙인다.

❹ '변의 길이'가 증가하게 하도록 변수 에서 [변의 길이 ▾ 을(를) 10 만큼 바꾸기] 블록을 만들어 붙인다.

❺ 나선을 만들기 위해 16번 반복한다면 제어 에서 [16 번 반복하기] 블록으로 ③과 ④을 감싼다.

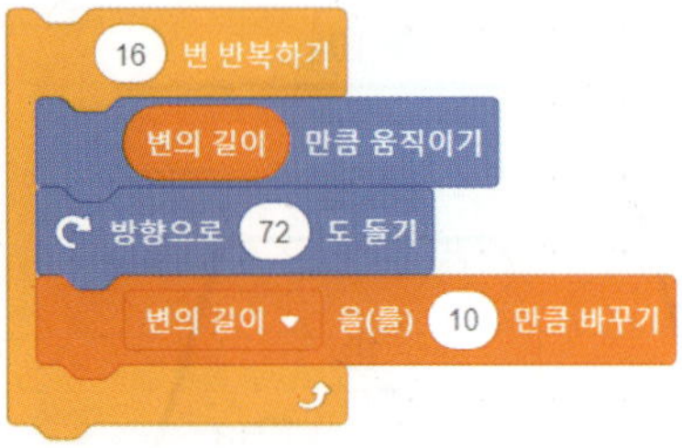

❻ 모든 블록을 이어 붙인다.

---- 처음 변의 길이는 10으로 시작하자.

정오각형을 그릴 때처럼 변의 길이만큼 이동하고 스프라이트 방향을 외각만큼 바꾼다. 그다음 변은 10씩 늘려간다. 5번 반복하는 경우 한 바퀴만 그려지므로 반복회수에는 원하는 수를 넣는다.

프로그래밍 실행결과 확인하기

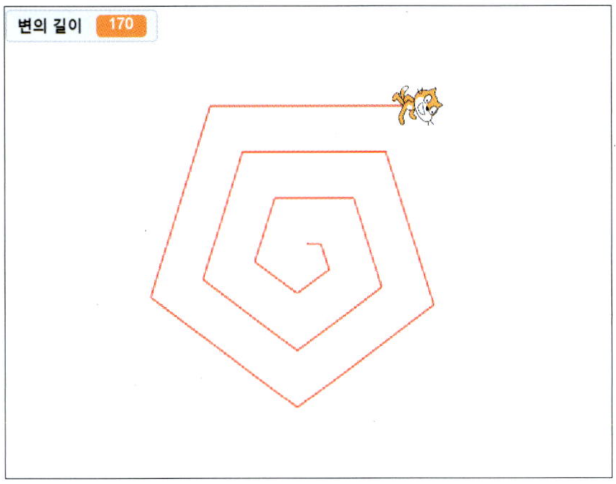

http://scratch.mit.edu/projects/301133492/

잠깐!

- 처음 변의 길이를 10이 아닌 다른 수들로 바꿔가며 실행해 보자. 또 변의 길이를 10이 아닌 다른 수만큼 늘려가면서 실행해 보자. 나선의 크기가 달라질 것이다.

생각해 보기 2

(1) 위에서 그린 정오각형 나선의 길이는 총 얼마일까?

(2) 변들 사이의 간격은 일정할까?

· 문제 · 03 정n각형 나선 그리기

몇 각형 나선을 그릴지 묻고 대답에 따라 정다각형 나선을 그리는 프로그램을 완성해 보자.

블록 조립하기

❶ 몇 각형인지를 결정하는 변수와 변의 길이에 대한 변수를 만들기 위해 변수 에서 'n', '변의 길이'를 만든다.

☑ 변의 길이
☑ n

❷ 몇 각형 나선인지 결정하고 변이 길이를 정하기 위해 감지 에서 [몇각형 나선을 그릴까요? 라고 묻고 기다리기] 블록을 만들어 변수, 감지 에서 [n ▾ 을(를) 대답 로 정하기] 블록과 [변의 길이 ▾ 을(를) 1 로 정하기] 블록을 만들어 붙인다.

❸ 지시한 대로 그리기 위해 펜 에서 [펜 내리기] 블록을 만들어 붙인다.

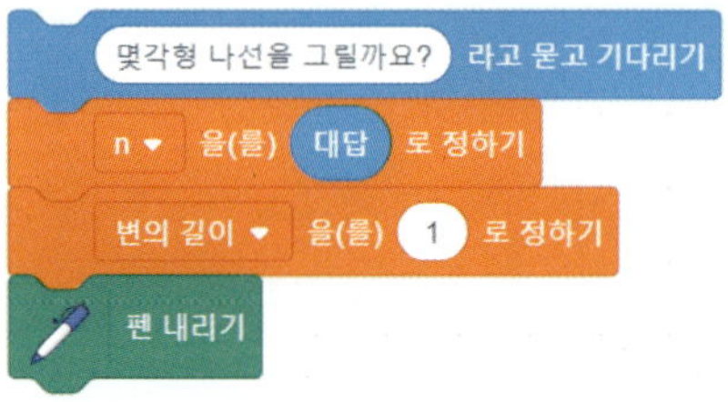

❹ n각형 나선을 그리기 위해 동작, 연산, 변수 를 이용하여 [변의 길이 만큼 움직이기], [↻ 방향으로 360 ÷ n 도 돌기], [변의 길이 ▾ 을(를) 1 만큼 바꾸기] 블록을 붙인다.

❺ 나선을 n번 반복하고 변의 길이가 130보다 클 때까지 반복하기 위해 ④블록을 제어, 연산 블록을 이용하여 [변의 길이 > 130 까지 반복하기] 블록을 만들어 감싼다.

❻ 모든 블록을 이어 붙인다.

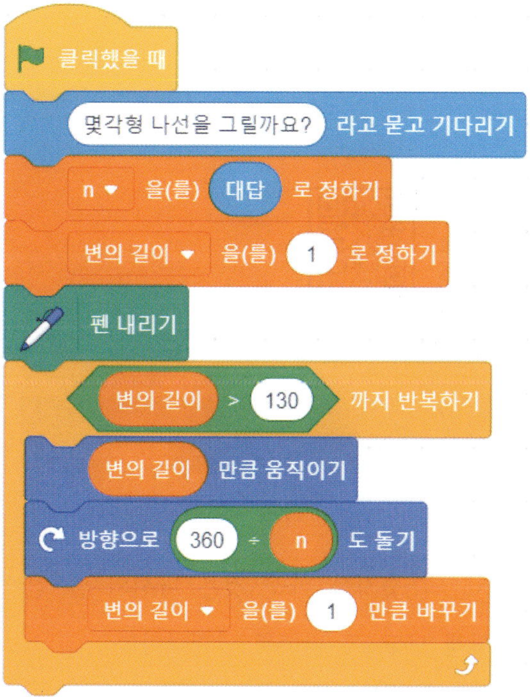

---- 몇 각형 나선을 그릴지 묻고 n을 그 대답으로 정한다.

---- 변의 길이도 1로 정한다.

변의 길이만큼 이동하고 스프라이트 방향을 외각 만큼($360 \div n$)바꾼다. 그다음 변은 1씩 늘려간다. 적당한 변의 길이까지 반복하게 한다.

프로그래밍 실행결과 확인하기

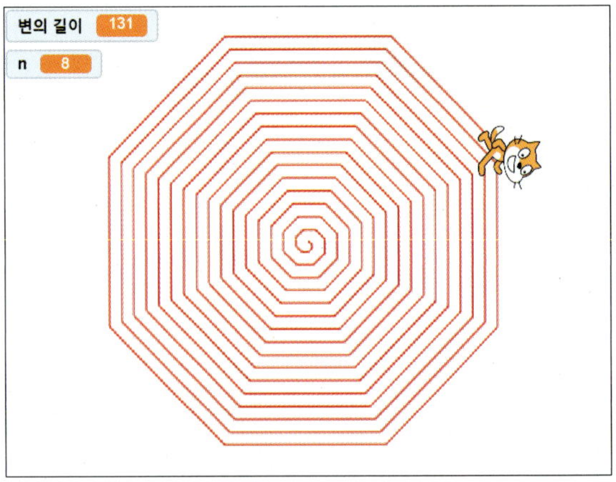

http://scratch.mit.edu/projects/301133764/

더 나아가기 1 정다각형 나선 변형하기

위 프로그램을 다음과 같이 변형해 보자. 파란색 상자 안의 숫자를 바꾼 것은 나선의 줄 간격을 조절하기 위한 것이다. 여러 가지 다른 숫자들을 넣어 실행해 보고 그 변화를 살펴보아라.

Step 1 – 블록 조립하기

Step 2 – 프로그램 실행결과 확인하기

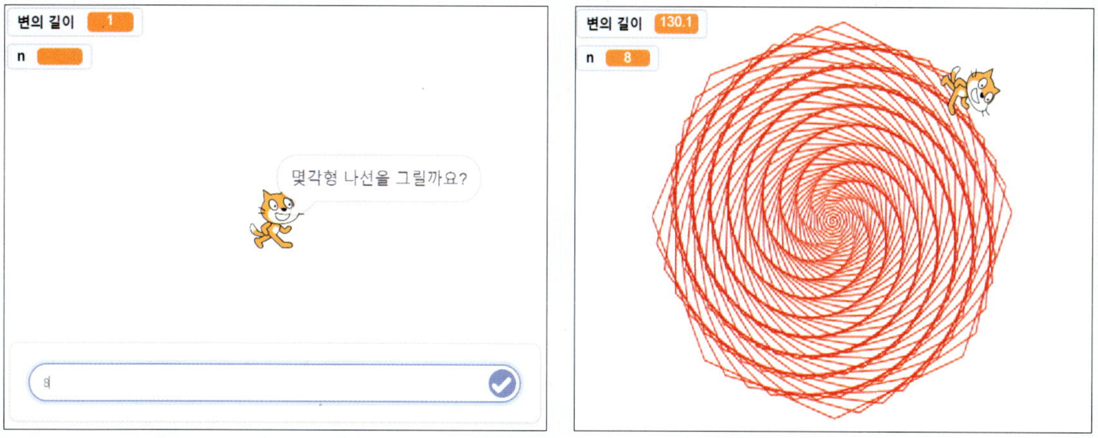

http://scratch.mit.edu/projects/301134019/

실행결과에서 나타난 나선들은 등각 나선 혹은 Logarithmic Spiral이다. 등각 나선은 1683년 데카르트에 의해 발견된 것으로 극방정식 $r = e^{\theta \cot\alpha}$로 나타낼 수 있다. 등각 나선에서는 중심과 나선 위의 임의의 점 P을 연결한 반직선이 점 P에서의 접선과 항상 일정한 각(예를 들어 그림에서와같이 $\alpha = 80$도)를 이룬다.

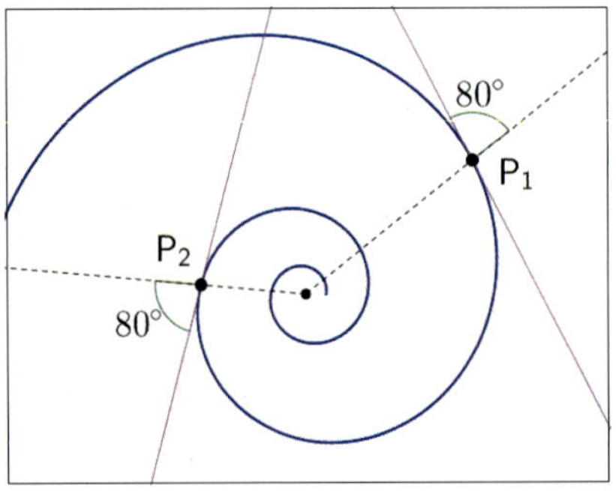

생각해 보기 3

위 [문제3] 의 프로그램에서 을 30으로 하고 변의 길이를 0.5에서 시작하여 0.2씩 더하기로 바꿔 그려보자.

생각해 보기 해답

생각해 보기 1

빨간 상자 안의 값들을 아래와 같이 바꾸고 결과를 살펴보자.

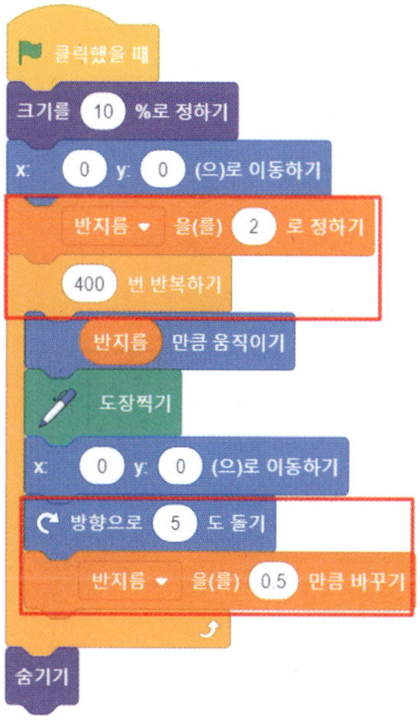

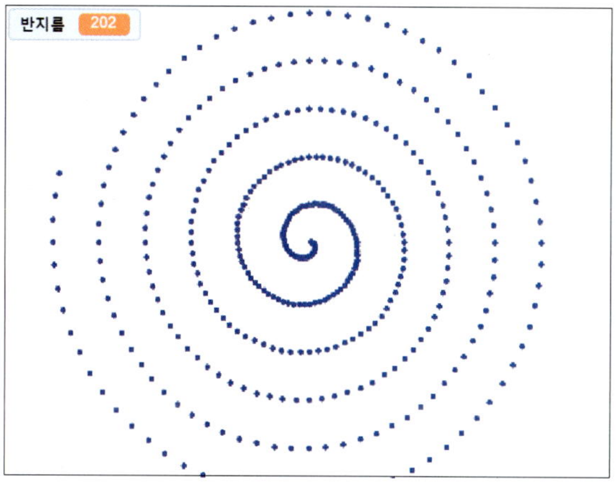

http://scratch.mit.edu/projects/301133249/

이 경우 나선은 곡선 사이의 간격이 일정한 아르키메데스 나선이라는 것을 바로 알 수 있다.

생각해 보기 2

(1) $10+20+30+\cdots+160=\dfrac{10+160}{2}\times 16=1360$

(2) 일정

생각해 보기 3

결과는 아르키메데스 원 나선처럼 보인다.

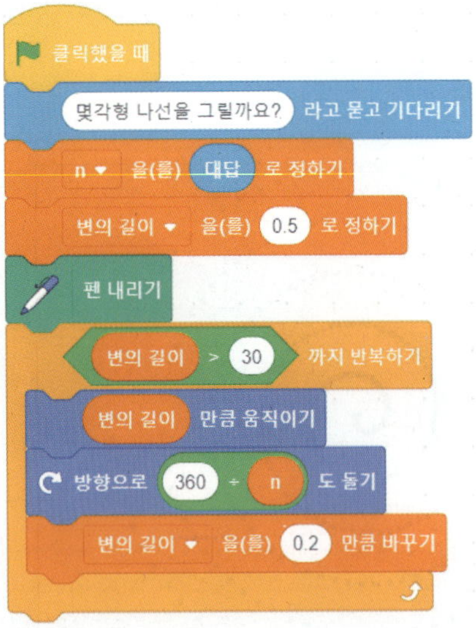

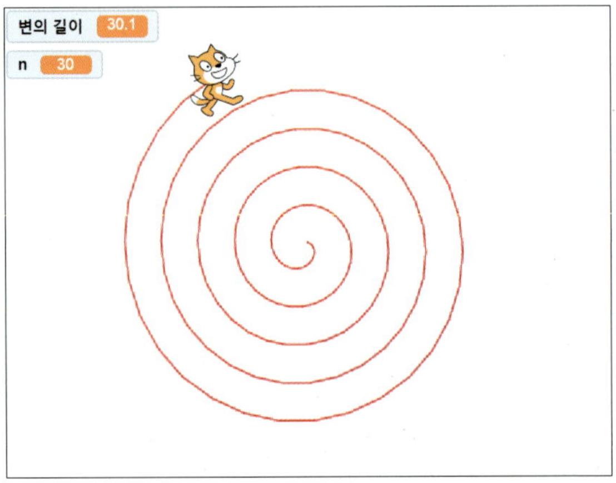

http://scratch.mit.edu/projects/301134284/

CHAPTER

8

황금 나선 그리기

CHAPTER 08

황금 나선 그리기

학습 내용

- 수학 - 황금비, 피보나치 수열, 황금 나선, 피보나치 나선, 접선, 삼각비
- 코딩 - 반복하기, 변수가 들어간 나만의 블록(함수)

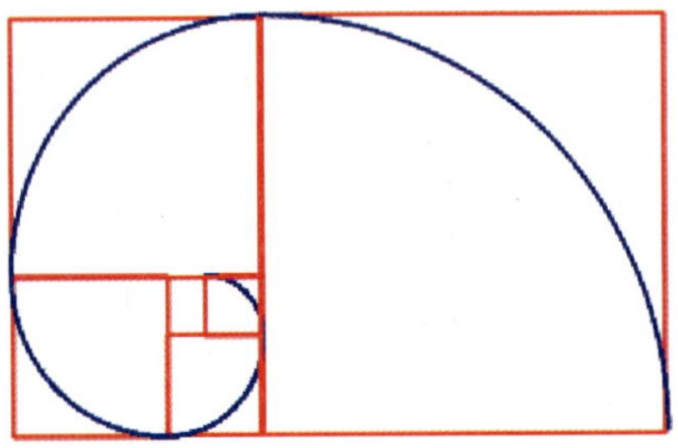

황금 사각형과 황금 나선

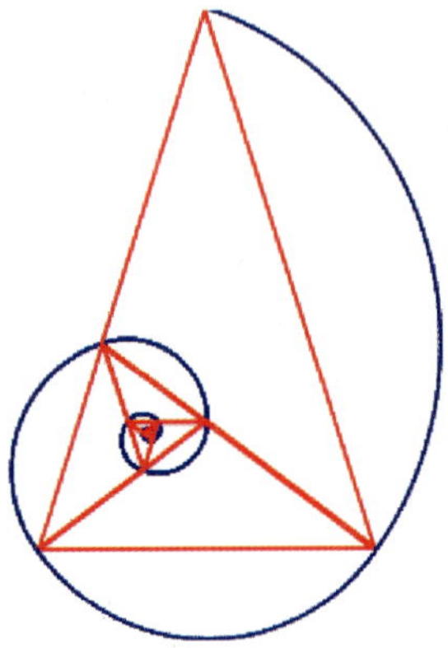

황금 삼각형과 황금 나선

- 황금비란 아래 그림에서 나타난 선분들 사이의 비 $\frac{a+b}{a}=\frac{a}{b}=\frac{1+\sqrt{5}}{2}\simeq 1.618$를 말한다.

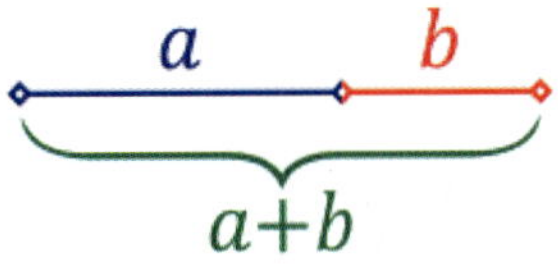

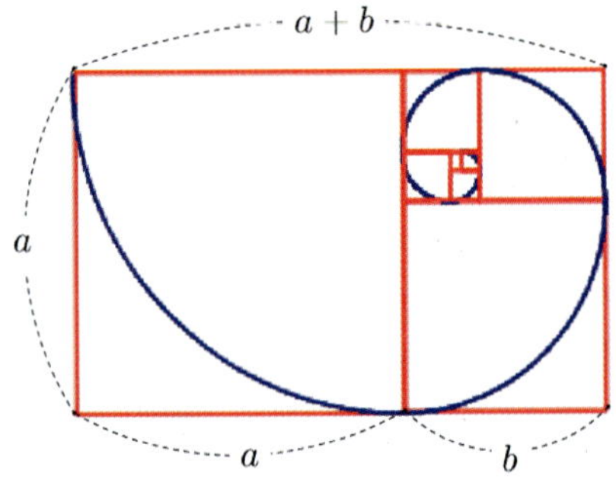

· 문제 · 01 피보나치 나선 그리기

피보나치 나선은 아래와 같이 직사각형을 나누고 있는 정사각형들의 한 변 길이가 피보나치 수열을 이루고 있는 나선으로서, 엄밀히 말하면 황금 나선과 근사할 뿐 황금 나선은 아니다. 직사각형의 두 변의 비가 황금비가 아니기 때문이다. 예를 들어 여기서 가장 큰 직사각형의 두 변은 8과 13이므로 $\frac{13}{8}=1.625$이 되어 황금 사각형이 아니다. 그러나 흔히 이 피보나치 나선도 황금 나선이라고 한다.

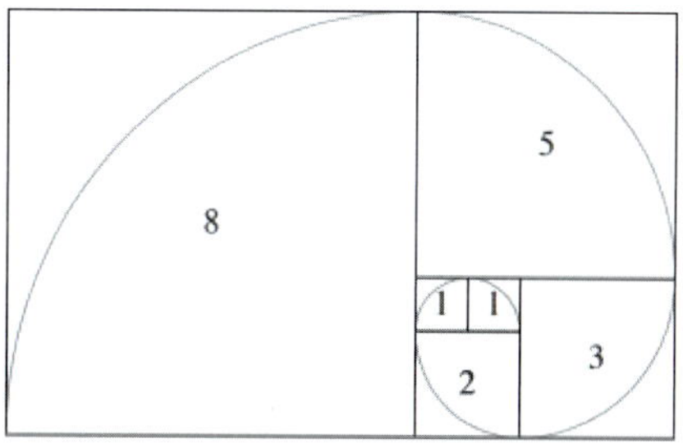

여기서 우리는 피보나치 나선을 그려보도록 한다.

문제 분석하기

❶ 황금 사각형이란 가로와 세로의 비가 황금비 $\frac{1+\sqrt{5}}{2}=1.618\cdots$인 직사각형을 말한다.

❷ 직사각형 안의 정사각형들은 한 변 길이(사분원의 반지름)가 $1,\ 1,\ 2,\ 3,\ 5,\ 8,\ 13,\ 21,\ \cdots$와 같이 피보나치 수열을 이룬다. 화면에 잘 보이도록 반지름을 10배 하여

$$10,\ 10,\ 20,\ 30,\ 50,\ 80,\ 130,\ 210,\ \cdots$$

인 그림을 그려보자.

❸ 한 변이 30인 작은 정사각형부터 한 변이 210인 정사각형까지 그리자.

❹ 아래의 정사각형 그리기 프로그램을 이용하여 한 변이 30인 정사각형을 그린다.

❺ 다시 원 그리기 프로그램을 변형하여 그 안에 반지름이 30인 사분원을 그린다. 이때 정사각형과 사분원을 그리고 난 후 고양이는 처음 시작한 꼭짓점 A의 대각선 위치에 있는 꼭짓점 B에 있으며 방향은 아래를 향하고 있음에 주의하자.

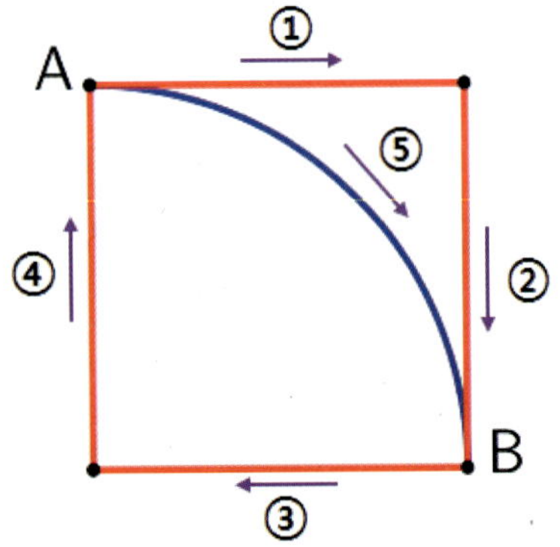

정사각형 그리기 블록	반지름이 30인 원 그리기 블록
	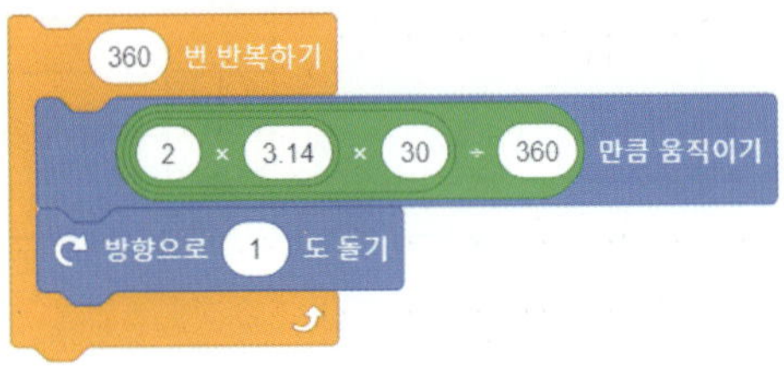

설계하기

❶ 알고리즘

시작하기

⬇

사분원 함수 만들기

⬇

반지름이 30, 50, 80, 130, 210인 사분원 그리기

⬇

끝내기

❷ 나만의 블록

아래와 같이 사분원이 그려진 정사각형들이 모여 피보나치 나선을 그리므로 정사각형과 사분원을 그리는 블록으로 숫자 또는 문자열 입력값 '숫자1'을 추가하여 '반지름이 숫자1인 사분원'을 정의하자.

한 변이 숫자1 인 정사각형 안에 반지름이 숫자1 인 사분원을 그리는 나만의 블록을 ' 반지름이 숫자1 인 사분원' 이라는 이름으로 정의한다.

❶ 한 변 길이가 숫자1 과 같은 빨간색 정사각형을 그리는 블록을 만든다.

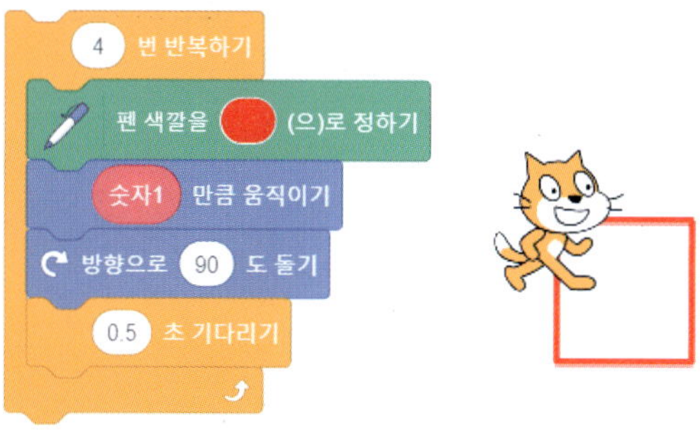

❷ 반지름이 (숫자1)인 사분원을 만드는 블록을 만든다. 정확히 반지름이 (숫자1)이기 위해서는 ((2) × (3.14) × (숫자1) ÷ (360))만큼씩 이동하고 1도씩 도는 것을 90번 반복하면 반지름이 (숫자1)인 사분원이 그려진다.

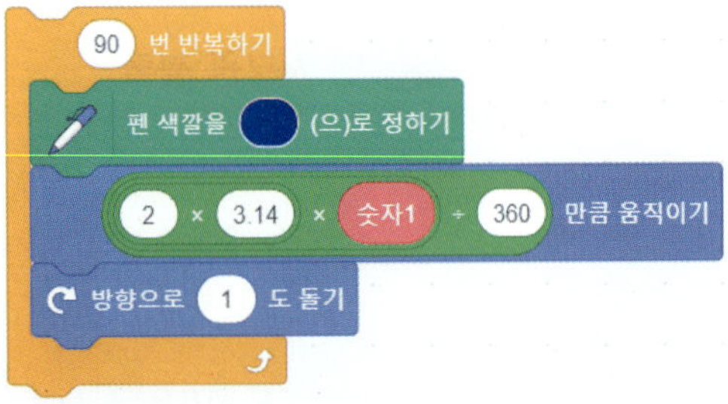

블록 조립하기 및 프로그램 실행결과 확인하기

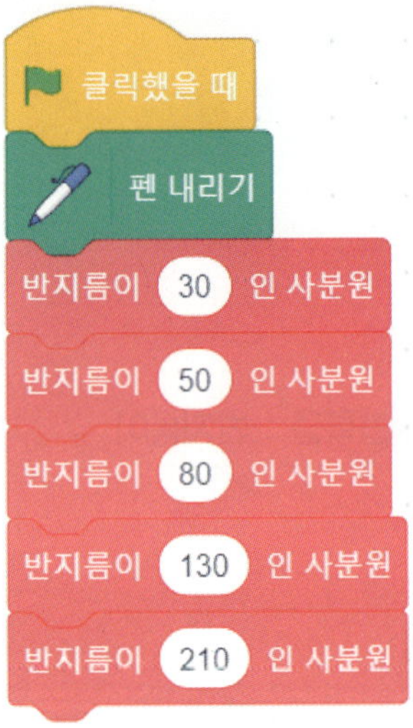

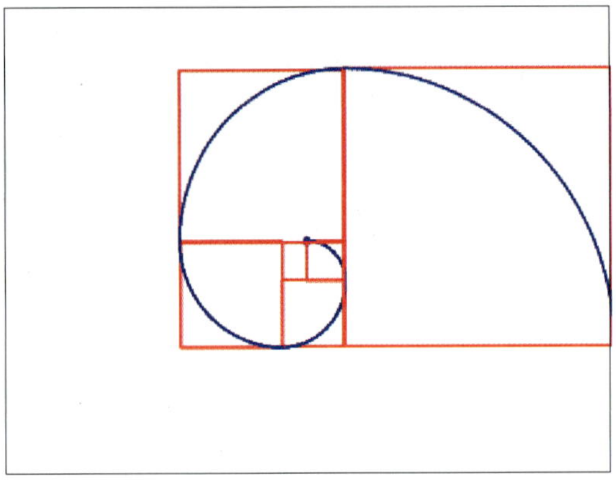

http://scratch.mit.edu/projects/301142502/

더 나아가기 1 변수를 이용하여 일반화시키는 프로그래밍 하기

위에서 만든 피보나치 나선 프로그램에서 반지름의 값은 피보나치 수열을 이루고 있으므로 그 값을 변수를 이용하여 프로그래밍해 보자.

Step 1 – 문제 분석하기

피보나치 수열 $\{f_n\}$은 $f_{n+1} = f_{n-1} + f_n$, $n = 1, 2, \cdots$, $f_0 = 1$, $f_1 = 1$을 만족하는 수열이다. 즉, 앞의 두 수를 더하여 다음 항을 만든다.

1, 1, 2, 3, 5, 8, 13, 21, ...

이 규칙성을 이용하여 프로그램을 변형해 보자.

Step 2 – 블록 조립하기 및 프로그램 실행결과 확인하기

❶ 피보나치 수열을 구성하기 위한 세 변수를 변수 를 이용하여 'a','b', 'c' 를 만든다.

❷ [문제1] 에서 만든 [반지름이 (숫자1) 인 사분원] 블록을 불러오고 지시한 대로 그리기 위해 펜 의 [펜 내리기] 블록을 붙인다.

❸ 처음 두 항을 정하기 위해 변수 에서 [a ▾ 을(를) (10) 로 정하기], [b ▾ 을(를) (10) 로 정하기] 블록을 만들어 붙인다.

❹ 나선을 그리기 위해 나만의 블록 변수 에서 [반지름이 (a) 인 사분원], [반지름이 (b) 인 사분원] 블록을 붙인다.

❺ 피보나치 수열의 다음 항이 되도록 변수 연산 에서 [c ▾ 을(를) ((a) + (b)) 로 정하기] 블록을 만들어 붙인다.

❻ 피보나치 수가 바뀌면서 나선이 그려지게 하도록 [반지름이 (c) 인 사분원]을 붙이고 변수 에서 [a ▾ 을(를) (b) 로 정하기], [b ▾ 을(를) (c) 로 정하기]로 다음 항을 만든다.

❼ 피보나치 수가 바뀌면서 나선이 그려지기 위해 제어 에서 [<(c) > (200)> 까지 반복하기]블록을 만들어 ❺❻에서 만든 블록을 감싸고 스프라이트 위치를 옮기고 숨기기 위해 블록 전체의 맨 위에 [x: (50) y: (-70) (으)로 이동하기]를 맨 끝에는 [숨기기]을 붙인다.

❽ 모든 블록을 이어 붙인다.

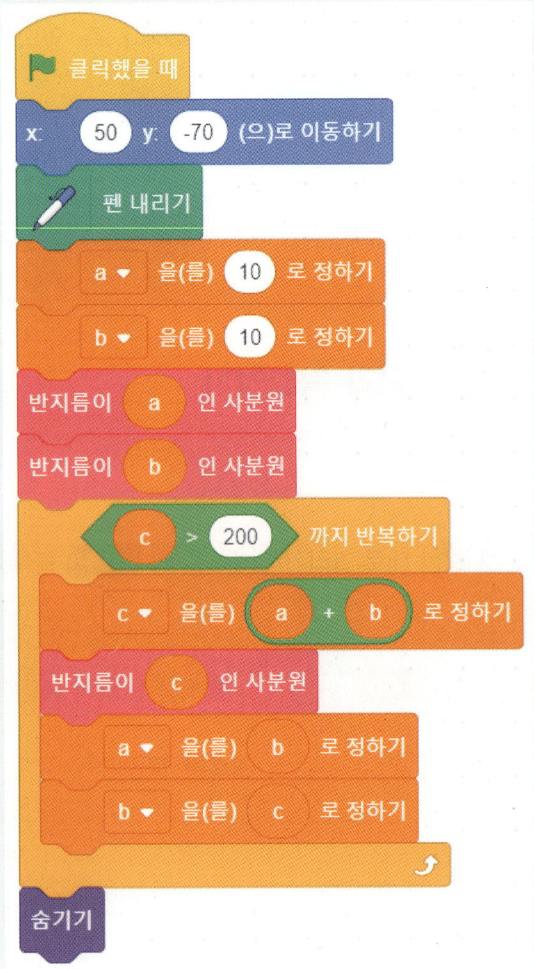

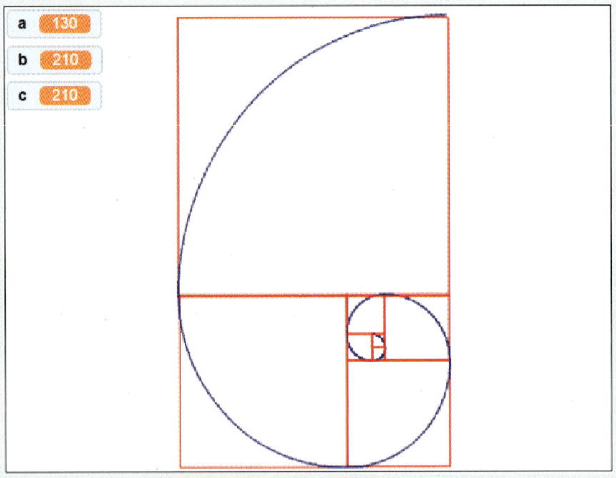

http://scratch.mit.edu/projects/301142779/

꾸미기

위에서 만든 피보나치 나선 프로그램을 이용하여 다음과 같은 모양으로 만들어 보자.

더 나아가기 1 반복을 이용하여 프로그램을 간단하게 만들기

위에서 만든 피보나치 나선 프로그램에서 황금비를 이용하여 황금 나선을 그려보자.

Step 1 – 문제 분석하기

황금비를 이용하므로 $\frac{a+b}{a}=\frac{a}{b}=1.618\cdots=\frac{\sqrt{5}+1}{2}$가 되도록 길이를 조정하면 된다.

Step 2 – 블록 조립하기

❶ 반지름을 만들기 위해 변수 에서 'a' 만든다.

❷ [문제1] 에서 만든 반지름이 (숫자1) 인 사분원 블록을 불러오고 지시한 대로 그리기 위해 펜 의 펜 굵기를 (2) (으)로 정하기과 펜 내리기 블록을 붙인다.

❸ 반지름 처음 값을 정해주기 위해 변수 에서 a ▾ 을(를) (10) 로 정하기를 만들어 붙인다.

❹ 나선을 그리기 위해 나만의 블록 변수 에서 반지름이 (a) 인 사분원를 붙이고 황금비가 되게 반지름이 $\frac{1+\sqrt{5}}{2}$배가 되도록 변수 에서 'a를 ((a) × ((1) + (제곱근 ▾ ((5)))) ÷ (2))로 정하기' 블록을 만들어 붙인다.

❺ 반지름이 바뀌면서 나선이 그려지게 하도록 제어 에서 ④ 블록을 (7) 번 반복하기으로 감싸고 맨 마지막에 스프라이트를 숨기기 위해 형태 에서 숨기기 블록을 맨 끝에 붙인다.

❻ 모든 블록을 이어 붙인다.

Step 3 – 프로그램 실행결과 확인하기

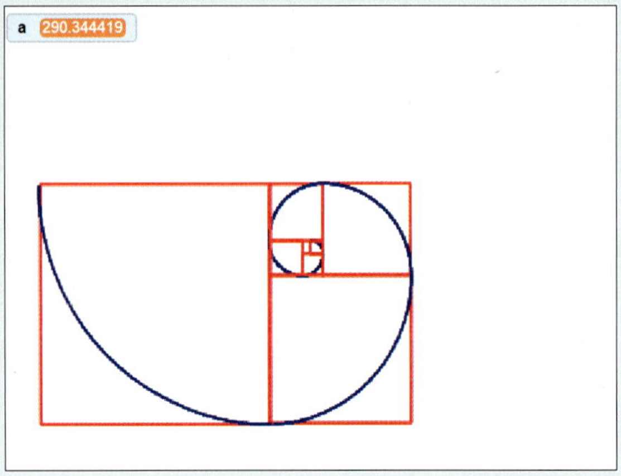

http://scratch.mit.edu/projects/301145571/

· 문제 ·
02 황금 삼각형과 나선 그리기

황금 삼각형이란 한 꼭지각이 36° 이고 다른 두 개의 등각이 72° 인 이등변 삼각형을 말한다. 이때 짧은 변에 대한 긴 변의 비는 황금비이다.

문제 분석하기

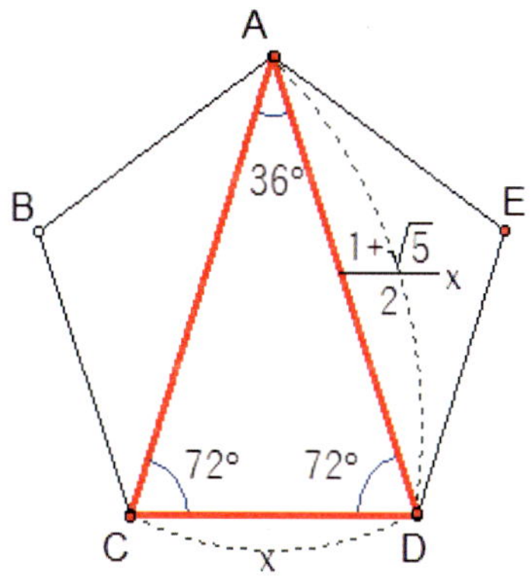

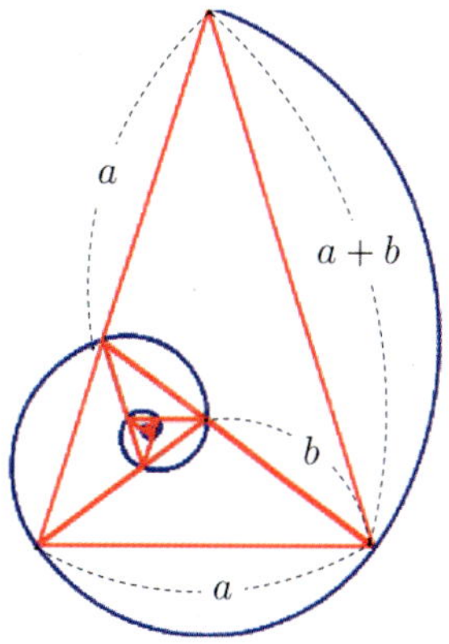

황금 삼각형은 정오각형에서 한 점과 이웃하지 않은 두 점을 연결하여 만든 것으로서 한 꼭지각은 36도, 나머지 두 개의 등각은 72도이다. 이때 $\frac{\text{긴 변}}{\text{짧은 변}}=\frac{1+\sqrt{5}}{2}=1.618\cdots$ 이고 반대로 $\frac{\text{짧은 변}}{\text{긴 변}}=\frac{\sqrt{5}-1}{2}=0.618\cdots$ 이다. 즉, $\frac{a+b}{a}=\frac{a}{b}=\frac{1+\sqrt{5}}{2}\simeq 1.618$

설계하기

❶ 스프라이트

기본 고양이로 정하자.

❷ 변수 만들기

변의 길이가 점차 변해가므로 변의 길이를 변수 a라고 하자.

❸ 알고리즘

- 점 C에서 시작하여 그리는 순서는

  그림 ❶ : CD – DF – FC – 원호CD(반지름FC)

  그림 ❷ : – DA – AG – GD – 원호DA(반지름GD)

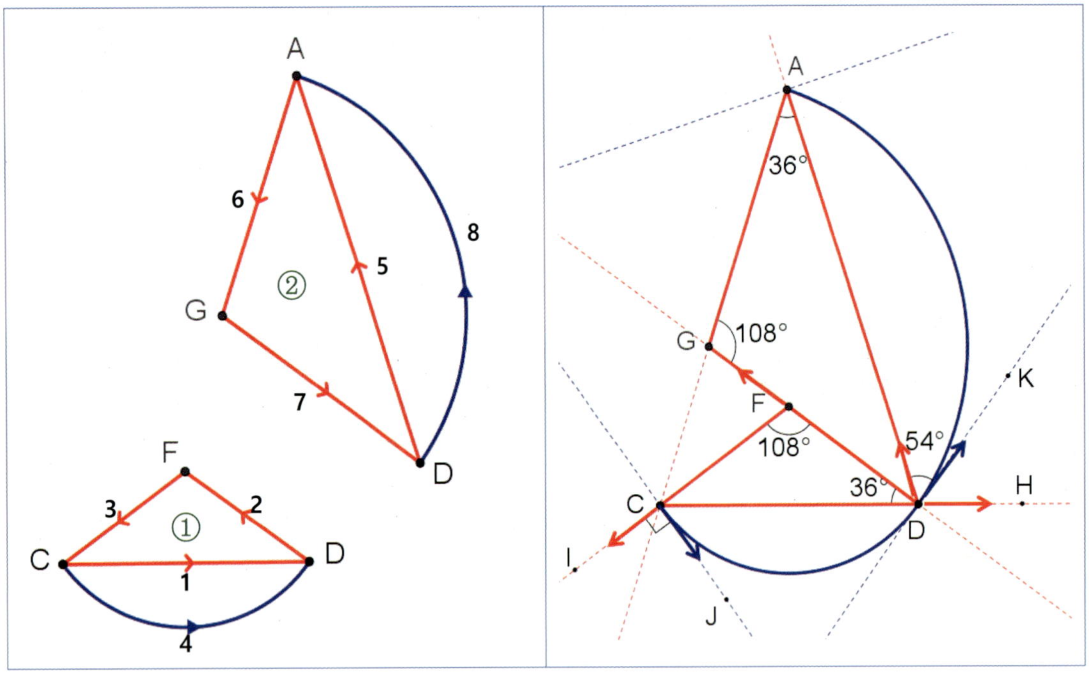

- 처음 고양이가 향하고 있는 방향은 CD 방향이다.
- 변 CF를 a라고 한다면 다른 변들을 살펴보면

$$CD = GD = GA = \frac{1+\sqrt{5}}{2}CF = \frac{1+\sqrt{5}}{2}a$$

$$DA = \frac{1+\sqrt{5}}{2}GD = \left(\frac{1+\sqrt{5}}{2}\right)^2 CF = \left(\frac{1+\sqrt{5}}{2}\right)^2 a$$

- 그림 ❶과 ❷에서 회전하는 각도를 살펴보면,

  CD – DF에서는 DH방향에서 DF방향으로 회전하므로 $(180° - 36°) = 144°$

  DF – FC에서는 FG방향에서 FC방향으로 회전하므로 $(180° - 108°) = 72°$

  FC – 원호CD에서는 CI방향에서 호의 접선 방향으로 회전하므로 90° 원호CD – DA는 DK방향에서 DA 방향으로 회전하므로 $(90° - 36°) = 54°$를 회전한다.

❹ 나만의 블록

아래와 같이 원호가 그려진 이등변삼각형들이 모여 황금 나선을 그리므로 이등변 삼각형과 원호를 그리는 블록으로 숫자 또는 문자열 입력값 '숫자1'을 추가하여 '반지름이 숫자1인 원호'를 정의하자.

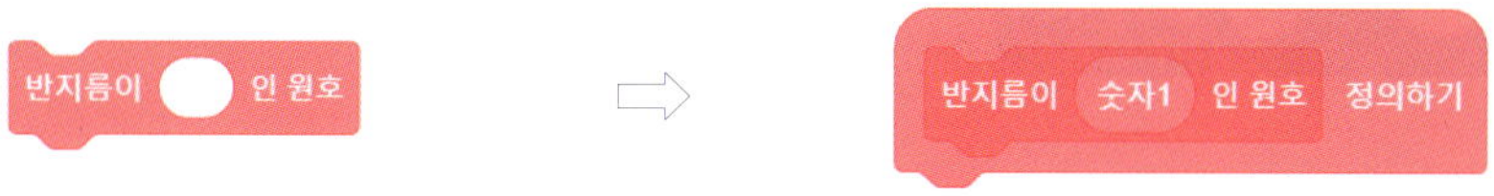

---- 반지름이 숫자1인 원호 블록

한 변이 숫자1인 이등변 삼각형 바깥에 반지름이 숫자1인 원호를 그리는 나만의 블록을 '반지름이 숫자1인 원호'라는 이름으로 정의한다.

❶ 한 변 길이가 숫자1 과 같은 빨간색 이등변 삼각형을 그리는 블록을 만든다.

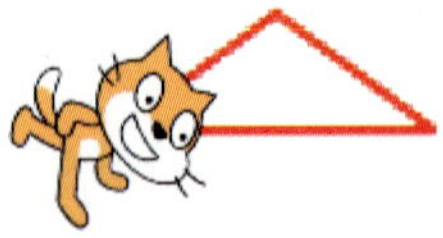

❷ 반지름이 숫자1 인 원호를 만드는 블록을 만든다. 정확히 반지름이 숫자1 이기 위해서는 2 × 3.14 × 숫자1 ÷ 360 만큼씩 이동하고 1도씩 도는 것을 108번 반복하면 반지름이 숫자1 인 원호가 그려진다.

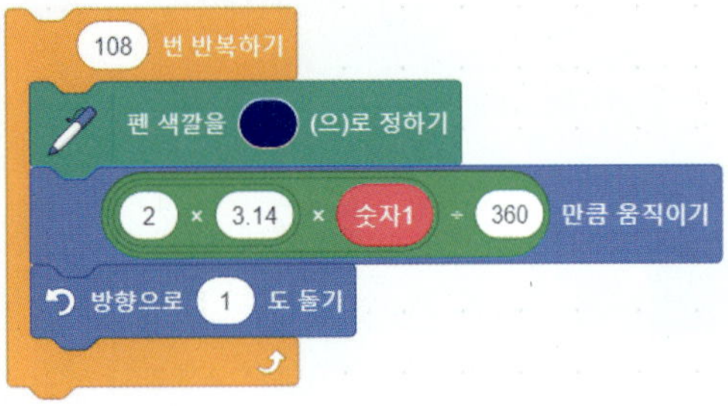

❸ 다음 도형을 그리는 방향으로 이동하기 위해 방향으로 54 도 돌기 블록을 붙인다.

블록 조립하기

❶ 반지름을 만들기 위해 변수 에서 'a' 만든다.

❷ 지시한 대로 그리기 위해 펜 에서 펜 굵기를 2 (으)로 정하기 과 펜 내리기 블록을 붙이고 처음 반지름값을 정하기 위해 변수 에서 a ▾ 을(를) 1 로 정하기 블록을 붙인다.

❸ 반지름이 a인 원호와 이등변 삼각형을 그리기 위해 만들어둔 나만의 블록 변수 에서 [반지름이 (a) 인 원호]를 붙이고 a값을 다음 반지름값인 $a\times\frac{1+\sqrt{5}}{2}$값으로 바꾸기 위해 변수 에서 '$a$를 [(a) × ((1) + (제곱근 ▾ ((5))) ÷ (2))]로 정하기' 블록을 만들어 붙인다.

❹ 반지름이 바뀌면서 나선이 그려지게 하도록 제어 에서 ③ 블록을 [(12) 번 반복하기] 블록으로 감싼다.

❺ 스프라이트 시작 위치를 조정하기 위해 동작 에서 [x: (0) y: (-60) (으)로 이동하기] 블록을 블록들의 맨 앞에 붙이고 맨 마지막에 스프라이트를 숨기기 위해 형태 에서 [숨기기] 블록을 맨 끝에 붙인다.

❻ 모든 블록을 이어 붙인다.

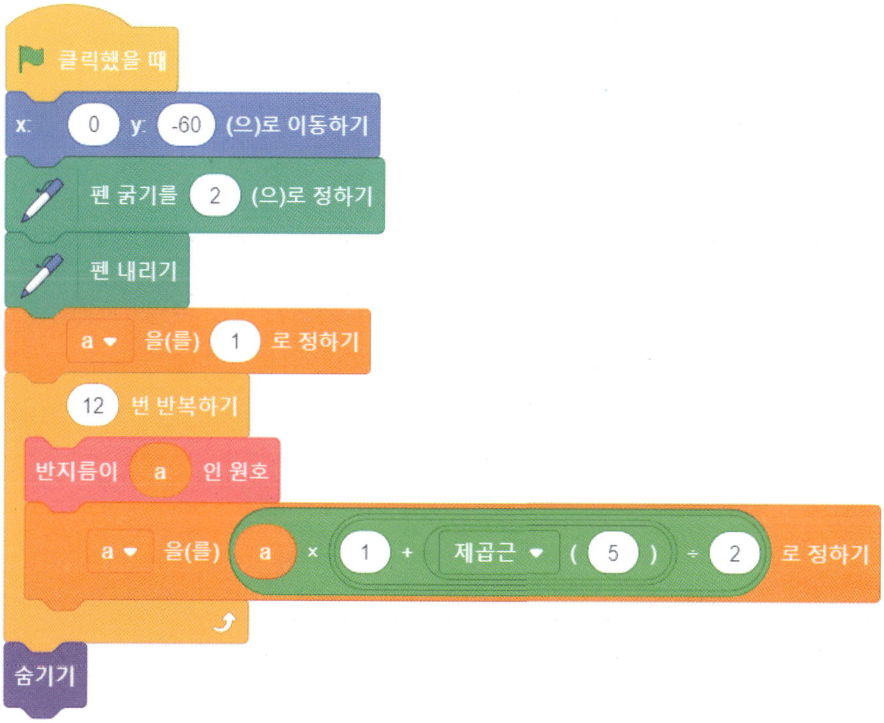

프로그램 실행결과 확인하기

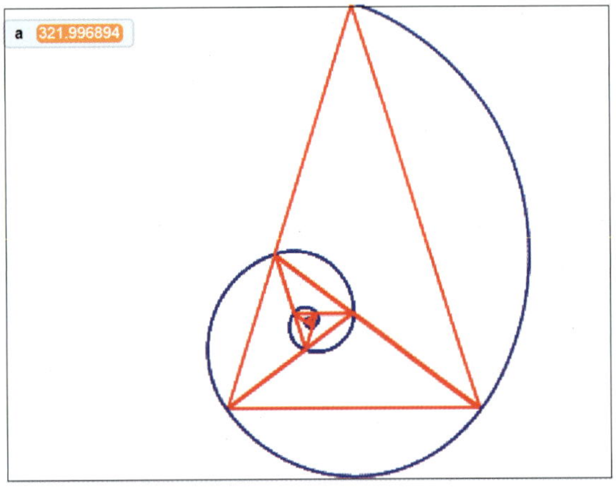

http://scratch.mit.edu/projects/301143101/

꾸미기 [더 나아가기 1]에서 그린 황금 나선을 이용하여 아래와 같이 코딩해 보자.

Step 1

나선을 네 개를 그려 그림을 그리기 위해 x, y 좌표를 이동시킨다.

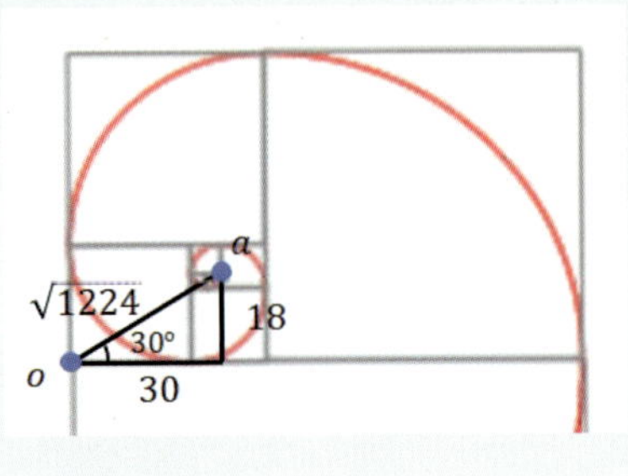

점 O를 $(0,\ 0)$으로하고 점 a에서 시작하기 위해 x좌표를 $\sqrt{1224}\cos 30^\circ$ y좌표를 $\sqrt{1224}\sin 30^\circ$이러 정하자.

이때, $\frac{18}{30} = 0.6 \fallingdotseq \tan 30^\circ$이므로 각을 30°로 정한다.

다음 나선의 출발점은 처음 나선의 출발점에서 -90° 회전한 것이므로 각을 -60°로 정한다. 그리고 이동 방향도 -90° 만큼 회전한다.

Step 2

사각형을 제외하고 나선만 그리고 나만의 블록으로 '황금 나선' 블록을 만든다.

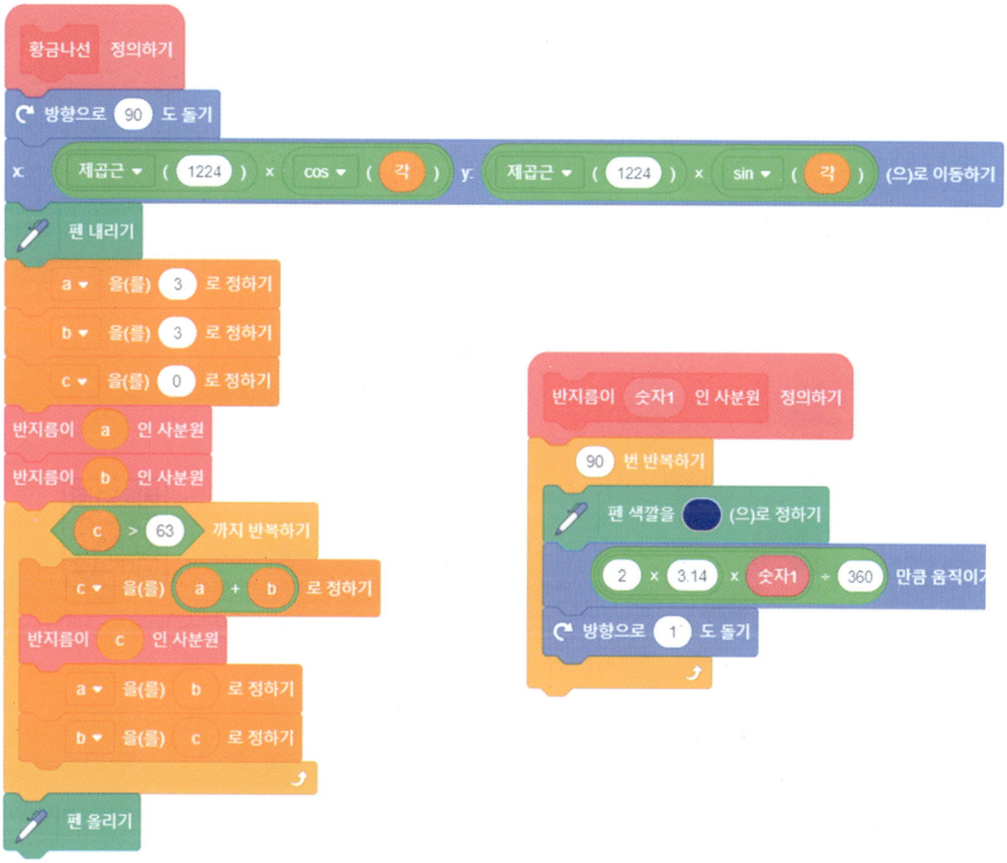

Step 3

프로그램을 완성한다.

http://scratch.mit.edu/projects/302834429/

수학 개념 정리

1. 황금비

- 황금비란 아래 그림에서 나타난 선분들 사이의 비 $\frac{x+1}{x}=\frac{x}{1}=1.618\cdots$를 말한다.

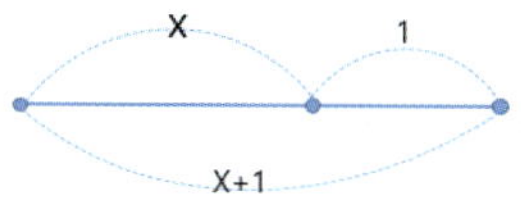

2. 피보나치 수열

- 피보나치 수열 $\{f_n\}$은 $f_{n+1}=f_{n-1}+f_n$, $n=1,2,\cdots$, $f_0=1$, $f_1=1$을 만족하는 수열로서 $1, 1, 2, 3, 5, 8, 13, 21\ \cdots$ 이다.
- 인접하는 두 항 사이의 비 $\frac{f_{n+1}}{f_n}$은 n이 무한히 커짐에 따라 황금비$1.618\cdots$로 수렴한다는 것이 알려져 있다.

3. 황금 나선

- 황금 나선이란 극방정식 $r=ae^{b\theta}$(r : 중심으로부터의 거리, θ : x의 양 축으로부터 잰 각)를 만족하는 로그 나선의 특별한 경우이다. 아래 나선 (1)은 피보나치 수열을 이용한 나선으로 정확히 황금 나선과 일치하지는 않지만 황금 나선과 근사하므로 보통 황금 나선이라고도 한다.

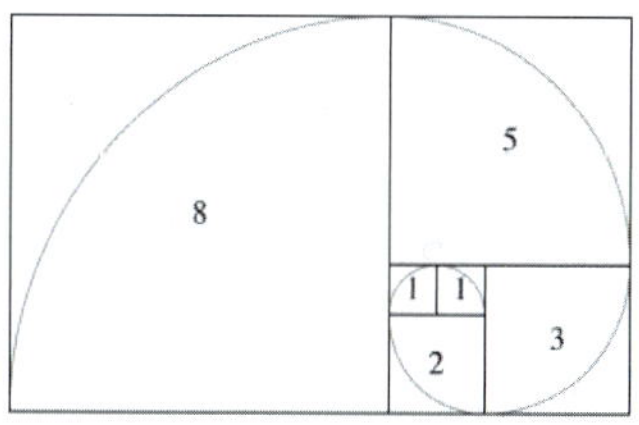

(1) 가로와 세로가 피보나치 수열의 인접한 두 항인 사각형을 이용하여 그린 나선

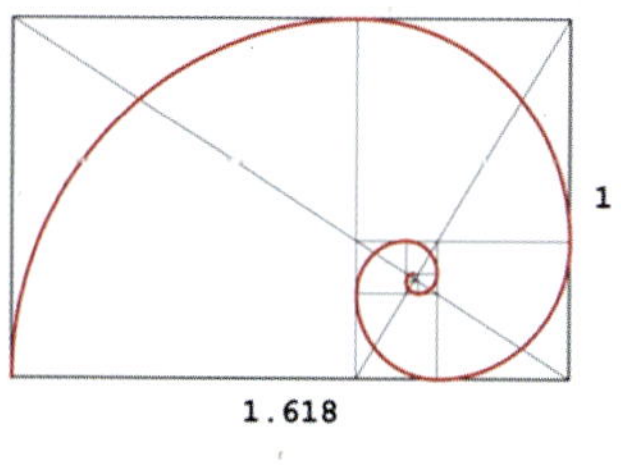

(2) 가로와 세로의 비가 황금비인 황금 사각형을 이용하여 그린 나선

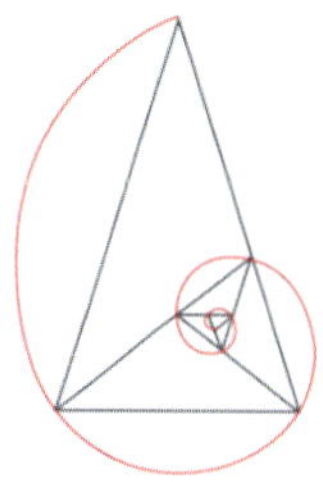

(3) 빗변과 밑변의 비가 황금비인 이등변 삼각형을 이용하여 그린 나선

CHAPTER

9

별 다각형 그리기

CHAPTER 09

별 다각형 그리기

학습 내용

- 수학 - 다각형의 내각과 외각, 평면좌표, 최대공약수, 외접원
- 코딩 - 조건을 가진 반복하기, 변수, 변수를 가진 나만의 블록(함수)

별 다각형이란 별 모양의 다각형을 말한다. 아래의 다각형과 같이 모든 변의 길이가 같고, 모든 각이 같으며 변들이 서로 규칙적으로 교차하여 만들어진 다각형을 정규 별 다각형(Regular Star Polygon)이라고 한다. 여기서 별 다각형이라고 함은 정규 별 다각형을 의미하는 것으로 한다. 유형은 $\left\{\frac{q}{p}\right\}$ 또는 (q,p)로 표기하며, (q,p)표기에서 q는 정다각형의 꼭짓점의 수를 말하고 p는 별 다각형의 한 꼭짓점과 그 꼭짓점에서 p 번 건너뛴 꼭짓점을 연결한다는 것을 의미한다.

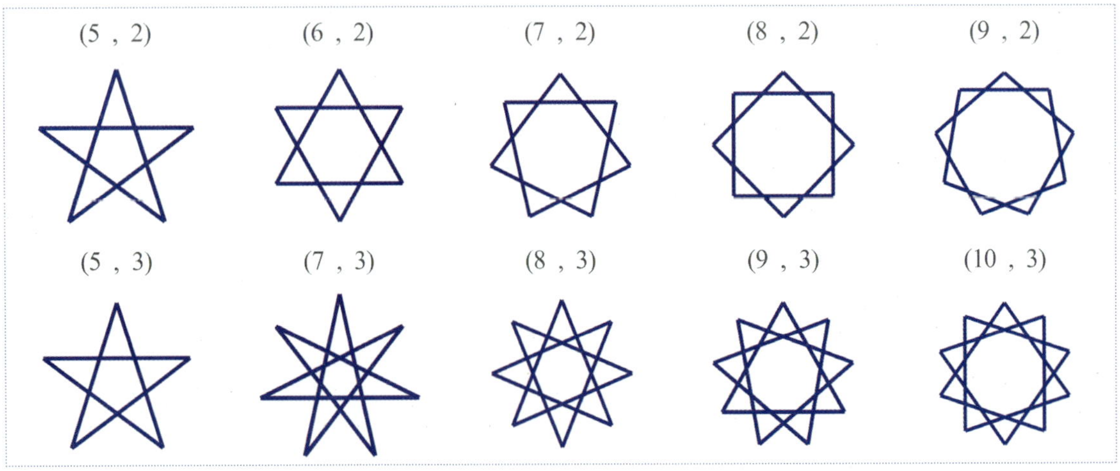

· 문제 · 01 한 변의 길이가 200인 (8,3)유형의 별 다각형 그리기

한 붓 그리기란 연필을 종이에서 떼지 않고, 동일한 선을 두 번 이상 지나지 않도록 선을 그리는 것을 말한다. 한 붓 그리기 방식으로 (8,3)유형의 별 다각형을 그리는 코딩을 해 보자.

문제 분석하기

❶ (8,3)유형의 별 다각형의 변의 수는 몇 개일까?

8개

❷ (8,3)유형의 별 다각형에서 한 꼭지각은 얼마일까?

45도

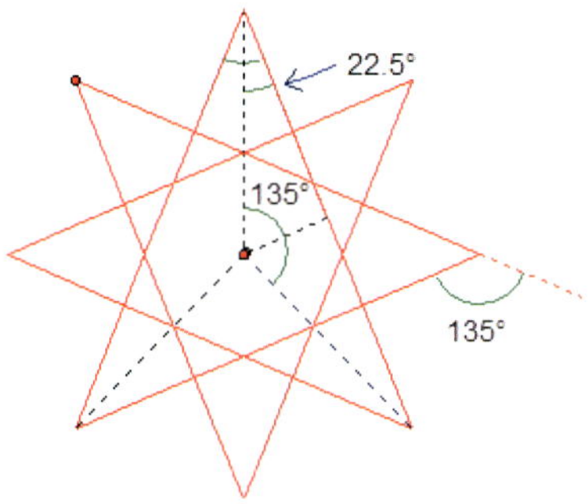

❸ (8,3) 유형의 별 다각형의 외각은 $180-45=135$도이다.

설계하기

❶ 알고리즘

한 변 길이가 200인 별 다각형을 그리는 절차를 그림으로 나타내 보자.

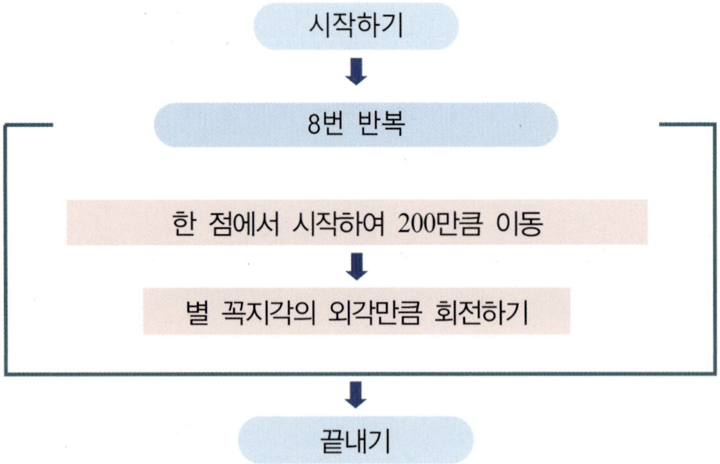

❷ 스프라이트

- 기본 스프라이트 고양이로 정하자.
- 스프라이트의 크기를 적당한 크기로 줄이자.

블록 조립하기 및 프로그램 실행결과 확인하기

❶ 지시한 대로 그리기 위해 펜 에서 [펜 내리기]블록을 붙인다.

❷ 별 다각형을 그리기 위해 동작 에서 [(200) 만큼 움직이기]블록과 [↻ 방향으로 (135) 도 돌기]블록을 만들어 붙이고 제어 에서 [(8) 번 반복하기]로 감싼다.

❸ 모든 블록을 이어 붙인다.

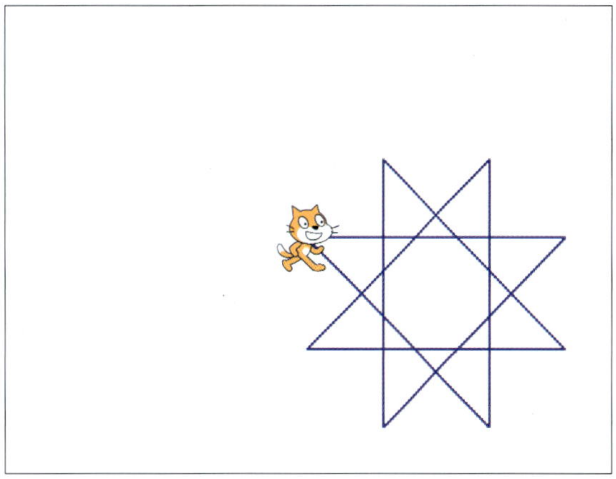

http://scratch.mit.edu/projects/301148501/

생각해 보기 1

(1) (8, 3)유형의 별 다각형과 (8, 5)유형의 별 다각형을 비교해 보자.

(2) 이유를 말해 보자.

생각해 보기 2

(1) 앞에서 (8, 3)유형의 별 다각형을 한붓그리기 형태로 그리는 코딩을 해 보았다. 같은 방법으로 서로 소가 아닌 두 수 8, 2에 대해 (8, 2)유형의 별 다각형 그리기를 할 수 있는지 알아보자.

(2) 이 방법으로 (8, 2)유형의 별 다각형 그리기를 할 수 없는 이유는 무엇일까?

· 문제 · 02 한 변의 길이가 200인 $(q,\ p)$유형 ($p,\ q$는 서로 소) 별 다각형 그리기

서로 소인 $p,\ q$가 주어질 때 한 변 길이가 200인 $(q,\ p)$유형의 별 다각형을 그리도록 프로그램을 완성해 보자.

문제 분석하기

❶ $(q,\ p)$ 유형의 별 다각형의 변의 수는 모두 q개이다.

❷ $(q,\ p)$ 유형의 별 다각형의 모든 변의 길이는 (   ).

같다

❸ $(q,\ p)$ 유형의 별 다각형의 한 꼭지각은 (   )도이다.

$180 \times (1 - \frac{2p}{q})$

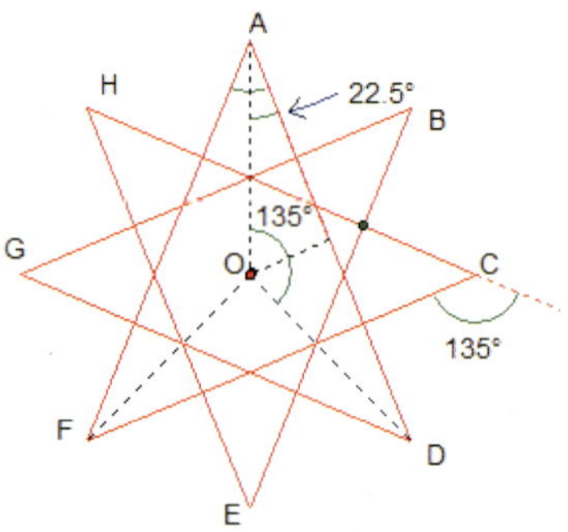

중심각 $\text{AOD} = 360 \div q \times p = \frac{360p}{q}$

삼각형 AOD는 이등변 삼각형

각 $\text{OAD} = \text{ODA}$

$= (180 - \frac{360p}{q}) \div 2 = 90 \times (1 - \frac{2p}{q})$

꼭지각FAD

$= 90 \times (1 - \frac{2p}{q}) \times 2 = 180 \times (1 - \frac{2p}{q})$

❹ $(q,\ p)$ 유형 별 다각형의 외각은 $180 - (\text{꼭지각}) = 360 \times \frac{p}{q}$ 도이다.

설계하기

❶ 알고리즘

한 변 길이가 200인 별 다각형을 그리는 절차를 그림으로 나타내 보자. 먼저 두 개의 변수가 필요하다.

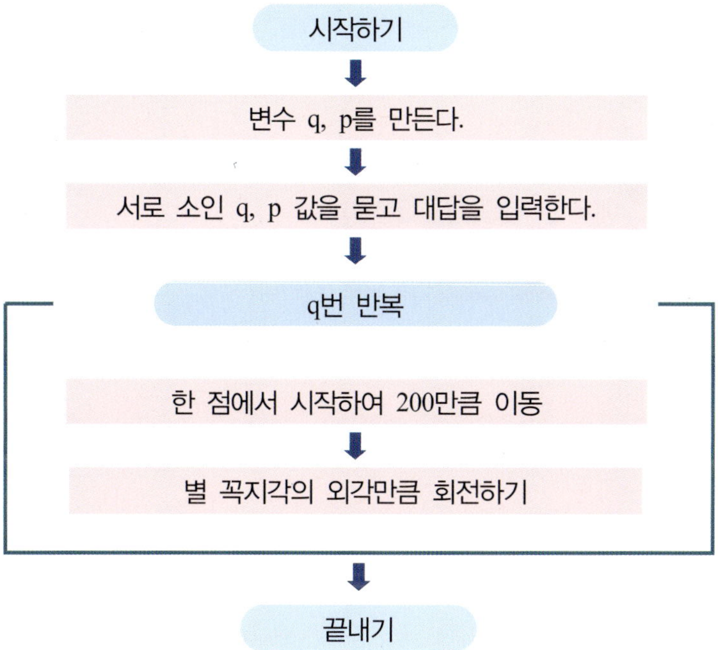

블록 조립하기

❶ 꼭짓점과 건너뛰는 수의 변수를 만들기 위해 변수 에서 변수 p, q를 만든다.

❷ 꼭짓점의 개수를 정하기 위해 감지 에서 꼭지점이 몇 개? (q) 라고 묻고 기다리기 와 변수 에서 q ▾ 을(를) 대답 로 정하기 블록을 만들어 붙인다.

❸ 몇 번 건너뛰는지 정하기 위해 감지 에서 몇 번 건너뛰지? (p) 라고 묻고 기다리기 블록을 만들어 붙이고 변수 에서 ' p ▾ 을(를) 대답 로 정하기 블록을 만들어 붙인다.

❹ 지시한 대로 그리기 위해 펜 에서 펜 내리기 블록을 붙인다.

❺ $(q,\ p)$유형 별 다각형을 그리기 위해 동작, 연산 에서 200 만큼 움직이기 블록과 방향으로 360 × p ÷ q 도 돌기 블록을 제어 에서 q 번 반복하기 블록으로 감싼다.

❻ 모든 블록을 이어 붙인다.

프로그램 실행결과 확인하기

http://scratch.mit.edu/projects/301148625/

더 나아가기 1 나만의 블록을 이용하여 한 변 길이가 200인 (q,p) 유형 별 다각형 그리기

q, p가 서로 소일 때 나만의 블록을 이용하여서 한 변 길이가 200인 (q,p) 유형의 별 다각형을 그려보자.

Step 1 – 나만의 블록 만들기

별 다각형을 그리는 아래 블록 모음에서 q, p대신 나만의 블록에서 입력값 '숫자1', '숫자2'를 만든 뒤 그 입력값을 이용해 하나의 나만의 블록을 만든다.

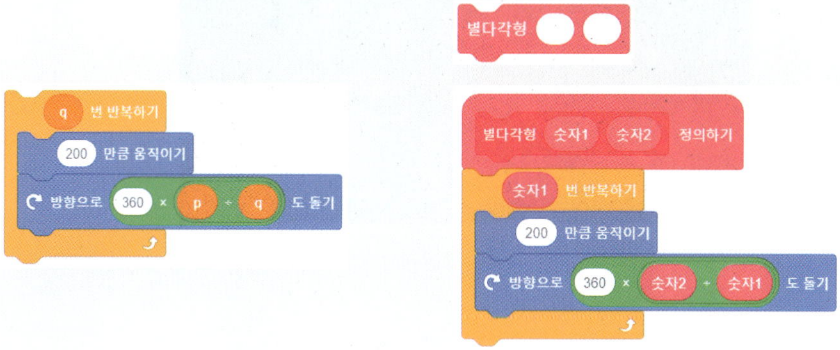

Step 2 – 블록 조립하기

이 나만의 블록을 써서 $(9,5)$유형의 별 다각형 그리기 코딩을 간단히 해 보고 이를 실행해 보자.

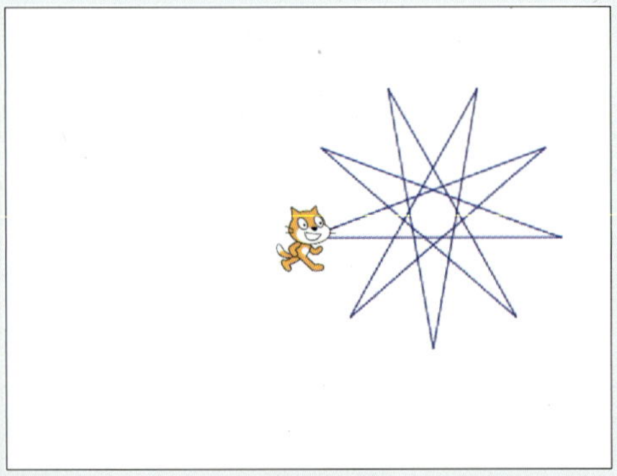

http://scratch.mit.edu/projects/301148750/

꾸미기

위에서 만든 별 다각형을 이용하여 마우스를 클릭했을 때 그 위치에서 별 다각형이 그려지게 프로그래밍해 보자.

· 문제 · 03 반지름이 100인 (8,3)유형의 별 다각형 그리기 1

문제 분석하기

❶ 별 다각형을 그리기 위해서는 변의 길이와 꼭지각을 알면 그릴 수 있다. 반지름이 주어졌을 때 변의 길이는 얼마일까? $\mathrm{AD} = 200\cos 22.5$

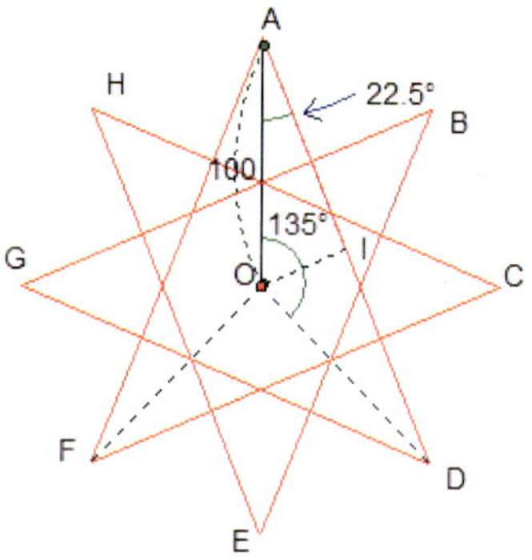

한 변의 길이 $\mathrm{AD} = 2\mathrm{AI} = 2 \times 100 \times \cos 22.5$

블록 조립하기

❶ 문제1의 프로그램에서 200을 (2 × 100 × cos (22.5))로 수정한다.

http://scratch.mit.edu/projects/301148883/

· 문제 ·

04 반지름이 100인 (8,3)유형의 별 다각형 그리기 2

이제 또 다른 방법으로 $(8, 3)$유형의 별 다각형 그리기 코딩을 완성해 보자.

문제 분석하기

❶ 스크래치에서 중심이 $(0,0)$이고 반지름이 100인 원 위에 정팔각형을 이루는 8개의 꼭짓점을 찍는 방법을 생각해 보자. 평면의 점은 (x,y)로 나타낼 수 있으나 평면의 점을 나타내는 또 다른 방법을 생각해 보자.

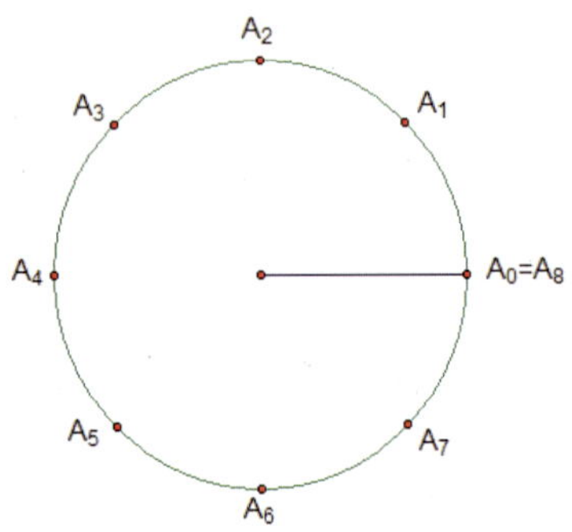

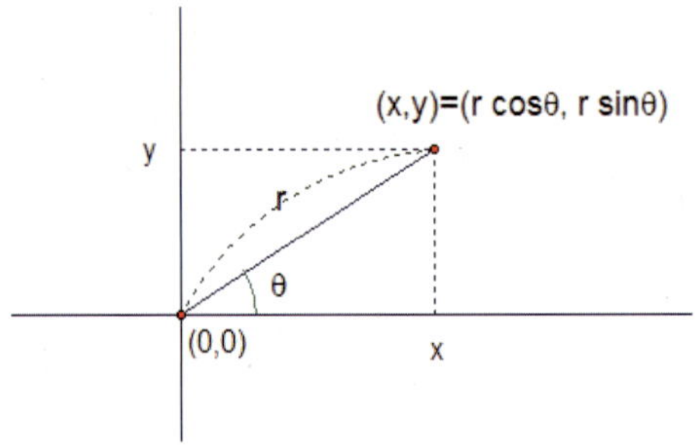

❷ 정팔각형의 8개 꼭짓점 $A_0, A_1, A_2, \cdots, A_7$좌표를 나타내 보면 다음과 같다.

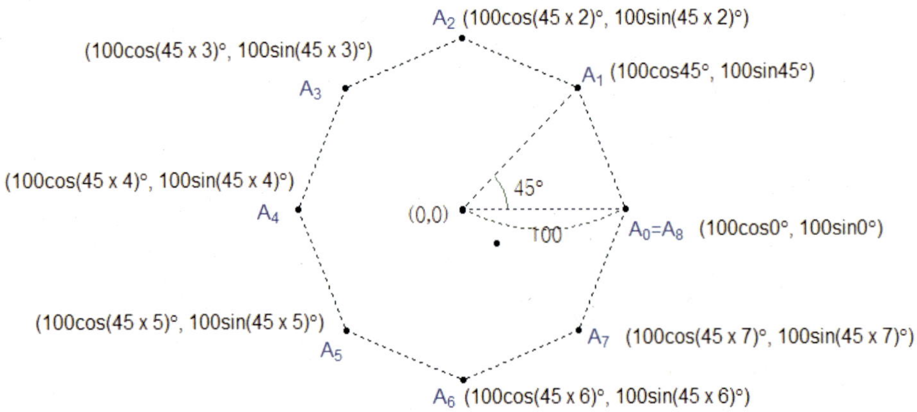

❸ $(8, 3)$유형의 별 다각형을 그리기 A_0에서 A_3로 이동하여 가면 된다. 즉, 점A_0에서 시작해서 점 A_3로 점 A_3에서 점 A_6로 .... 이동해 가면서 8개의 변을 그린다.

$A_0 \overset{선분1}{—} A_3 \overset{선분2}{—} A_6 \overset{선분3}{—} A_9 \overset{선분4}{—} A_{12} \overset{선분5}{—} A_{15} \overset{선분6}{—} A_{18} \overset{선분7}{—} A_{21} \overset{선분8}{—} A_{24}$

이때 $A_8 = A_0$, $A_9 = A_1$, $A_{10} = A_2, \cdots A_{23} = A_7, \cdots$ 이다.

❹ 점 A_0에서 시작하여 3씩 건너서 8개의 변을 그리기 위해서는 A_{24}일 때까지 계속해야 한다. 이때 24는 3과 8의 최소공배수이다.

설계하기

❶ 알고리즘

문제를 해결하는 방법을 그림으로 나타내 보자.

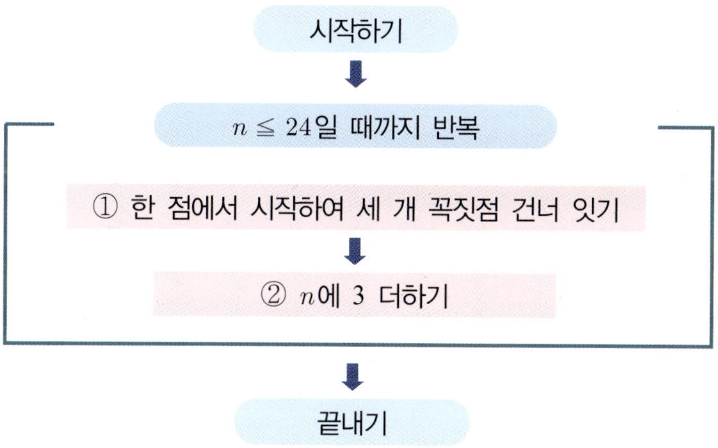

블록 조립하기

❶ 변수 에서 n을 만들고 [n ▾ 을(를) 0 로 정하기] 블록을 만들어 붙인다.

❷ n번째 점으로 이동하기 위해 동작 에서

점 [x: (100 × (cos ▾ ((45 × n))) y: (100 × (sin ▾ ((45 × n)))] 으로 이동하게 한다.

❸ 세 번째 점 A_{n+3} $(100\cos(45\times(n+3))^\circ,\ 100\sin(45\times(n+3))^\circ)$까지 선분을 그을 수 있게 우선 펜에서 [펜 내리기]블록을 붙이고 변수에서 [n ▾ 을(를) 3 만큼 바꾸기]블록을 붙인다.

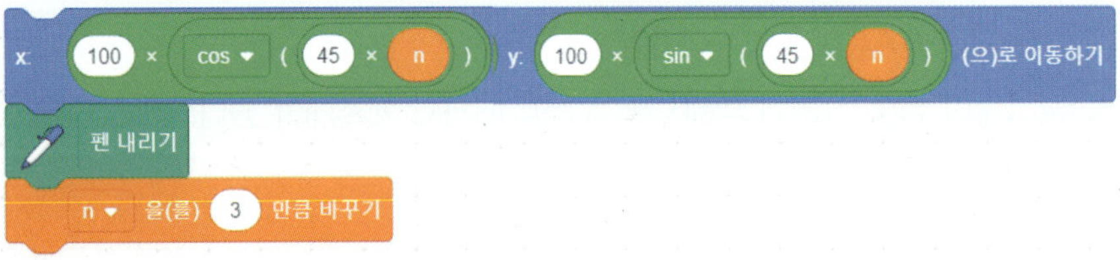

❹ 점 A_n에서 점 A_{n+3}을 잇는 변을 모두 그려서 별 다각형을 만들기 위해 제어, 연산에서 [n > 24 까지 반복하기]블록으로 감싼다.

❺ 모든 블록을 이어 붙인다

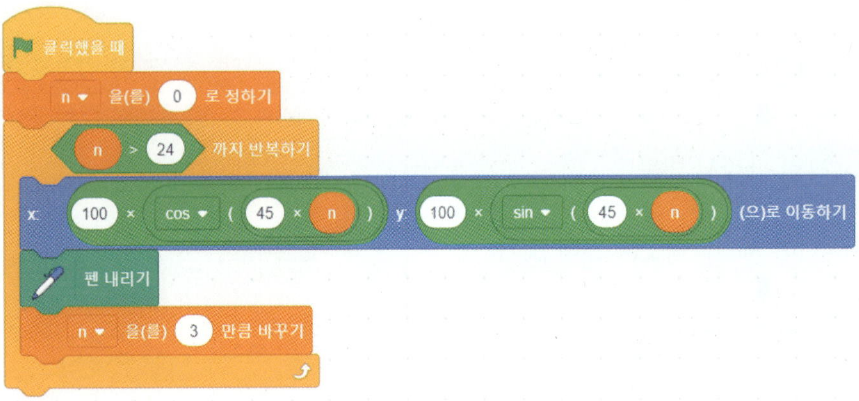

프로그램 실행결과 확인하기

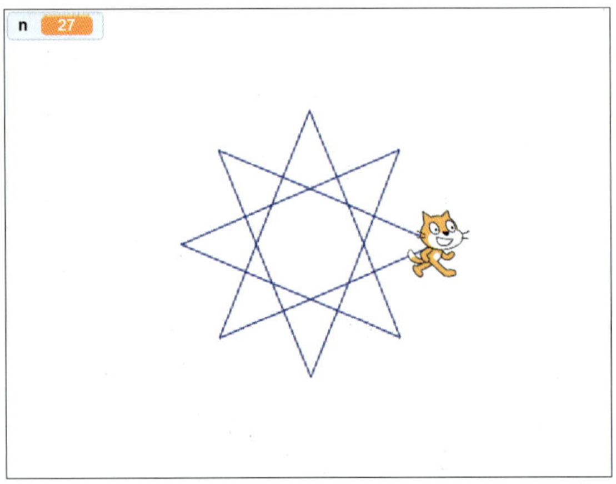

http://scratch.mit.edu/projects/301148977/

더 나아가기 2 나만의 블록을 이용해 반지름이 100인 $(q,\ p)$유형 별 다각형 그리기

Step 1 – 문제 분석하기

$q,\ p$가 서로 소인 경우 반지름이 100인 $(q,\ p)$유형의 별 다각형을 그리는 이전의 프로그램을 나만의 블록으로 만들어 보자. $q,\ p$와 관련 있는 부분은 다음 네모 안의 수이다.

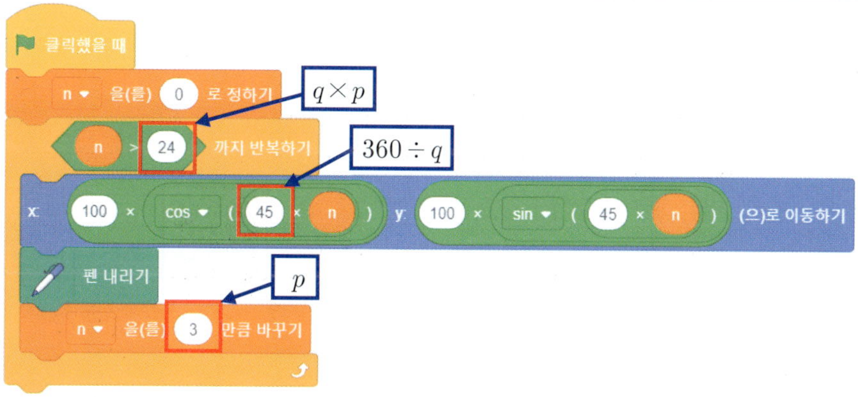

step 2 – 나만의 블록 만들기

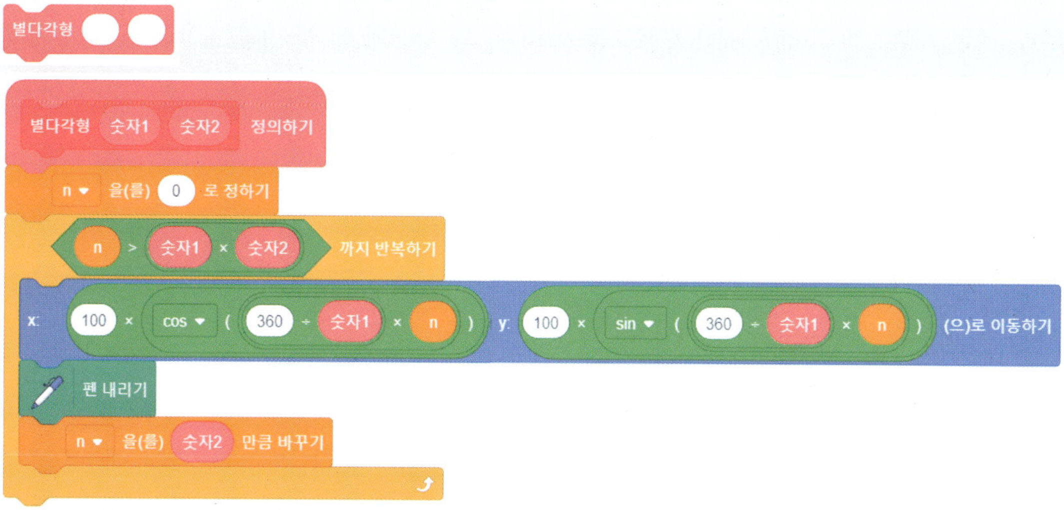

step 3 – 블록 조립하기

따라서 q, p가 서로 소인 경우, 반지름이 100인 $(q,\ p)$유형의 별 다각형을 그리는 프로그램은 나만의 블록을 이용하면 간단히 나타낼 수 있다.

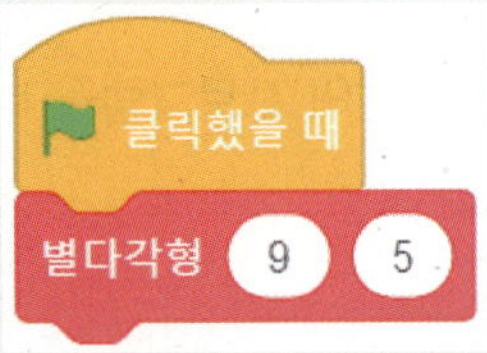

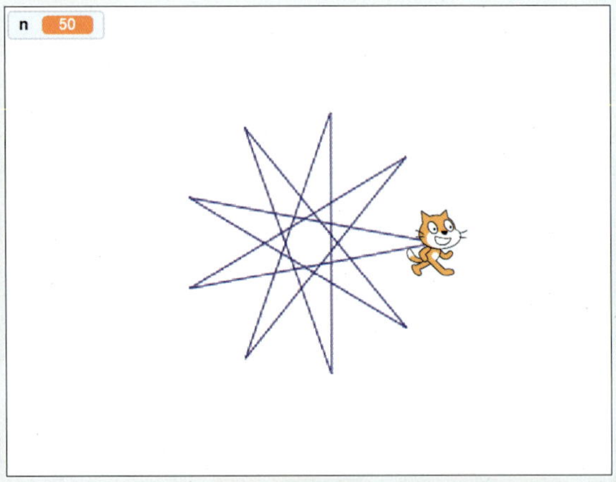

http://scratch.mit.edu/projects/301149165/

생각해 보기 3

(1) 20과 12는 서로소가 아니다. 위의 프로그램으로 $(20,\ 12)$유형의 별 다각형을 그리면 어떻게 될까?

(2) $(20, 12)$유형의 별 다각형을 잘 살펴보면서 특징을 찾아보자.

(3) $(20, 12)$모양의 별 다각형을 완성하려면 어떻게 해야 할까?

· 문제 ·
05

반지름이 100인 $(q,\ p)$유형($p,\ q$는 임의의 수) 별 다각형 그리기

문제 분석하기

❶ $q,\ p$의 최대공약수를 k라고 하면 $q' = \frac{q}{k},\ p' = \frac{p}{k}$라고 하면 q'과 p'은 서로소이다.

❷ 따라서 (q,p)유형 별 다각형을 그리기 위해서는 한 점에서 시작하여 $(q',\ p')$유형의 별 다각형을 그리고 다시 $\frac{360}{q}$도만큼 회전한 점에서 시작하여 다음 $(q',\ p')$유형의 별 다각형을 그리는 것을 k번 반복한다.

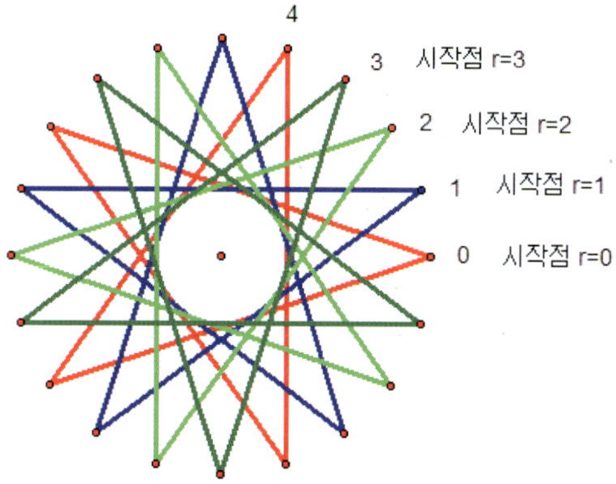

(20, 12)인 별 다각형의 경우 점1에서 시작하여 별 다각형을 그리고 점2에서 시작하여 별 다각형을 그리고… 이것을 (20, 12)의 최대공약수) 번 반복한다.

설계하기

❶ 알고리즘

시작하기

⬇

변수 q, p를 만든다.

⬇

q, p 값을 묻고 대답을 입력한다.

⬇

q, p의 최대공약수 구하기

⬇

q, p의 최대공약수 번 반복

- 한 점에서 시작하여 별 다각형 그리기
- ⬇
- 다음 시작점으로 이동하기

⬇

끝내기

❷ 변수 만들기

- 어떤 유형인지 묻는 변수 q, p를 만든다.
- 최대공약수'라는 변수를 만든다.
- 별 다각형 그릴 때 반복을 위한 변수인 n, 그리는 처음 위치를 조절하는 변수 r, 최대공약수를 구할 때 필요한 변수인 r을 만든다.

블록 조립하기

❶ 변수 에서 변수 q, p, n, k, r, '최대공약수'를 만든다.

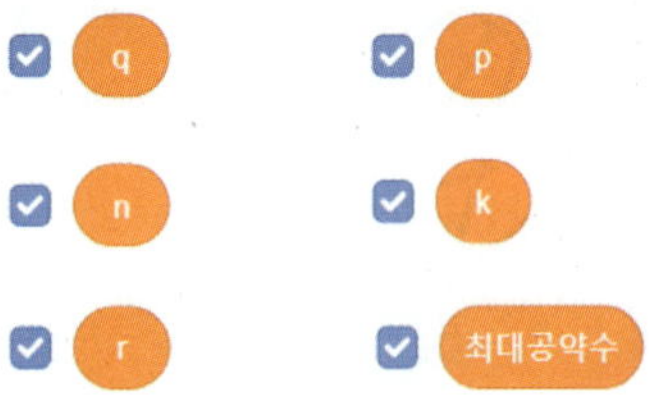

❷ 주어진 임의의 두 수 q, $p(q>p)$의 최대공약수를 구하는 나만의 블록을 만들자. 두 수를 변수 $k=1, 2, 3, \cdots p$으로 차례로 나누어 두 수 모두 나누어떨어지면(즉, 각각의 숫자를 k로 나누었을 때 나머지가 0이면) 그 k를 최대공약수로 정한다.

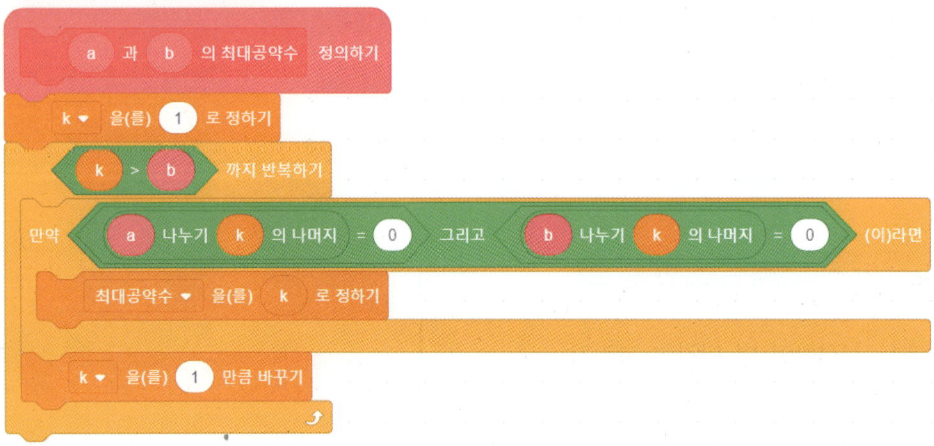

❸ 이제 $(q,\ p)$유형의 별 다각형을 그리기 위해서 감지 에서 $q,\ p$를 묻고 그 대답을 변수 에서 값으로 정한다.

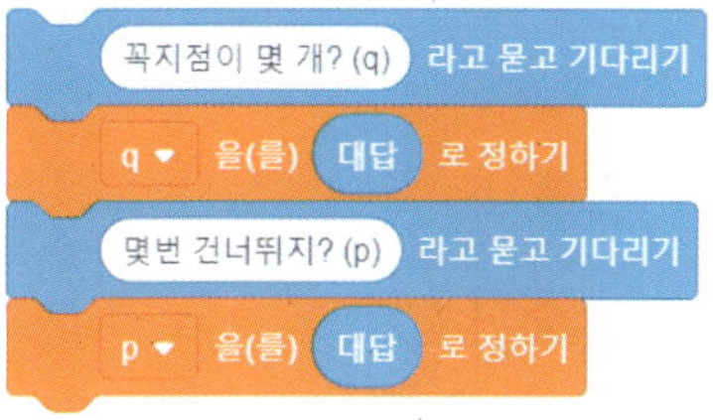

❹ 별 다각형을 그리기 시작하는 시작점을 $(r=0,1,2,\cdots,\text{최대공약수})$ 로 변화시켜가며 그릴 수 있도록 나만의 블록를 수정한다. n을 r에서 시작하도록 수정해 보자.

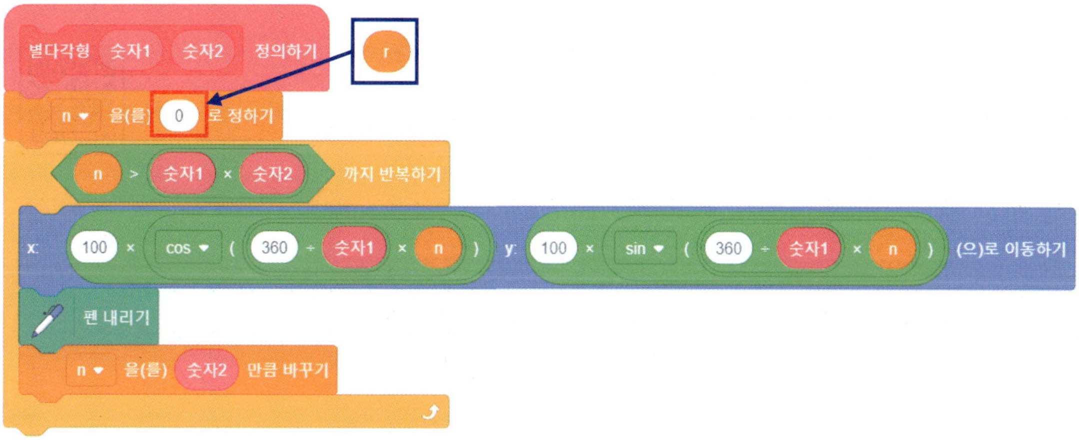

❺ 처음 그리는 위치를 바꿔가며 그리기 위해 $r=0,\ 1,\ 2,\ \cdots$,최대공약수에 따라 별 다각형이 그려지도록 아래와 같이 블록을 조립한다.

❻ 모든 블록을 이어 붙인다.

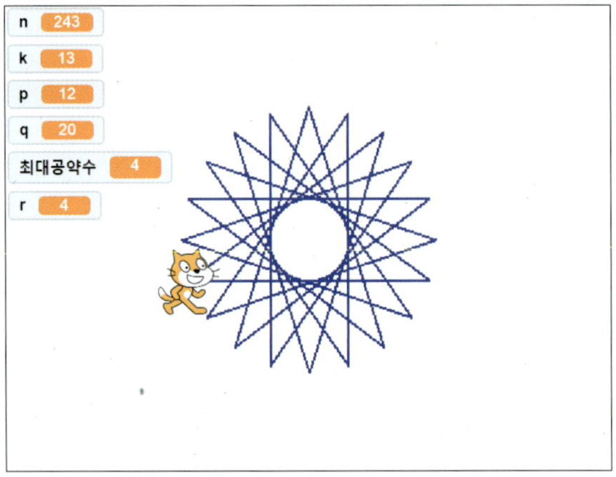

http://scratch.mit.edu/projects/301149288/

생각해 보기 해답

생각해 보기 1

(1) (8,3)유형의 별 다각형과 (8,5)유형 별 다각형은 같다.

(2) 8개의 꼭짓점에서 세 번째 꼭짓점에 계속 연결하는 것은 다섯 번째 꼭짓점에 계속 연결하는 것과 같으므로 (8,3)유형 별 다각형과 (8,5)유형 별 다각형은 같다.

(8,3)유형

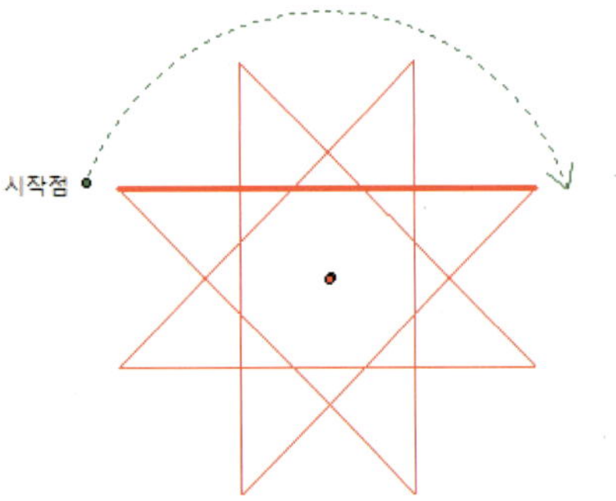

(8,5)유형

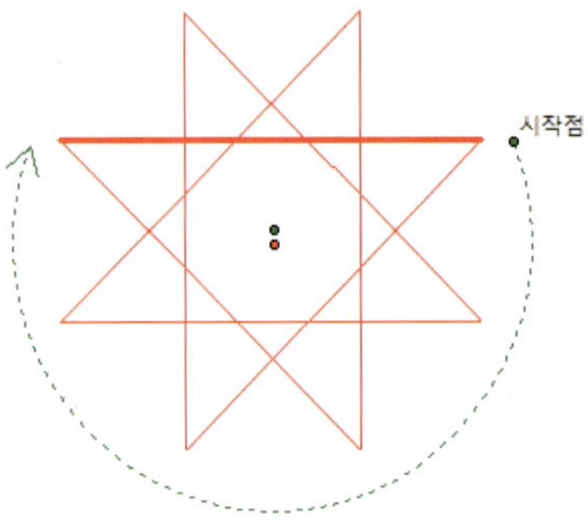

⋙ 생각해 보기 2

(1) 두 수 p, q의 공약수가 1밖에 없을 때 두 수 p, q는 서로 소라고 한다. 위의 방법으로 프로그램을 만들어 실행하면 정사각형만 두 번 겹쳐 그리게 된다

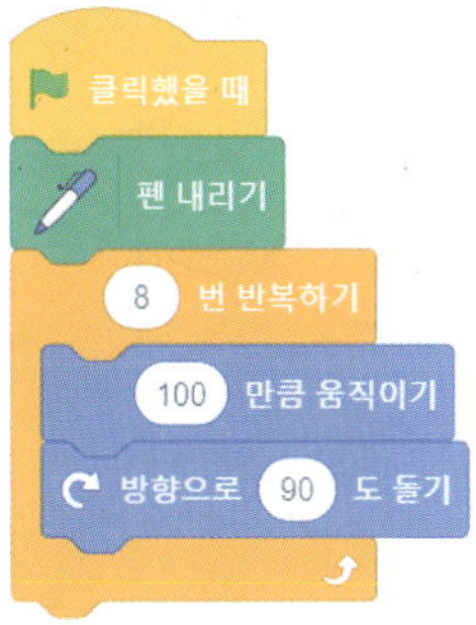

(2) 8과 3은 서로 소인 수이다. 8과 2처럼 서로 소가 아닌 경우 8개의 꼭짓점에서 두 번째 꼭짓점을 연결한다는 것은 4개 꼭짓점에서 첫 번째 꼭짓점을 연결하는 것과 같으므로 이 방법으로 그리면 4개의 변만 그려진다. 따라서 4개 변을 더 그려야 한다.

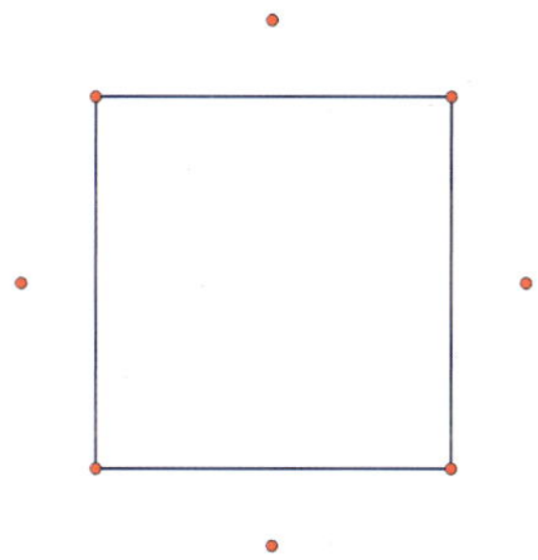

⋙ 생각해 보기 3

(1) 최대공약수 4로 각각 나눈 (5,3)유형의 별만 반복해서 그려지고 20개의 꼭짓점 중 $(4-1)\times 5=15$개의 점들은 그대로 남아 있다.

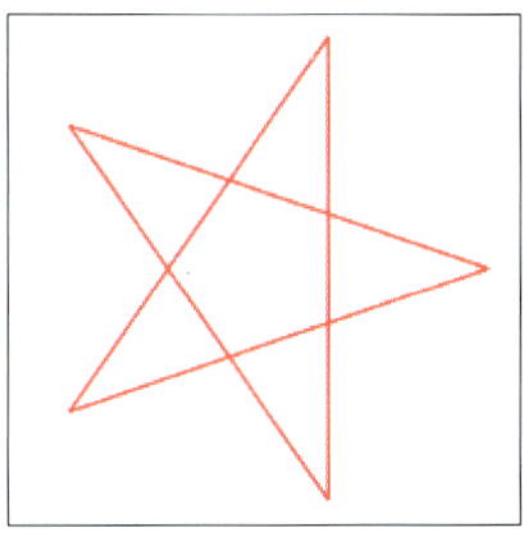

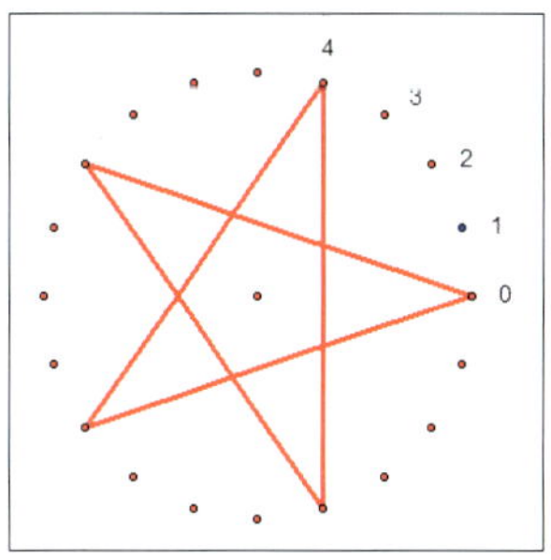

(2) ❶ (20,12)유형의 별 다각형은 (5,3)유형의 별 다각형 4개로 되어 있다.

❷ (5,3)유형 별 다각형을 (360/20)도씩 4번 회전하였다.

❸ 20개의 점의 중심(원의 중심)이 회전의 중심이다.

(3) 위 그림에서와같이 시작점을 0, 1, 2, 3로 옮겨가며 (5,3)유형의 별 다각형을 4번 반복해서 그린다.

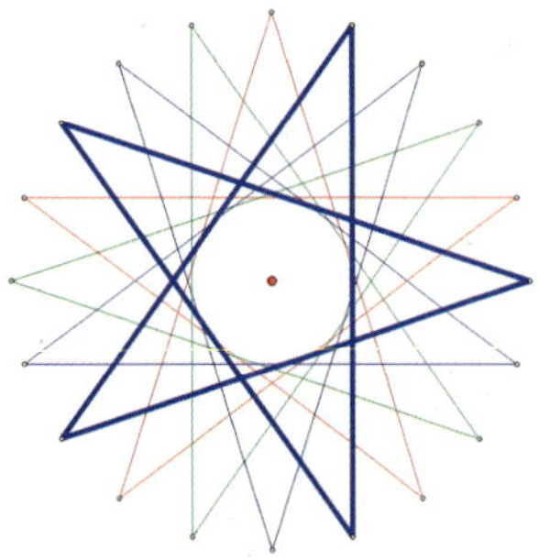

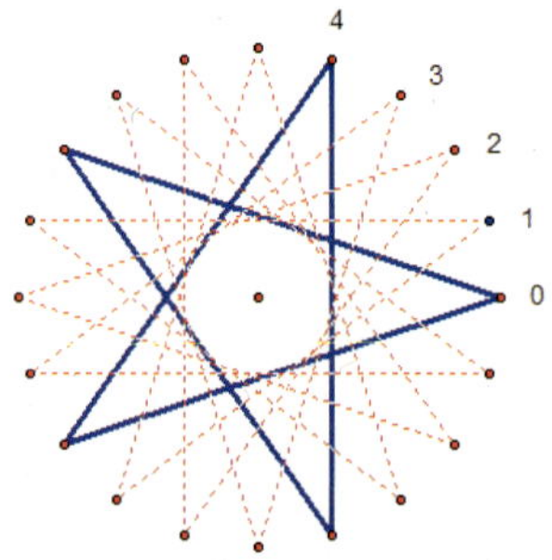

꾸미기 [더 나아가기 1]에서 그린 별 다각형을 이용하여 '별 그리기'를 코딩해 보자.

Step 1

스프라이트를 에서 Pencil-a로 모양 추가하고 중심을 연필 끝으로 바꾼다.

배경추가 를 이용해 배경을 우주(Stars)로 지정한다.

Step 2

마우스를 클릭했을 때 마우스 포인터로 이동하여 그리게 하도록 아래와 같은 블록을 조립한다.

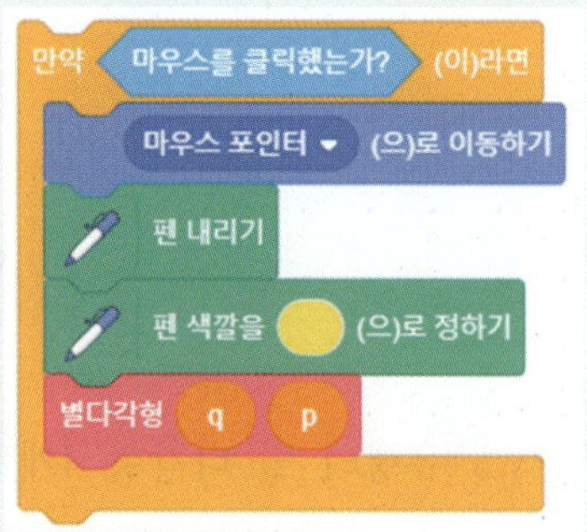

Step 3

이 과정을 무한히 반복하면서 별을 그리기 위하여 무한 반복하기 블록을 붙여서 프로그램을 완성한다.

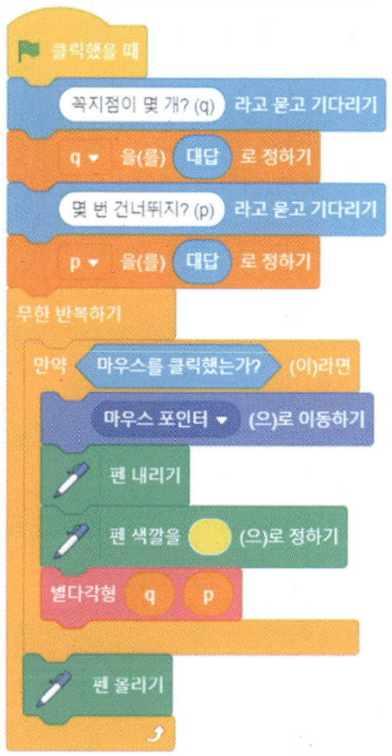

http://scratch.mit.edu/projects/303248857/

C H A P T E R

10

재귀적 절차를 이용하여 무늬 그리기

CHAPTER 10 재귀적 절차를 이용하여 무늬 그리기

학습 내용

- 수학 - 수열의 합, 정다각형, 점화식, 규칙성
- 코딩 - 재귀적 절차, 조건문, 반복하기, 변수, 나만의 블록(함수)

‘재귀’의 사전적 의미는 ‘원래의 자리로 되돌아가거나 되돌아옴’이며 프로그래밍에서 재귀적(Recursive)이란 ‘자기 자신을 호출 한다.’ 또는 ‘있던 곳으로 되돌아간다.’라는 뜻이다. 예를 들어 수열

(1) $1,\ 1+2,\ 1+2+3,\ 1+2+3+4,\ \cdots$ 의 n번째 항 a_n의 재귀적 표현(혹은 점화식)은

$$a_n = \{1+2+3+\cdots+(n-1)\}+n = a_{n-1}+n$$

(2) $2,\ 2\times2,\ 2\times2\times2,\ 2\times2\times2\times2,\ 2\times2\times2\times2\times2, \cdots$의 n번째 항 a_n의 재귀적 표현은

$$a_n = \{2\times2\times2\times\cdots\times2\}\times2 = a_{n-1}\times2\}$$

이다. 특히 도형에서는 프랙탈 그리기에 재귀적 절차가 활용된다.

프로그래밍에서 재귀적 절차의 처리에 능숙하다면 복잡한 코딩 문제를 간단히 해결할 수 있다. 먼저 간단한 예를 통해서 재귀적 절차를 익혀보자.

· 문제 · 01 재귀적 방법으로 무늬 그리기

2장(Chapter)에서 아래와 같이 겹 정다각형 무늬 그리기를 하였다. 나만의 블록 또는 재귀적 절차를 이용하여 프로그래밍해 보자.

(1) 2장 [문제 3]에서 처럼 반복을 이용하여 프로그래밍하기

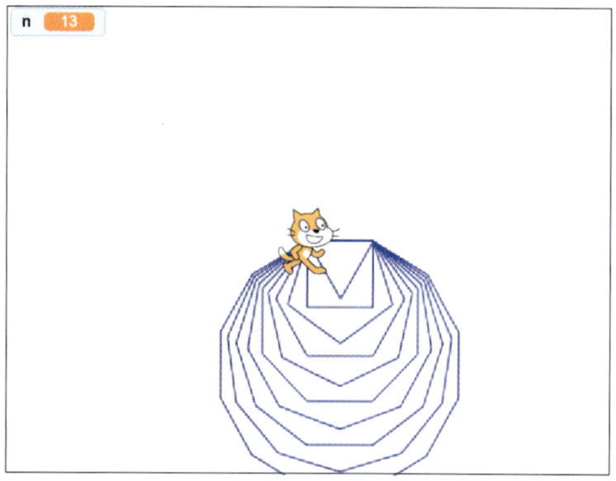

http://scratch.mit.edu/projects/301151103/

(2) 나만의 블록을 이용하여 프로그래밍하기

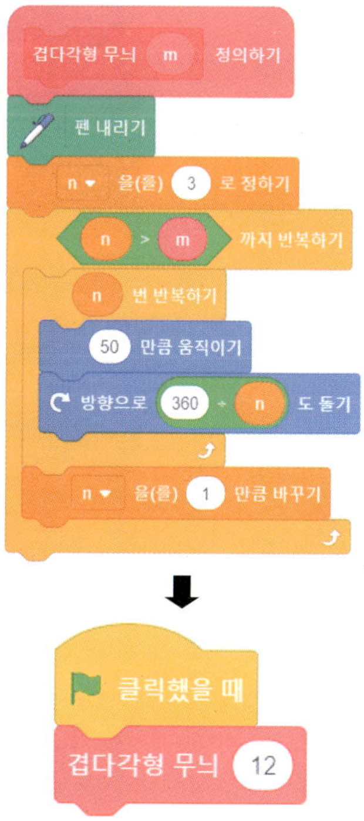

http://scratch.mit.edu/projects/301151194/

(3) 재귀적 절차를 이용하여 프로그래밍하기

❶ 먼저 단계별로 겹다각형 무늬 그리기 블록을 살펴보자.

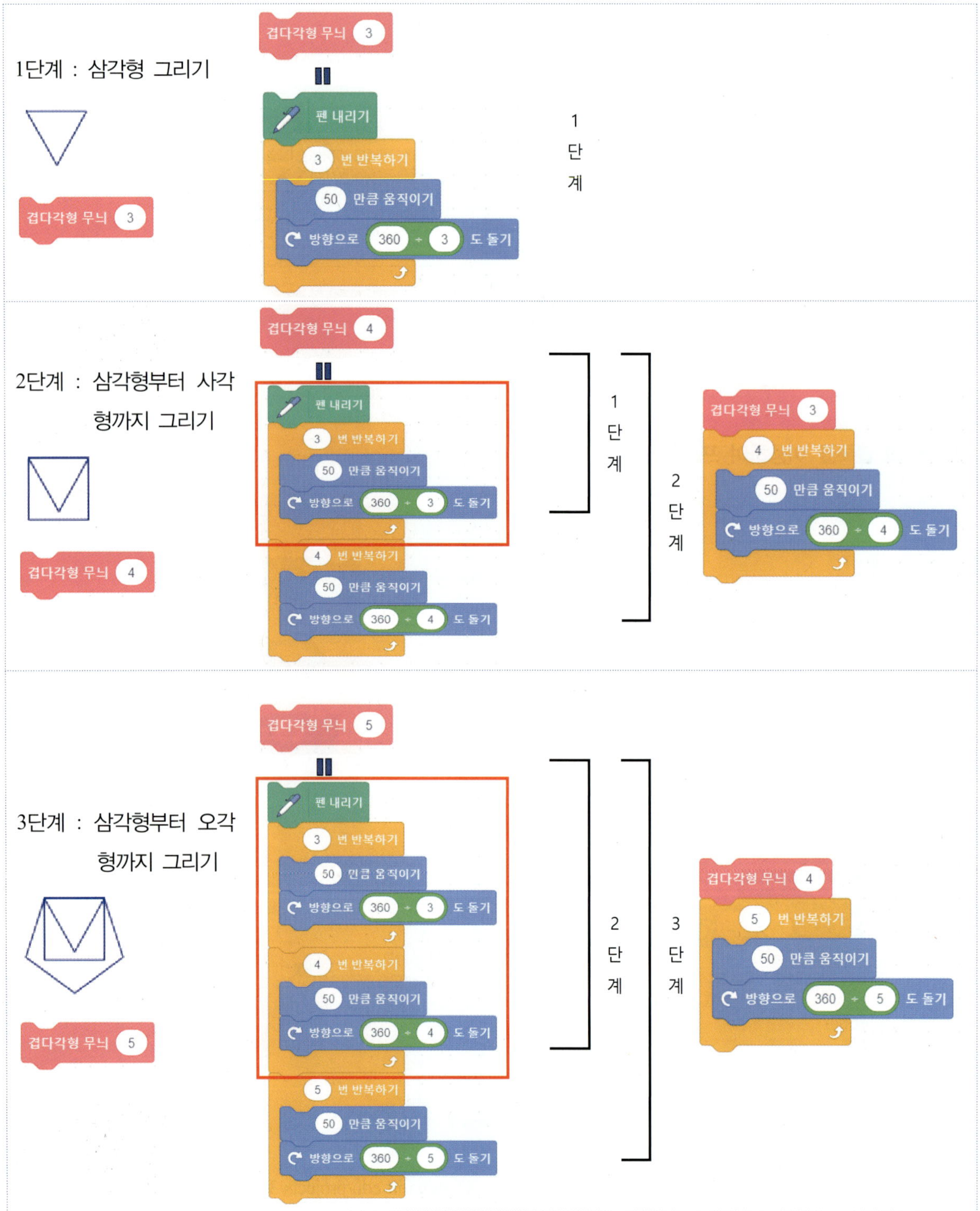

❷ 위로부터 유추해 보면 삼각형에서 (숫자1) 각형까지의 겹다각형 무늬를 그리는 재귀적 절차 블록은 다음과 같다. '겹다각형 무늬'라는 블록 안에 자신의 블록을 호출하는 것이다. 단, (숫자1) 은 3 이상이어야 한다.

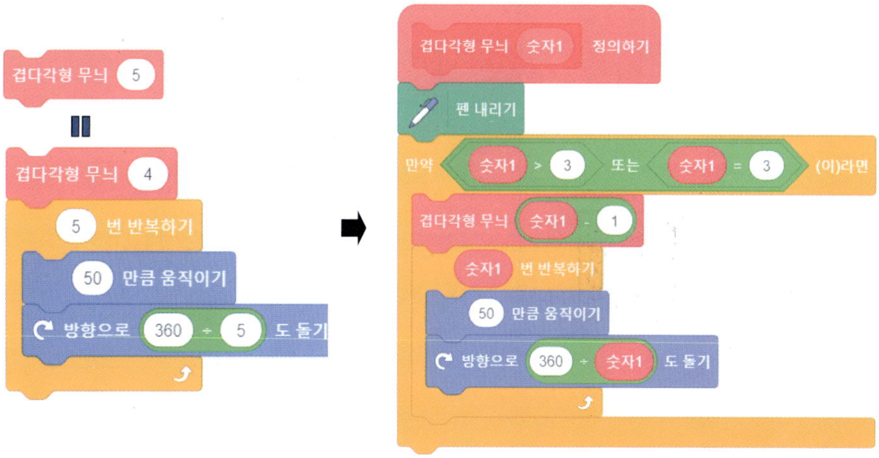

❸ 다음 삼각형부터 5각형까지 그리는 프로그램이 실행되는 절차를 살펴봄으로써 재귀적 절차를 이해하자.

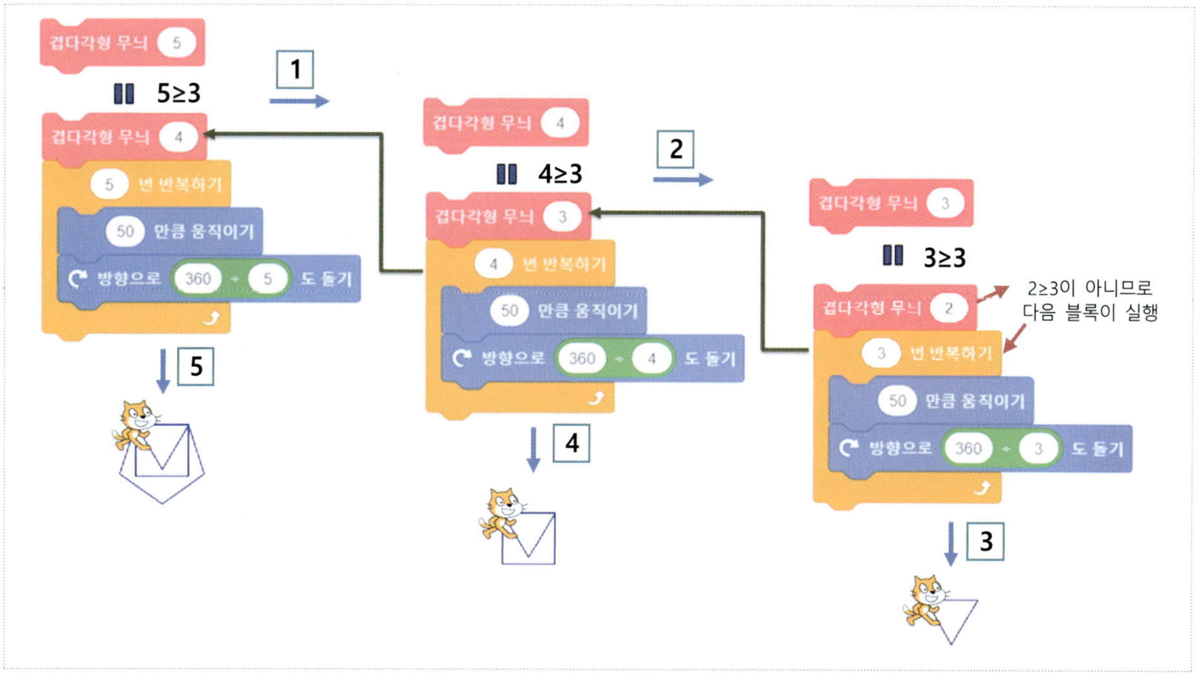

❹ 겹다각형 무늬의 숫자에 12를 입력하고 실행해 보자.

http://scratch.mit.edu/projects/301151284/

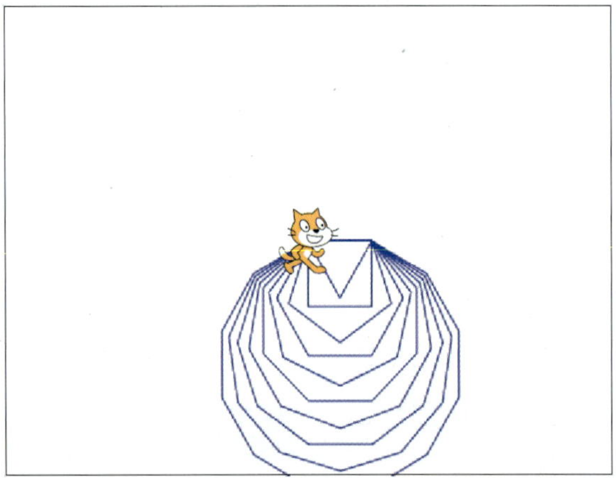

더 나아가기 1 정n각형부터 정m각형으로 이루어진 겹다각형 무늬 그리기

위의 프로그램을 이용하여 정삼각형부터 정12각형까지 그렸다. 정 n각형부터 정 m각형으로 이루어진 겹다각형 무늬를 그리려면 위 프로그램을 어떻게 수정하면 될까?

step 1 – 나만의 블록 수정하기

나만의 블록에 두 개의 변수를 넣는다. 이때 시작하는 정다각형을 숫자1 이라는 변수로, 끝나는 정다각형을 숫자2 이라는 변수로 정한다.

http://scratch.mit.edu/projects/301151373/

· 문제 · 02 재귀적 방법으로 정다각형 나선 그리기

(1) 나만의 블록을 이용하여 다시 프로그래밍하기

다음은 7장의 [문제3] 에서 다루었던 정다각형 나선을 그리는 프로그램이다. 이때 모양은 몇 각형 나선을 그릴 것인지와 변의 길이를 얼마일 때까지 그릴 것인지에 따라 결정된다.

정다각형 나선 ( ) 인 경우 6각형 나선 모양이고 변의 길이가 2에서 시작하여 2씩 늘려가며 100일 때까지 그리는 블록이다. 아래 프로그램에서 빨간 상자 안의 블록을 나만의 블록으로 만들어 프로그래밍을 간단히 해 보자.

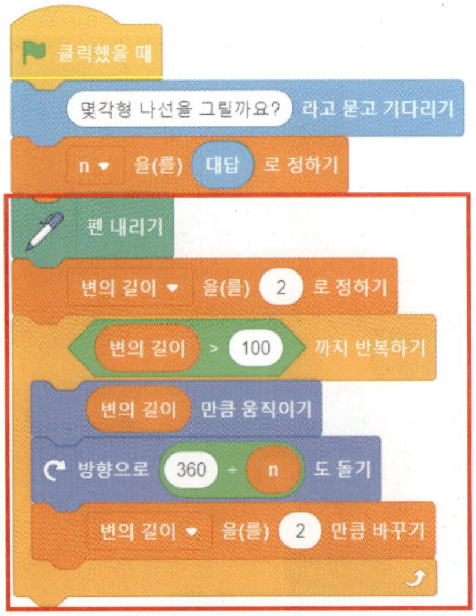

http://scratch.mit.edu/projects/301151465/

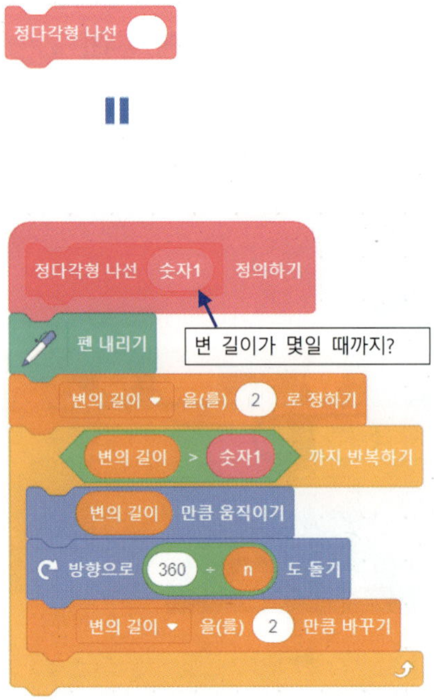

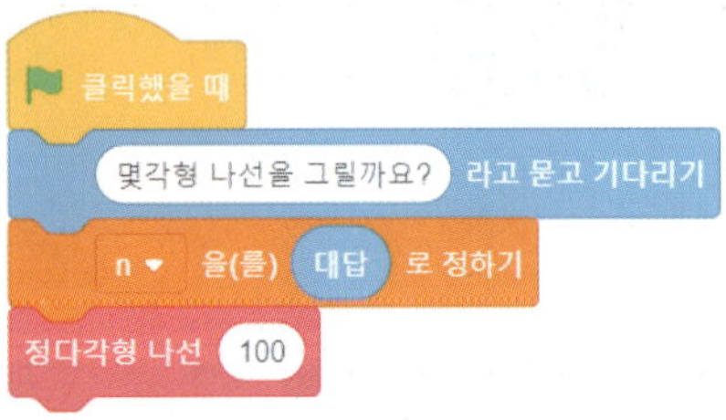

http://scratch.mit.edu/projects/301151627/

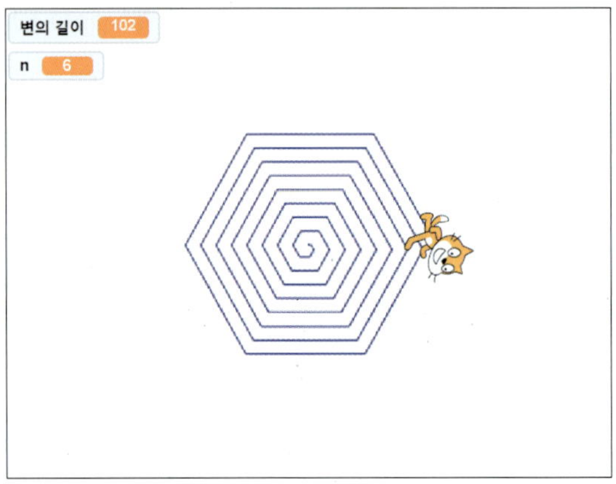

(2) 재귀적 절차를 이용하여 프로그래밍하기

위 프로그램에서 나만의 블록을 수정하여 재귀적 절차 블록을 만들어 프로그래밍해 보자. 예를 들어 6각형 모양의 정다각형 나선을 변의 길이를 2씩 늘려가면서 100일 때까지 그리려고 한다. 재귀적 표현에 의하면 변의 길이가 98일 때까지 그려져 있다면 그다음 100일 경우만 그리면 된다는 것이다.

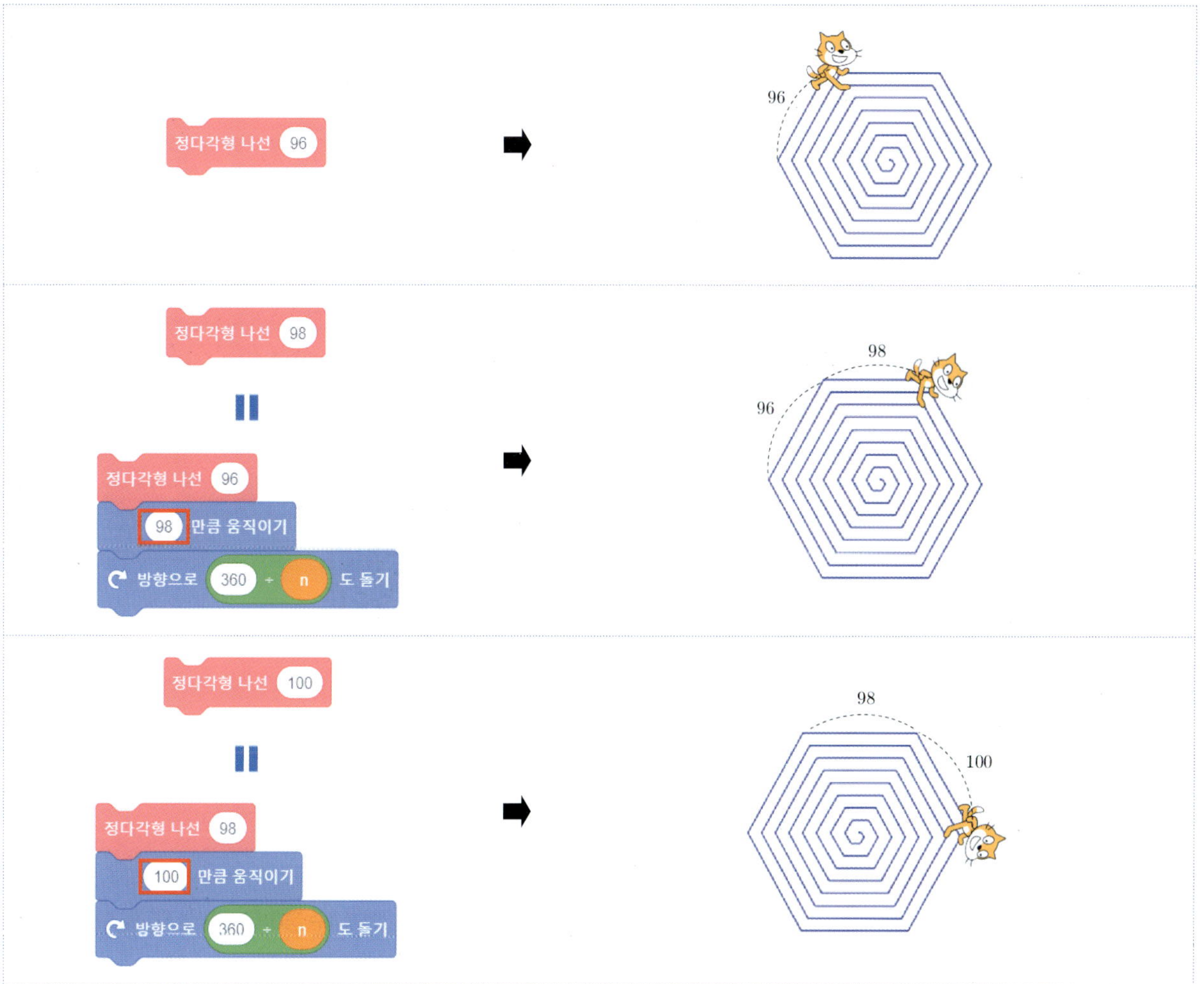

변의 길이인 숫자1 가 1보다 크다면 이러한 과정을 계속 진행한다.

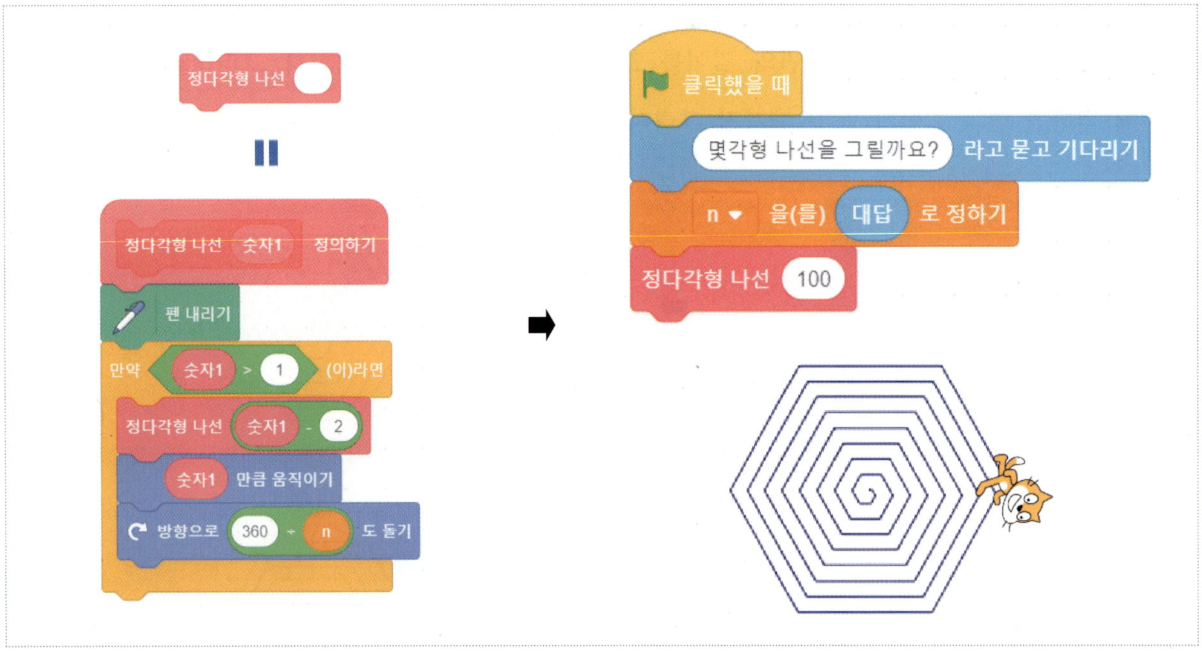

http://scratch.mit.edu/projects/301151741/

생각해 보기 1

나만의 블록 정의에서 [방향으로 360 ÷ n 도 돌기] 의 회전각을 다음과 같이 수정하면 어떻게 될까?

Ⓐ 

Ⓑ 

생각해 보기 해답

생각해 보기 1

Ⓐ

http://scratch.mit.edu/projects/301151885/

$n = 6$

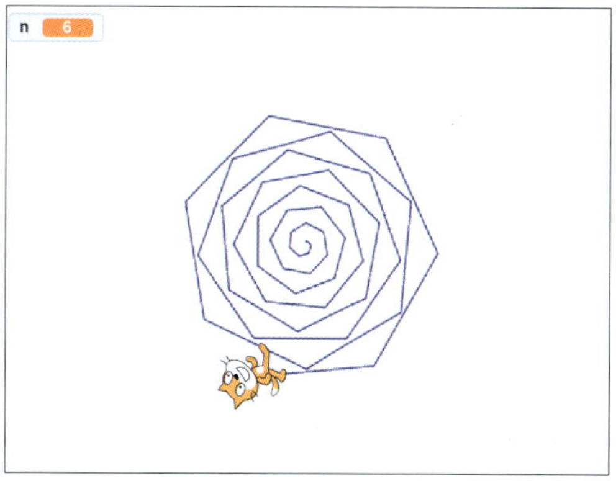

Ⓑ

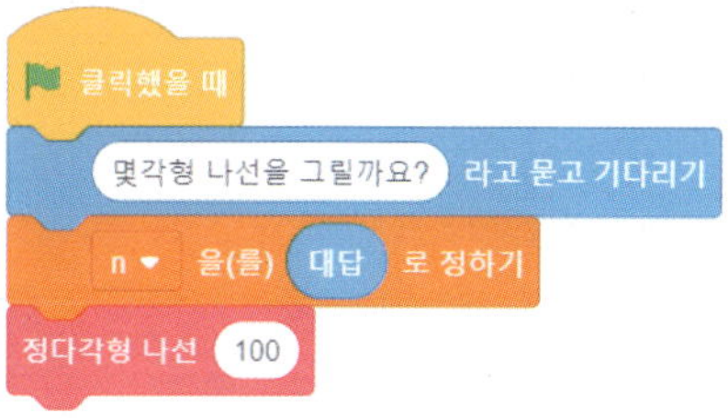

http://scratch.mit.edu/projects/301152004

$n = 5$

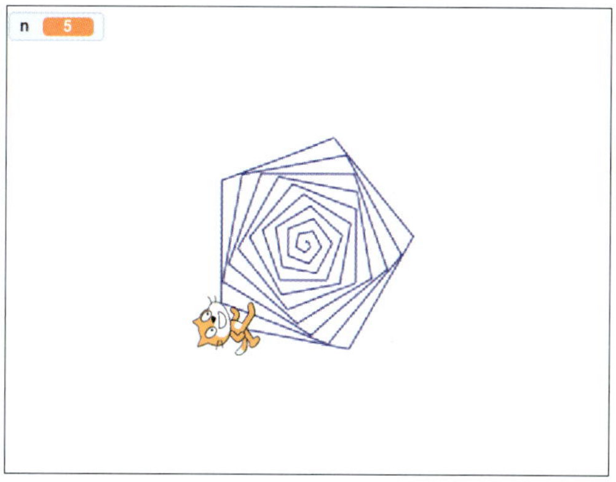

CHAPTER

11

시어핀스키 다각형 그리기

CHAPTER 11

시어핀스키 다각형 그리기

학습 내용

- 수학 - 프랙탈, 시어핀스키 삼각형, 시어핀스키 가스켓, 수열의 합, 정다각형
- 코딩 - 재귀적 절차, 조건문, 반복하기, 변수, 나만의 블록

재귀적 방법은 도형의 작도뿐만 아니라 수와 연산 영역에서도 매우 유용하게 적용할 수 있다. 재귀적 방법으로 코딩하면 블록의 수를 줄일 수 있으며 구조를 알아보기 쉬운 장점이 있다. 다양한 프랙탈 도형을 재귀적 방법으로 작도해 보자

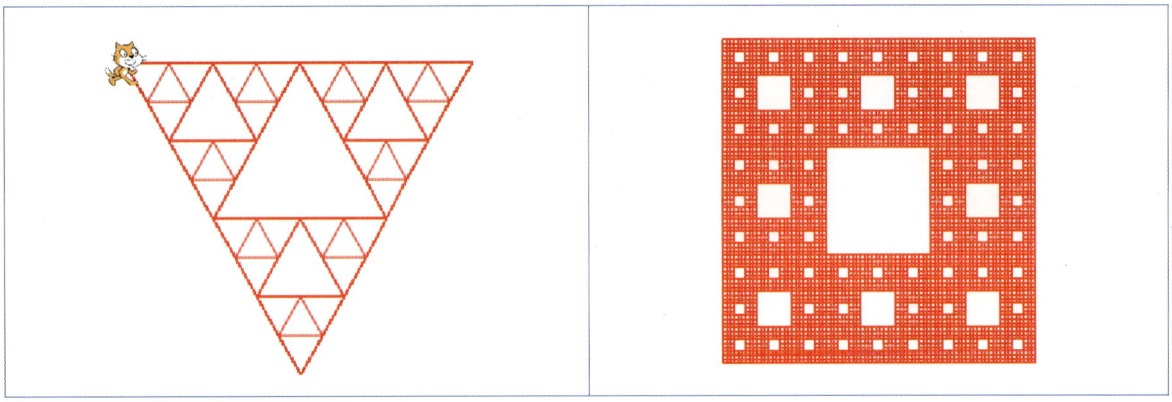

· 문제 ·
01 시어핀스키 삼각형 그리기

시어핀스키(Sierpinski) 삼각형은 정삼각형이 작은 정삼각형으로 재귀적으로 나누어지는 반복된 모양을 갖는 자기 동형 집합, 즉, 프랙탈로서 시어핀스키 가스켓(gasket) 혹은 시어핀스키 체(sieve)라고도 한다.

문제 분석하기

❶ 0단계 기본 도형은 삼각형이다.

❷ 1단계 도형은 0단계의 삼각형 3개를 붙인 것이다.

❸ 2단계 1단계 도형 3개를 붙인 것이다.

❹ 일반적으로 n단계 도형은 $(n-1)$단계 도형을 3개 붙인 것이다.

블록 조립하기

❶ 나만의 블록 만들기를 클릭하고 이름을 '시어핀스키'라고 정한다. 이때 단계마다 가장 큰 삼각형의 변의 길이가 변하므로 변의 길이를 '숫자 또는 문자열'을 택하여 숫자1 로 만든다.

0단계 : 한 변 길이가 30인 기본 도형 그리기

1단계 : 가장 큰 삼각형의 한 변의 길이가 60인 도형 그리기

2단계 : 가장 큰 삼각형의 한 변의 길이가 120인 도형 그리기

❷ 0, 1, 2단계를 통해 규칙을 찾아보자.

- 가장 짧은 삼각형의 한 변 길이는 30으로 하였으므로 한 변 길이가 30보다 작으면 그려지지 않는다.
- 가장 긴 변의 길이가 120인 경우 120, $60 = 120 \div 2$, $30 = 60 \div 2$ 으로 전 단계 긴 변 길이는 다음 단계 긴 변 길이의 반이다.

❸ 따라서 블록 조립을 완성하면 다음과 같다.

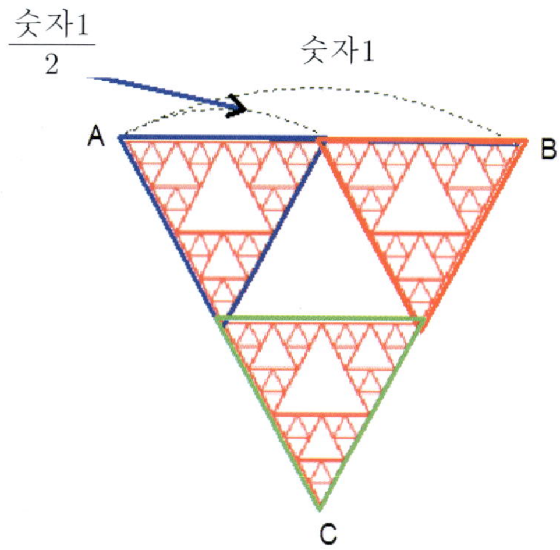

http://scratch.mit.edu/projects/302744948/

생각해 보기 1

시어핀스키 삼각형 블록에서 각 숫자가 의미하는 것이 무엇인지 관찰하자. 숫자를 바꾸어서 입력하면서 탐구해 보자.

생각해 보기 2

다음 시어핀스키 삼각형 그리기 프로그램의 ⬭안에 여러 가지 수를 넣어 실행해 보자.

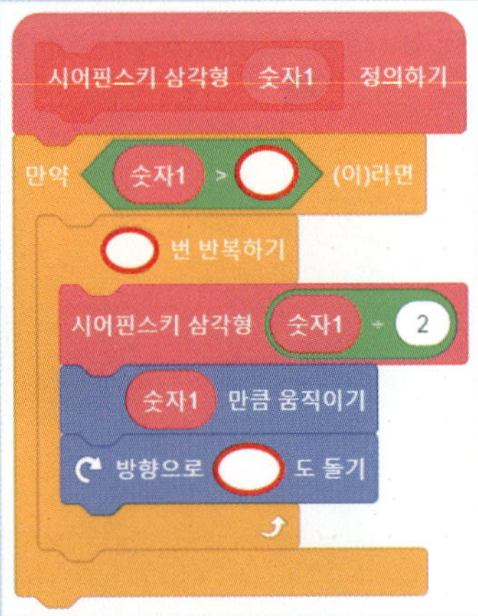

· 문제 · 02 시어핀스키 카펫 그리기

시어핀스키 삼각형을 그린 방법을 참고하여 아래와 같은 프랙탈 시어핀스키 카펫을 그려보자.

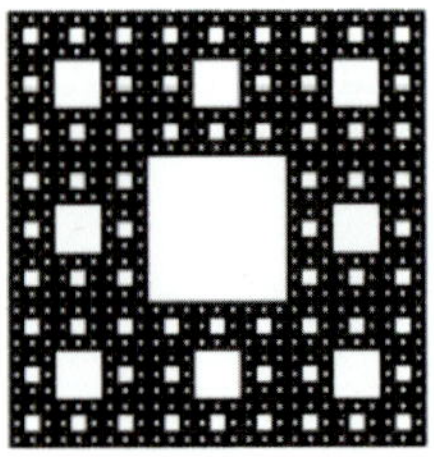

문제 분석하기

❶ 0단계 도형은 하나의 정사각형으로 이루어져 있다.
❷ 1단계는 도형은 0단계 도형을 돌아가면서 8개를 그린 도형이다.
❸ 2단계는 도형은 1단계 도형을 돌아가면서 8개를 그린 도형이다.
❹ 3단계는 도형은 2단계 도형을 돌아가면서 8개를 그린 도형이다.

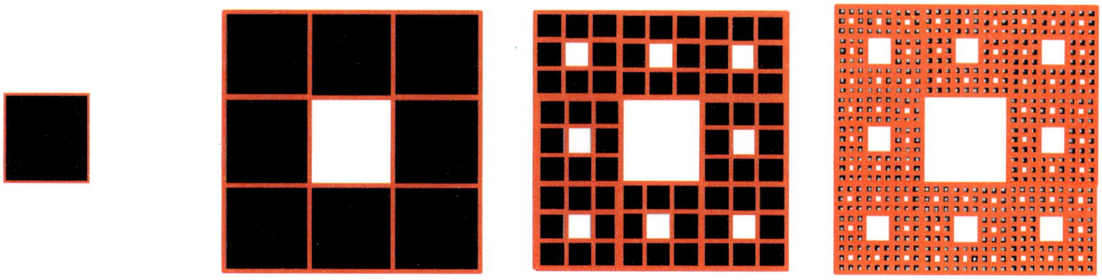

0단계 1단계 2단계 3단계

블록 조립하기

❶ 0단계 기본 도형인 정사각형을 그린다.

0단계 : 정사각형 그리기

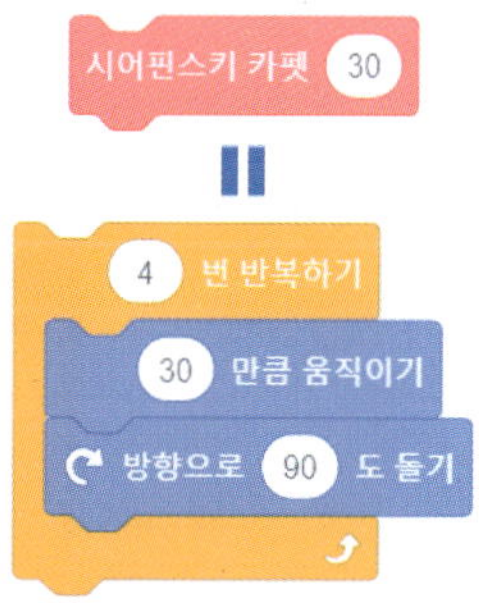

❷ 1단계 도형은 0단계 도형을 돌아가면서 8개를 그린 도형을 그리기 위해 0단계 도형 3개를 붙인 도형을 4번 반복하여 붙인다.

1단계 :

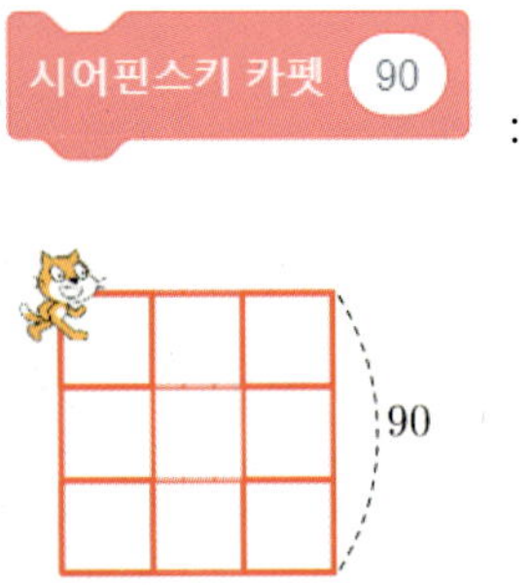

2단계 :

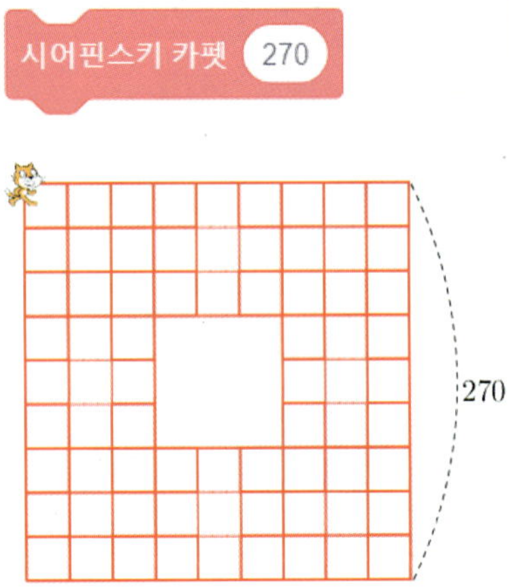

❸ 2단계 도형은 1단계 도형을 돌아가면서 8개를 그린 도형을 그리기 위해 1단계 도형을 3개를 붙인 뒤 4번 반복하여 붙인다. 0, 1, 2단계로부터 규칙을 찾아보자.

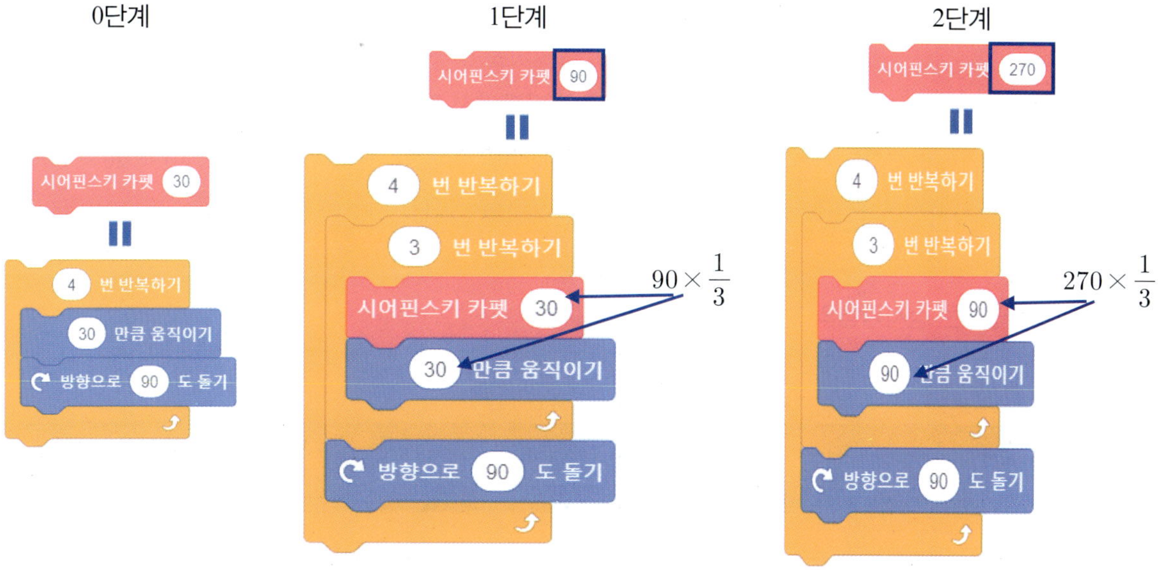

❹ 숫자1 이 가장 작은 정사각형 변의 길이 30보다 크기만 하면 이와 같은 규칙에 따라 전 단계 블록 호출을 반복한다. 이제 시어핀스키 카펫의 재귀적 절차 블록을 완성하면 다음과 같다.

http://scratch.mit.edu/projects/302747028/

생각해 보기 3

(1) 나만의 블록 정의하기에서 "만일 ⟨숫자1 > 20⟩ 이라면"에서 20은 가장 작은 기본 정사각형의 한 변 길이를 결정한다(시어핀스키 카펫 270 의 경우엔 $270 \div 3 = 90$, $90 \div 3 = 30$, $30 \div 3 = 10$이고 $10 < 20 < 30$이므로 가장 작은 정사각형의 길이가 30이게 된다), 20대신 3으로 고치고 나만의 블록 시어핀스키 카펫 270 을 실행해 보면 어떻게 될까?

(2) 단계별 가장 큰 정사각형의 한 변 길이는 얼마일까?

생각해 보기 해답

생각해 보기 1

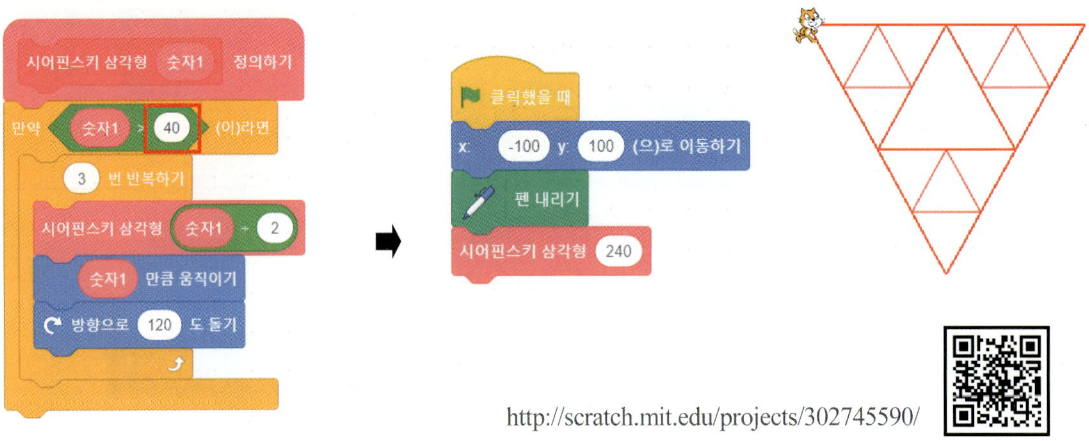

http://scratch.mit.edu/projects/302745590/

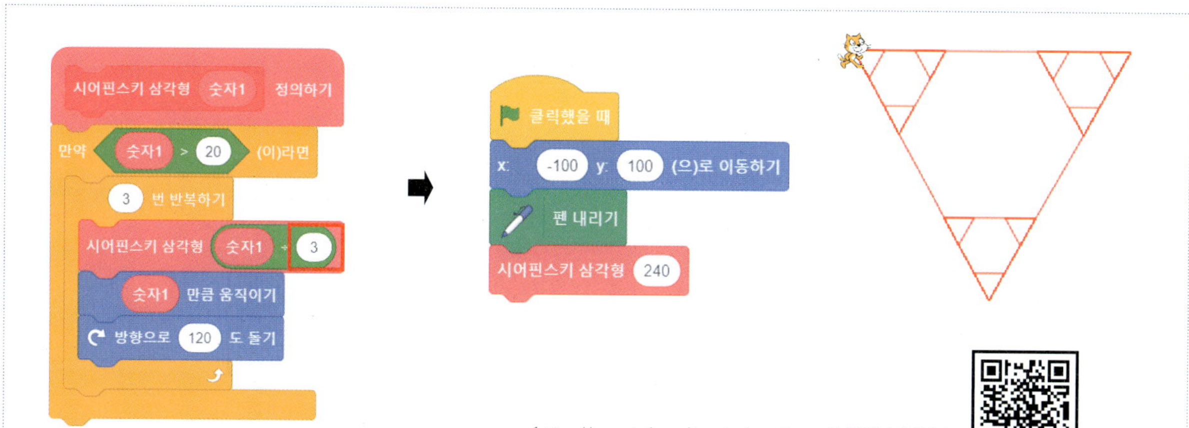

http://scratch.mit.edu/projects/302746419/

➽ 생각해 보기 2

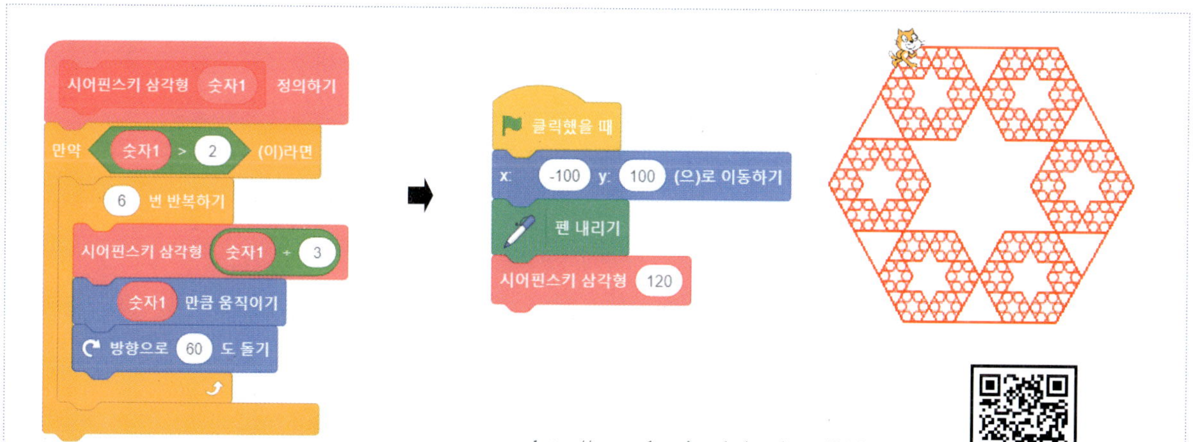

http://scratch.mit.edu/projects/302778887/

➽ 생각해 보기 3

(1)

http://scratch.mit.edu/projects/302747687/

(2)

0단계	1단계	2단계	3단계	4단계
$270 \div 81 \simeq 3.3$	$270 \div 27 = 10$	$270 \div 9 = 30$	$270 \div 3 = 90$	270

CHAPTER

12

코흐 곡선 그리기

CHAPTER

12 코흐 곡선 그리기

학습 내용

- 수학 - 프랙탈, 코흐 곡선
- 코딩 - 재귀적 절차, 조건문, 반복하기, 변수, 나만의 블록

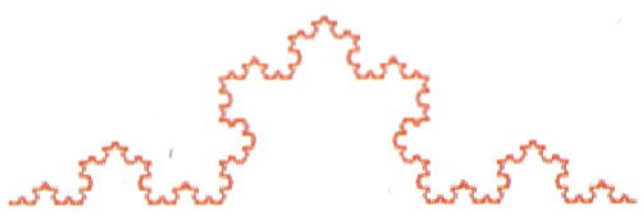

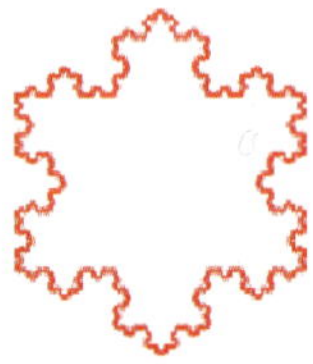

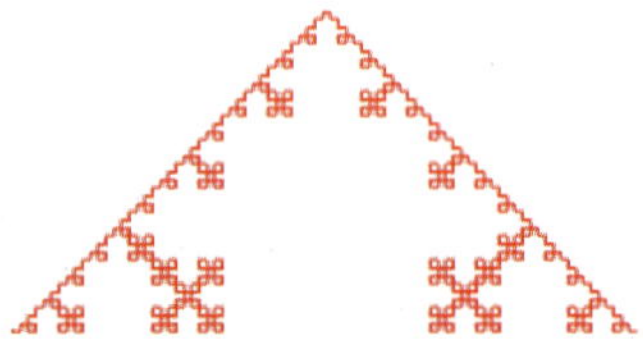

· 문제 · 01 코흐 곡선 그리기

문제 분석하기

❶ 0단계 도형은 선분이다.

❷ 1단계 도형은 0단계 도형을 그리고 반시계방향 60도 회전하여 0단계 도형을 그리고 시계방향 120도를 회전하여 0단계 도형을 그리고 반시계방향 60도를 회전하여 1단계 도형을 그린다.

❸ 2단계 도형은 1단계 도형을 그리고 반시계방향 60도 회전하여 1단계 도형을 그리고 시계방향 120도를 회전하여 1단계 도형을 그리고 반시계방향 60도를 회전하여 2단계 도형을 그린다.

❹ 3단계 도형은 2단계 도형을 그리고 반시계방향 60도 회전하여 2단계 도형을 그리고 시계방향 120도를 회전하여 2단계 도형을 그리고 반시계방향 60도를 회전하여 3단계 도형을 그린다.

블록 조립하기

❶ 0단계 기본 도형인 선분을 그린다.

❷ 1단계 도형은 0단계 도형을 그리고 반시계방향 60도 회전하여 0단계 도형을 그리고 시계방향 120도를 회전하여 0단계 도형을 그리고 반시계방향 60도를 회전하여 1단계 도형을 그린다.

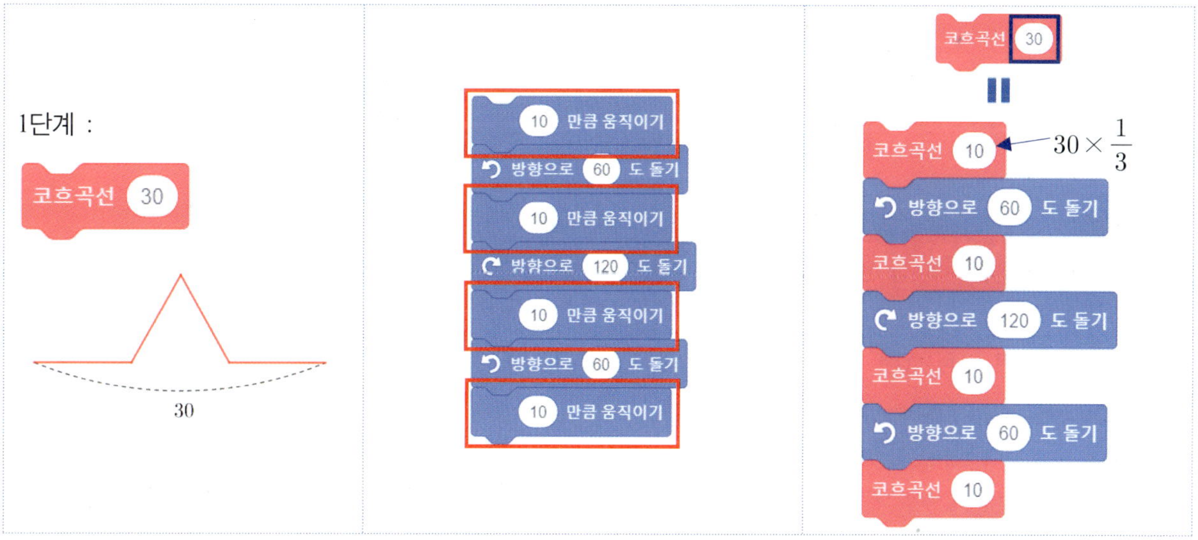

❸ 2단계 도형은 1단계 도형을 그리고 반시계방향 60도 회전하여 1단계 도형을 그리고 시계방향 120도를 회전하여 1단계 도형을 그리고 반시계방향 60도를 회전하여 1단계 도형을 그린다.

❹ 이와 같은 과정을 되풀이하면 다음과 같은 나만의 블록을 완성할 수 있다.

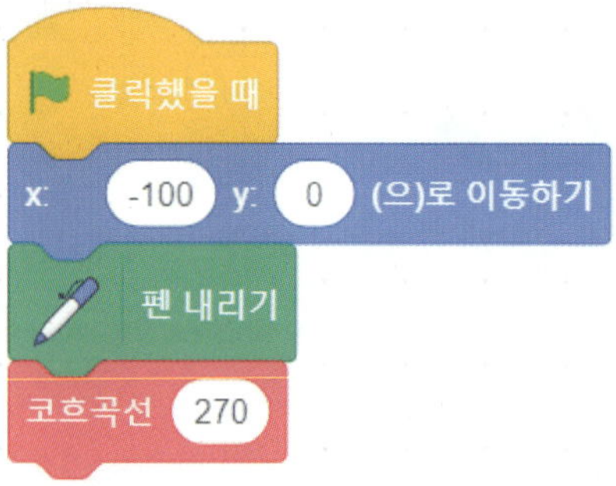

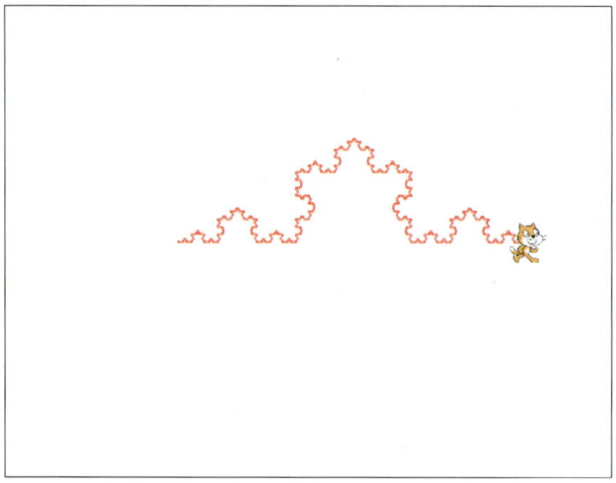

http://scratch.mit.edu/projects/302750654/

생각해 보기 1

‘만약~’조건문을 사용했던 11장에서 다루었던 시어핀스키 삼각형과 다르게 위의 프로그래밍은 ‘만약~, 아니면~’조건문을 사용해야 하는 이유를 생각해 보자.

생각해 보기 2

위의 나만의 블록 정의에서 숫자1 > 5 의 숫자 5 대신 더 적은 수들을 넣어 실행해 보아라.

생각해 보기 3

코흐 곡선을 그리는 프로그램을 변형하여 여러 가지 모양의 코흐 눈송이를 그려보자. 위의 나만의 블록 정의에서 < 숫자1 > 5 >의 숫자 5 대신 3을 넣은 나만의 블록 코흐곡선 100 을 이용하여 프로그래밍해 보자.

꾸미기 위에서 만든 코흐 눈송이를 이용하여 눈이 내리는 창문을 프로그래밍해 보자.

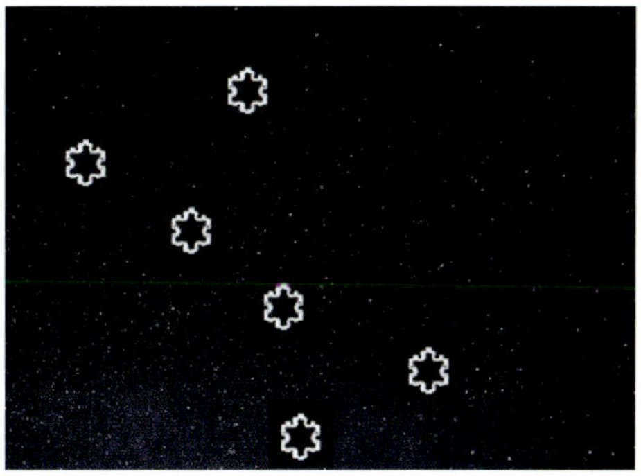

· 문제 · 02 코흐 곡선의 변형 그리기

코흐 곡선은 정삼각형 모양을 붙여가며 만든 것이다. 만일 정사각형 정오각형 등의 모양을 붙여간다면 어떻게 될까? 먼저 코흐 곡선의 블록 정의를 다시 살펴보고 수정해 보자.

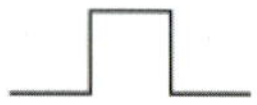

➡

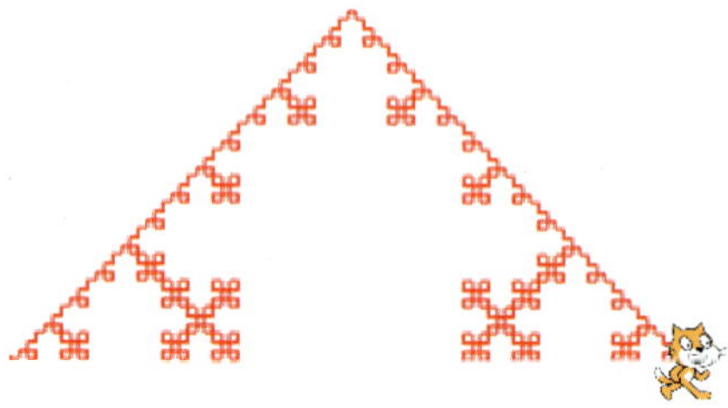

http://scratch.mit.edu/projects/302754373/

생각해 보기 4

이 프로그램을 사각형 또는 별 모양으로 만들어 보자.

생각해 보기 5

위에서 정의된 코흐 곡선의 블록을 여러 가지로 변형하여 다양한 무늬를 만들어 보자.

생각해 보기 해답

▶ 생각해 보기 1

먼저 시어핀스키 삼각형의 각 단계 블록을 살펴보자.

우선 0단계와 1단계의 블록 모양이 비슷한 것을 볼 수 있다. 재귀적 절차 블록에서 '시어핀스키 삼각형 30'을 실행했다면 '시어핀스키 삼각형 15'는 조건에 맞지 않으므로 다음 블록이 실행되어 '30 만큼 움직이기'와 '시계방향으로 120도 돌기'가 세 번 반복되어 0단계의 모양이 출력된다.

코흐 곡선의 경우 각 단계의 블록이 다음과 같다.

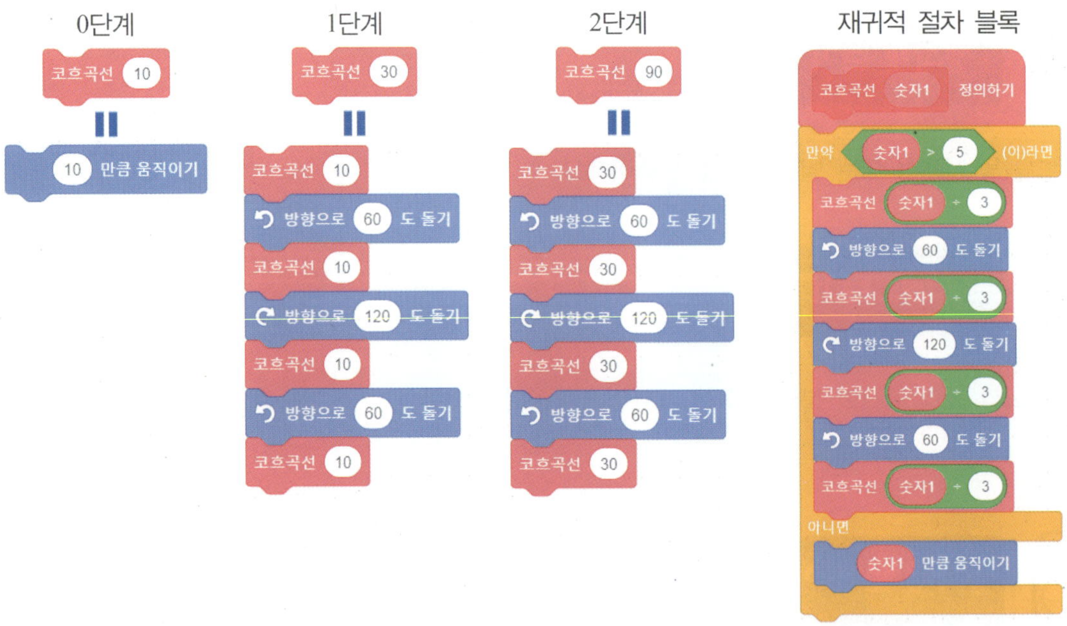

여기서는 0단계와 1단계의 블록이 다른 것을 볼 수 있다. 1단계에서의 '코흐 곡선 10'이 실행이 안 되면 회전 블록만 남게 되어 어떤 움직임도 있지 않게 된다. 만약 재귀적 절차 블록에서 '아니면~'부분이 없다면 '코흐 곡선 10'을 실행했을 때 회전만 하고 이동이 없으므로 그림이 그려지지 않게 된다. 따라서 0단계에 해당하는 동작 블록이 실행되려면 '아니면~' 부분을 넣어야 '코흐 곡선 10'이 '10만큼 움직이기'로 실행되게 된다.

➠ 생각해 보기 3

코흐 곡선을 삼각형 모양 혹은 오각형 모양으로 돌려 붙인다.

http://scratch.mit.edu/projects/302752182/

http://scratch.mit.edu/projects/302752895/

➽ 생각해 보기 4

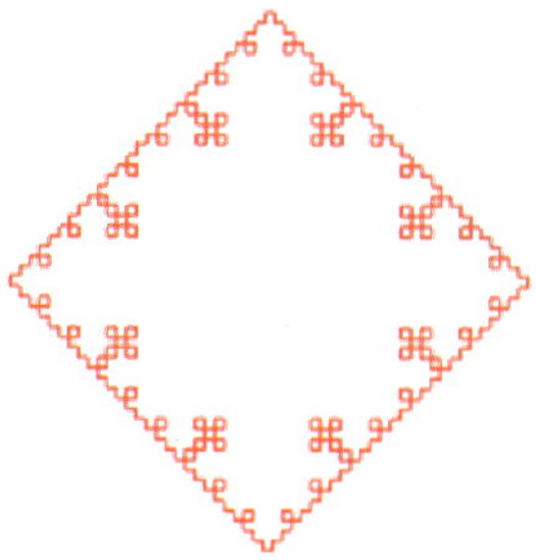

http://scratch.mit.edu/projects/302755176/

http://scratch.mit.edu/projects/302755641/

➡ 생각해 보기 5

➡

http://scratch.mit.edu/projects/302757002/

꾸미기 [문제1] 에서 그린 눈송이를 이용하여 '눈 내리기'를 코딩해 보자.

Step 1

배경추가 를 이용해 배경을 우주(Stars)로 지정한다. 눈송이를 그리기 위해 펜의 색을 흰색으로 지정하고 마지막에 숨기기 블록을 추가한다. 프로그램을 실행한 뒤에 눈송이 부분만 이미지로 저장한다.

Step 2

저장한 이미지를 에서 (파일로 저장된 것을 업로드해 스프라이트 모양으로 만들 수 있음)를 클릭하여 스프라이트로 추가한다.

마찬가지로 배경추가 를 이용해 배경을 우주(Stars)로 지정한다.

계속해서 눈이 내리도록 아래와 같이 눈송이를 복제하는 블록을 만든다.

Step 3

눈이 랜덤으로 내리도록 x좌표를 –240부터 240 사이의 무작위 수로 지정한다.
그리고 위에서 아래로 떨어져야 하므로 y좌표를 움직이도록 블록을 추가한다.
다음은 프로그래밍 결과이다.

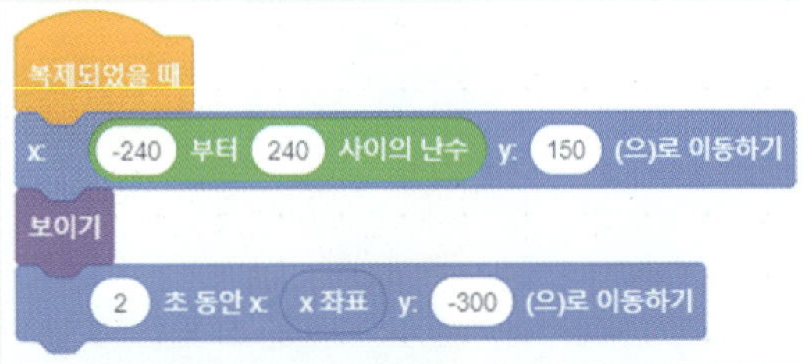

http://scratch.mit.edu/projects/302839895/

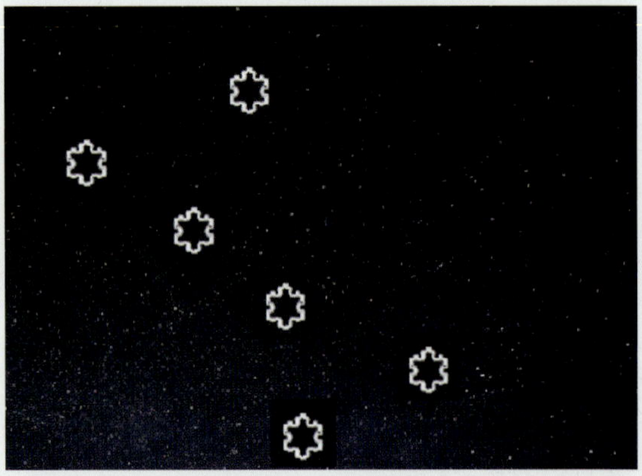

CHAPTER

13

프랙탈 나무 그리기

CHAPTER

13 프랙탈 나무 그리기

학습 내용

- 수학 - 프랙탈, 이진 프랙탈 트리, 피타 나무
- 코딩 - 재귀적 절차, 조건문, 반복하기, 변수, 나만의 블록

· 문제 · 01 이진 프랙탈 트리 그리기

문제 분석하기

❶ 이진 프랙탈 트리(Binary Fractal Tree)를 그리는 데 필요한 변수는 각 θ, $0 < \theta < 180^\circ$ 와 축소비율 r, $0 < r < 1$이다.

❷ 길이 80의 수직 선분에서 시작하자.

❸ 선분의 위 끝에서 r배로 축소된 길이를 갖는 두 개의 가지가 θ각을 이루며 뻗어 나간다. $\theta = 45$, $r = 0.8$인 경우 이진 프랙탈 트리 그리기 프로그래밍을 해 보자.

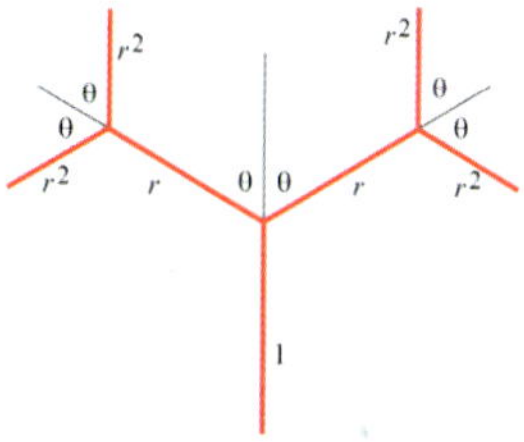

❹ 이러한 과정을 반복한다.

블록 조립하기

❶ 0단계 도형은 길이가 80인 기본 도형인 선분이다.

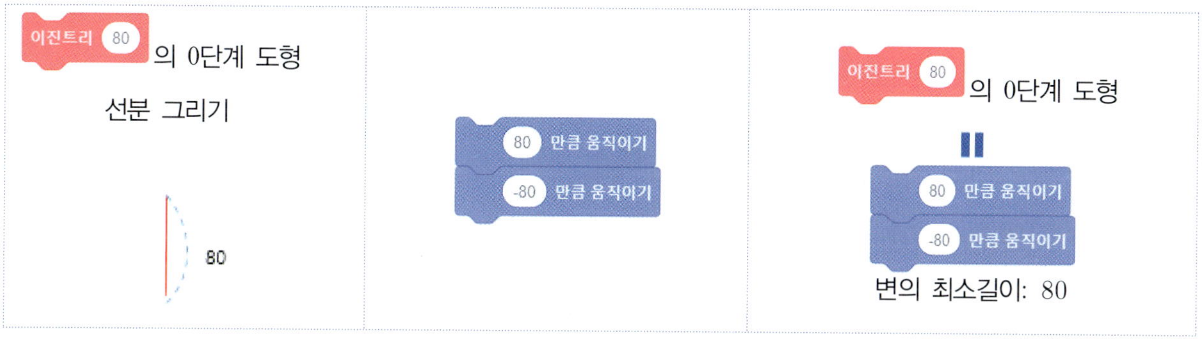

❷ 1단계 도형은 80만큼 이동한 후 반시계방향 45도 회전하고 0단계 도형의 0.8배 한 도형을 그린 후 시계방향 90도 회전한 후 다시 0단계 도형의 0.8배 한 도형을 그리고 반시계방향 45도 회전 후 –80만큼 이동하여 처음 위치로 되돌아온다.

❸ 2단계 도형은 80만큼 이동한 후 반시계방향 45도 회전하고 1단계 도형의 0.8배 한 도형을 그린 후 시계방향 90도 회전한 후 다시 1단계 도형의 0.8배 한 도형을 그리고 반시계방향 45도 회전 후 −80만큼 이동하여 처음 위치로 되돌아온다.

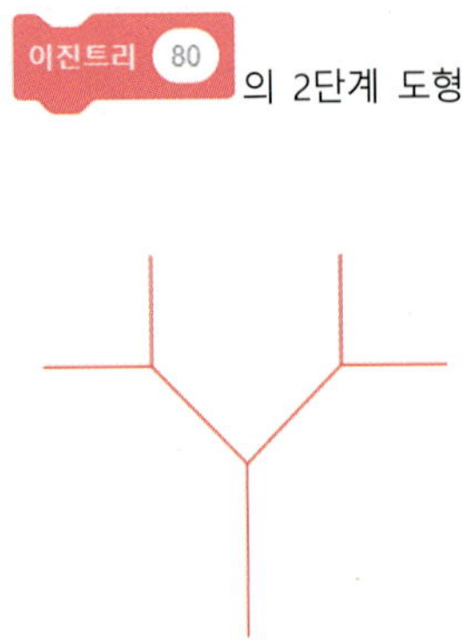

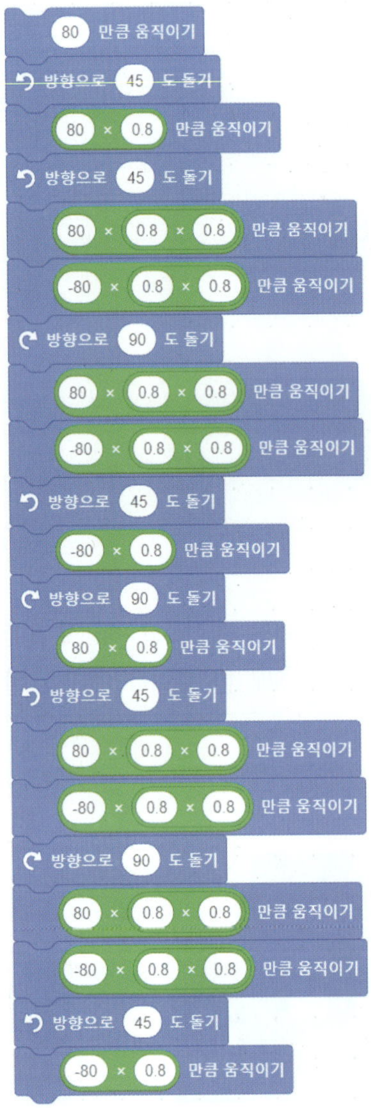

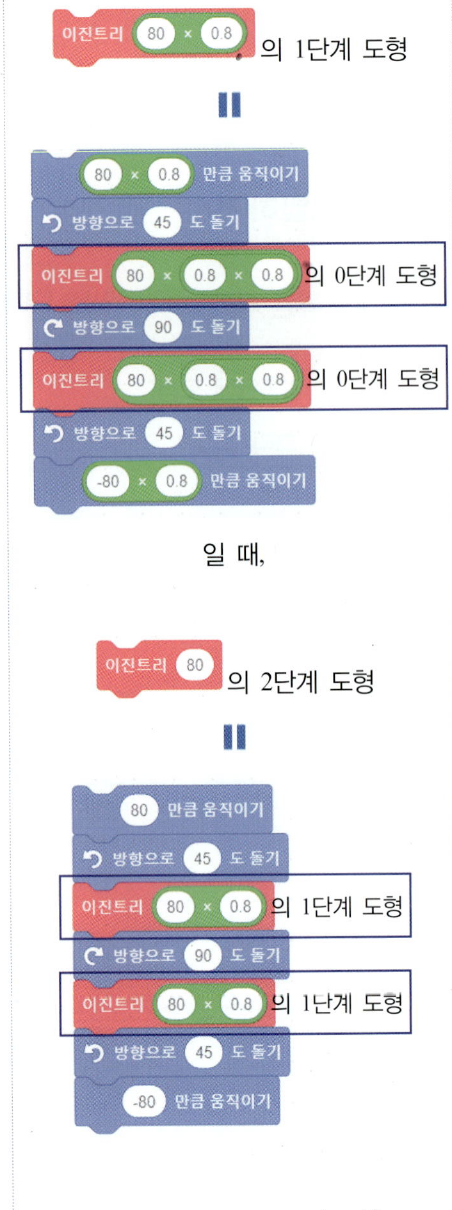

변의 최소길이: $80 \times (0.8)^2$

❹ 위와 같은 규칙에 따라 같은 과정을 되풀이하고 길이가 20이 될 때까지 반복하면 다음과 같은 나만의 블록과 실행결과를 얻을 수 있다.

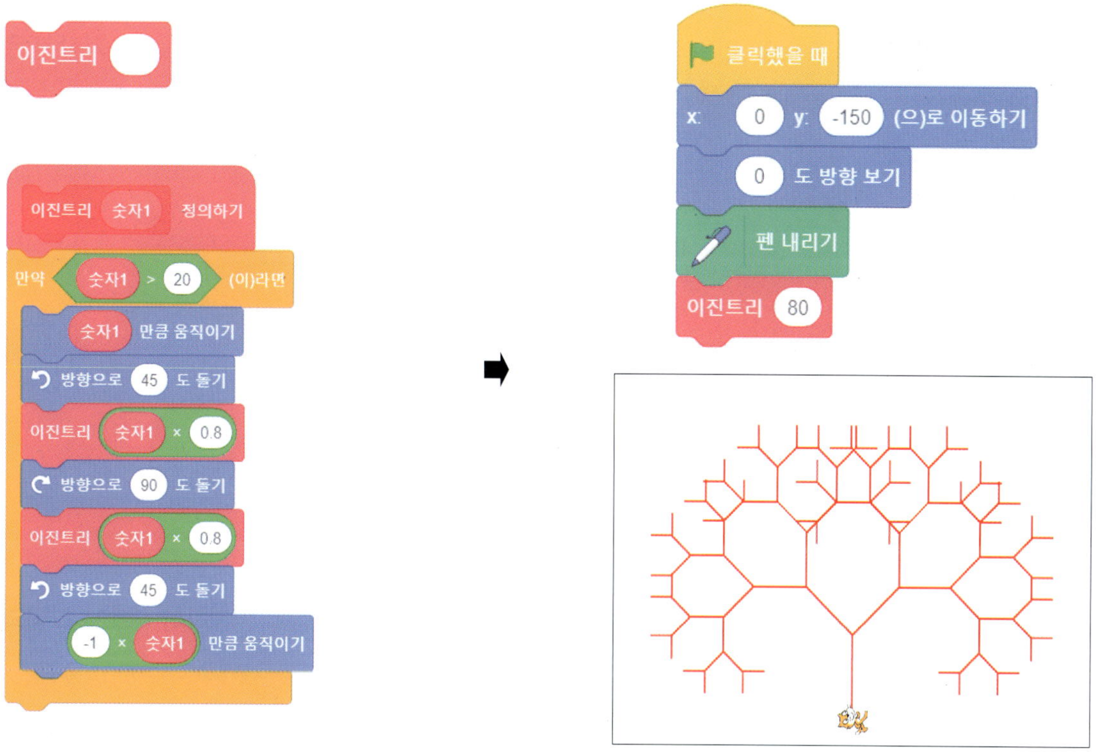

http://scratch.mit.edu/projects/302760993/

생각해 보기 1

위의 이진 프랙탈 트리에서 사잇각과 비율을 각각 $\theta = 60$와 $r = 0.7$으로 바꾸고 길이가 5일 때까지 그리도록 프로그래밍해 보자.

생각해 보기 2

위 이진 프랙탈 트리에서 0.7의 비율로 길이가 축소되는 대신 5씩 줄어 가장 짧은 길이가 2보다 크게 하면 어떻게 될까?

생각해 보기 3

아래와 같이 대칭이 아닌 이진 프랙탈 트리를 그려보자. $\theta_1 = 40$, $\theta_2 = 20$라하고 가장 긴 변을 60 가장 짧은 변이 3 이상일 때까지 그리도록 하자.

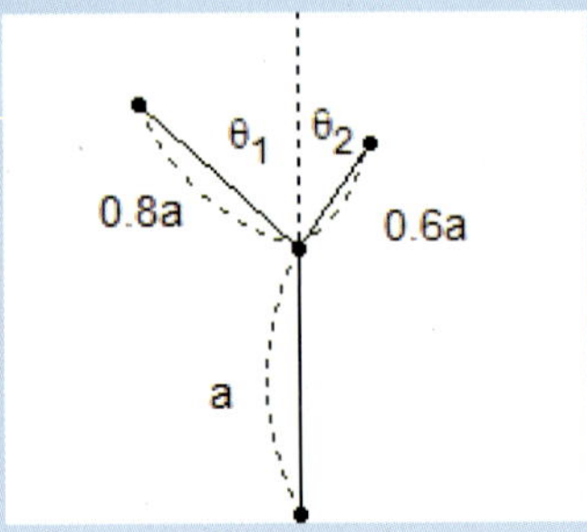

생각해 보기 4

다음 그림은 이진 프랙탈 트리의 변형된 무늬이다. 이진 프랙탈 트리의 프로그램을 변형하여 새로운 그림의 프로그램을 만들어 보자.

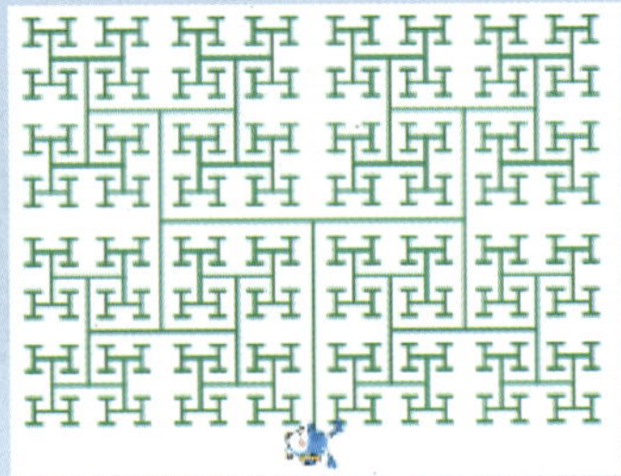

· 문제 · 02 피타고라스 나무 그리기

피타고라스 나무는 1942년 네덜란드 수학교사 A.E.Bosman이 처음으로 제시한 정사각형으로 만들어진 평면 프랙탈이다. 그가 만든 피타고라스 나무는 정사각형들이 직각삼각형을 이루며 만나기 때문에 피타고라스 나무라고 이름 지어졌다.

문제 분석하기

가장 긴 변의 길이가 80이고 대칭인 피타고라스 나무를 그려보고 규칙을 찾아보자. 단계별 피타고라스 나무는 다음과 같다.

	0단계(기본 도형)	1단계	2단계
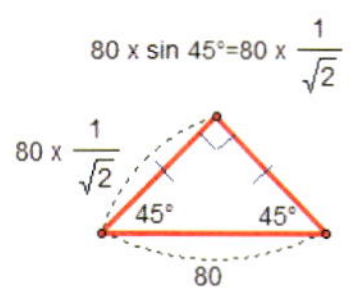	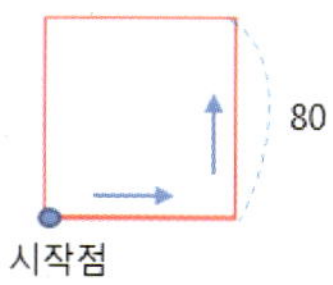	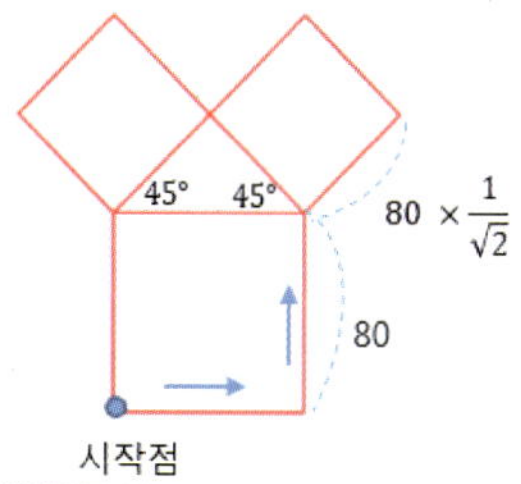	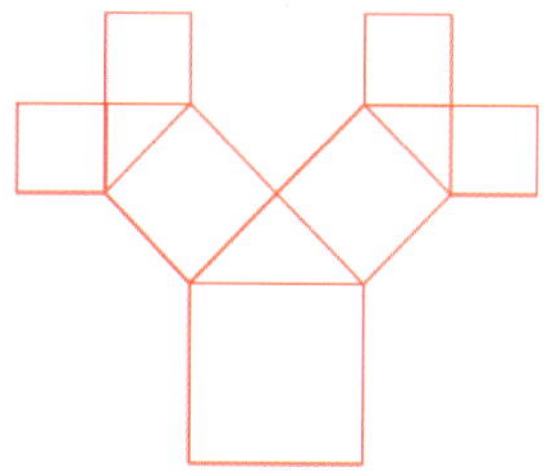

블록 조립하기

가장 긴 변의 길이가 (숫자1) 인 피타고라스 나무를 정의하는 재귀적 절차 블록 [피타고라스 나무 ( )] 를 정의하자.

❶ 기본 도형을 정사각형으로 해보자. 가장 긴 변이 80인 피타고라스 나무의 0단계는 정사각형 하나로 이루어져 있다.

[피타고라스 나무 (80)] 의 0단계 도형

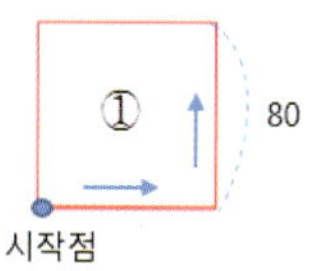


```
4 번 반복하기
    80 만큼 움직이기
    ↺ 방향으로 90 도 돌기
```

잠깐!

- 정사각형을 그리는 순서가 맨 아래 꼭짓점에서 시작하여 시계방향일 수도 있고 반시계방향일 수도 있다. 어느 방향으로 도느냐에 따라 프로그램이 약간 달라질 수 있다. 여기서는 시계 반대 방향으로 도는 것을 택하였다.

❷ 1단계까지 그리려면 변의 길이가 80인 정사각형 위에 변의 길이가 $80 \times \frac{1}{\sqrt{2}}$ 인 정사각형에 해당하는

`피타고라스 나무 (80 ÷ (제곱근 ▾ (2)))` 2개를 추가하면 된다.

`피타고라스 나무 (80)` 의 1단계 도형

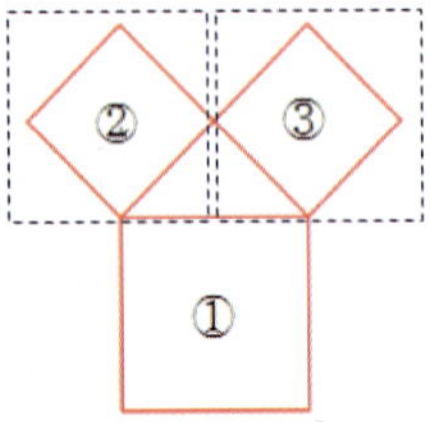


```
4 번 반복하기
    80 만큼 움직이기
    ↺ 방향으로 90 도 돌기
↺ 방향으로 90 도 돌기
80 만큼 움직이기
↻ 방향으로 45 도 돌기
피타고라스 나무 (80 ÷ (제곱근 ▾ (2)))        ← 의 0단계 도형
(80 ÷ (제곱근 ▾ (2))) 만큼 움직이기
↻ 방향으로 90 도 돌기
피타고라스 나무 (80 ÷ (제곱근 ▾ (2)))        ← 의 0단계 도형
(80 ÷ (제곱근 ▾ (2))) 만큼 움직이기
↻ 방향으로 45 도 돌기
80 만큼 움직이기
↻ 방향으로 90 도 돌기
80 만큼 움직이기
↻ 방향으로 180 도 돌기
```

❸ 2단계 도형은 위와 같은 방식으로 0단계 도형 위에 1단계 도형 두 개를 추가한다.

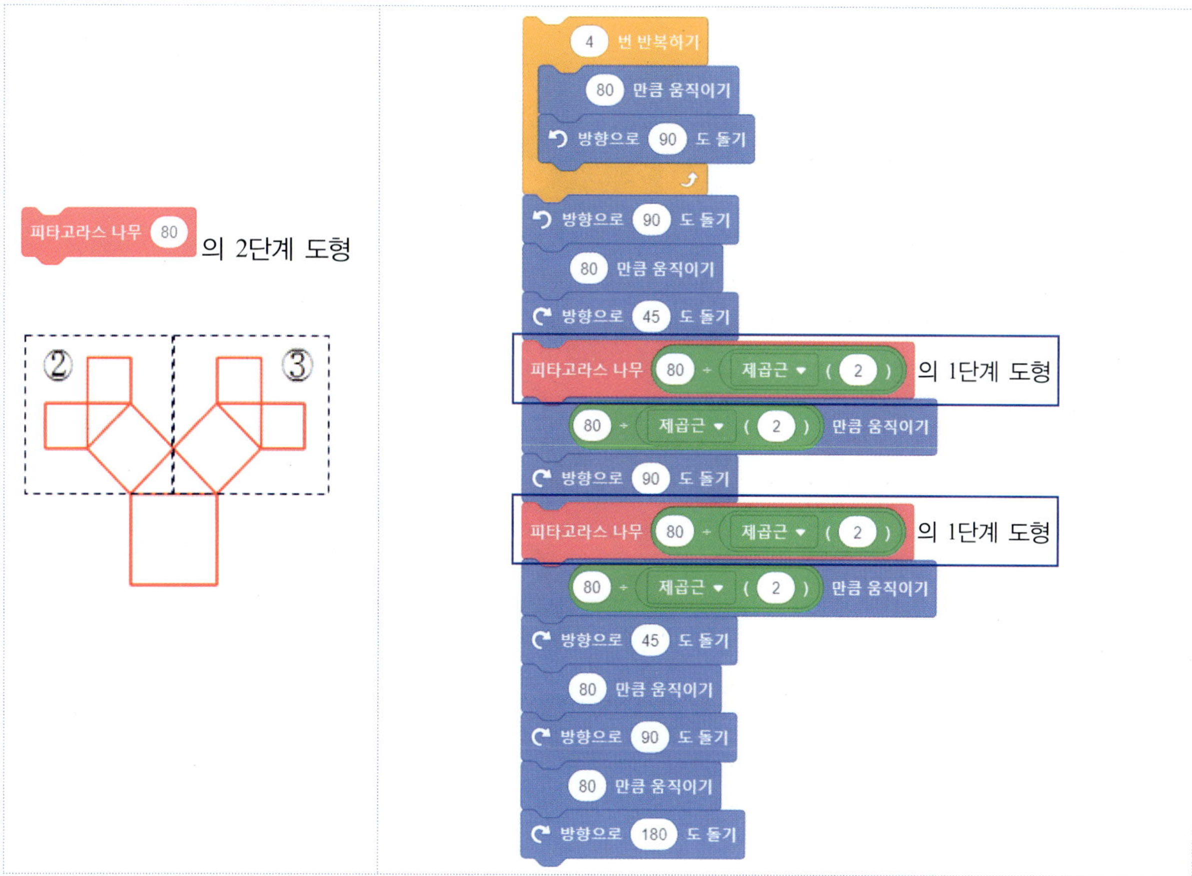

❹ 위와 같은 규칙에 따라 [피타고라스 나무 (80)] 을 n단계 도형은 0단계 도형 위에 $(n-1)$단계 도형 두 개를 추가한다.

[피타고라스 나무 (80)] 의 n단계 도형

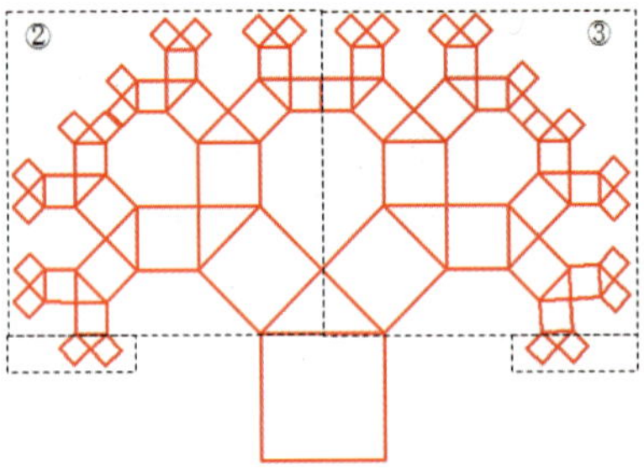


```
(4) 번 반복하기
    (80) 만큼 움직이기
    ↺ 방향으로 (90) 도 돌기
↺ 방향으로 (90) 도 돌기
(80) 만큼 움직이기
↻ 방향으로 (45) 도 돌기
피타고라스 나무 ((80) ÷ ([제곱근 ▼] ((2))))        의 n−1단계 도형
((80) ÷ ([제곱근 ▼] ((2)))) 만큼 움직이기
↻ 방향으로 (90) 도 돌기
피타고라스 나무 ((80) ÷ ([제곱근 ▼] ((2))))        의 n−1단계 도형
((80) ÷ ([제곱근 ▼] ((2)))) 만큼 움직이기
↻ 방향으로 (45) 도 돌기
(80) 만큼 움직이기
↻ 방향으로 (90) 도 돌기
(80) 만큼 움직이기
↻ 방향으로 (180) 도 돌기
```

❺ [피타고라스 나무 (80)] 의 경우 단계별 최소 정사각형의 한 변 길이는 얼마일까?

0단계	1단계	2단계	3단계	n단계
80	$80 \times \frac{\sqrt{2}}{2}$	$80 \times (\frac{\sqrt{2}}{2})^2$	$80 \times (\frac{\sqrt{2}}{2})^3$	$80 \times (\frac{\sqrt{2}}{2})^n$

❻ 4단계까지 그린 경우 최소 정사각형의 한 변 길이는 $80 \times (\frac{1}{\sqrt{2}})^4 \approx 28$

5단계까지 그린 경우 최소 정사각형의 한 변 길이는 $80 \times (\frac{1}{\sqrt{2}})^5 \approx 14$

따라서 최소 정사각형의 한 변 길이가 20 이상일 때는 이러한 과정을 반복하자. 그러면 4단계까지 그리게 된다. 즉, 최소 정사각형의 한 변 길이를 정해주는 것이 단계를 정해주는 것과 같다.

❼ 따라서 반복 블록을 써서 블록조립을 완성해 보자.

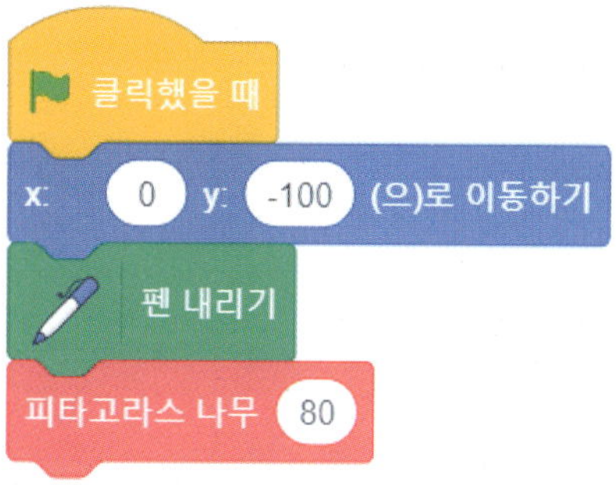

• 빨간 상자 안의 수가 20이므로 그림은 4단계까지 그려진 것이다.

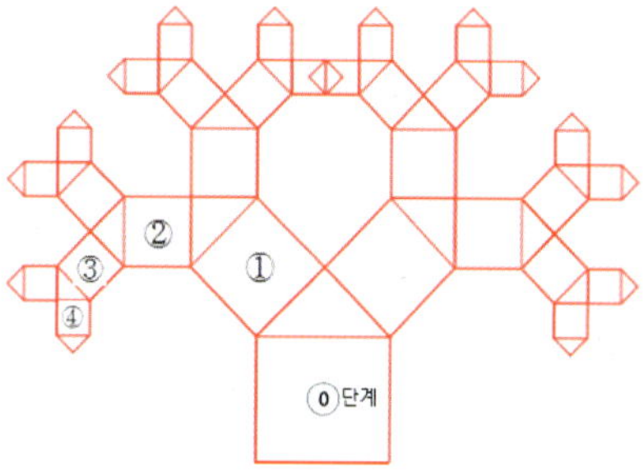

http://scratch.mit.edu/projects/302764971/

생각해 보기 5

위의 숫자1 > 20 를 5로 바꾸고 피타고라스 나무 70 을 실행해 보자. 어떻게 달라질까?

생각해 보기 6

그런데 프로그램을 실행하면 마지막 정사각형 위에 삼각형이 그려진 것을 볼 수 있다. 이유를 무엇일까? 재귀적 절차 블록의 호출 과정 절차를 살펴볼 필요가 있다.

더 나아가기 1 비대칭형의 피타고라스 나무 그리기

세 개의 정사각형에 둘러싸인 삼각형이 다음과 같은 직각삼각형이라고 하자.

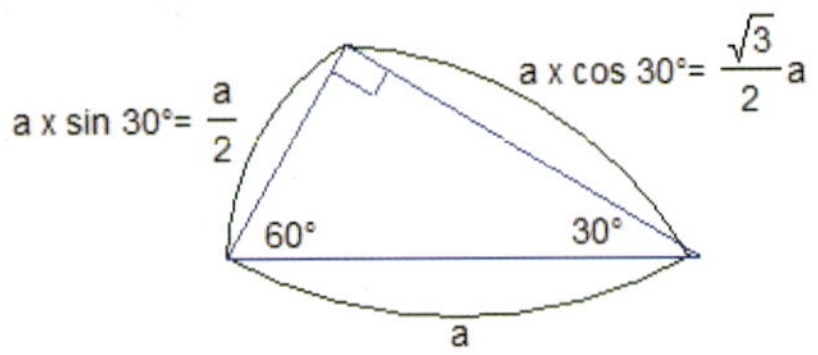

step 1 – 나만의 블록 수정하기

파란 상자 부분에 주의하면서 피타고라스 나무 블록 정의를 수정하여 실행해 보자.

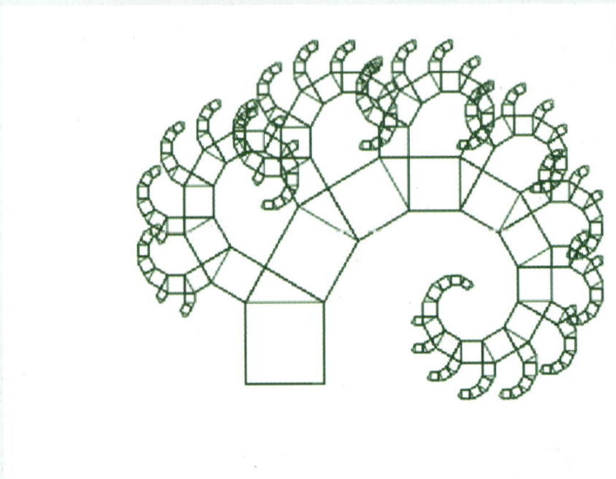

http://scratch.mit.edu/projects/302768343/

꾸미기 이진 프랙탈 나무와 피타고라스 나무를 이용한 정원을 만들어 보자.

생각해 보기 해답

생각해 보기 1

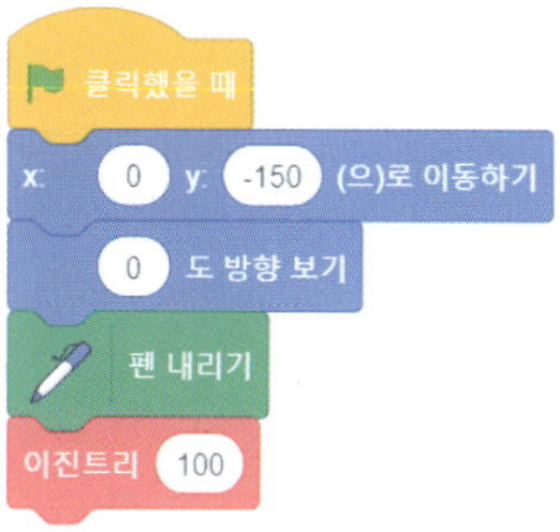

http://scratch.mit.edu/projects/302762096/

생각해 보기 2

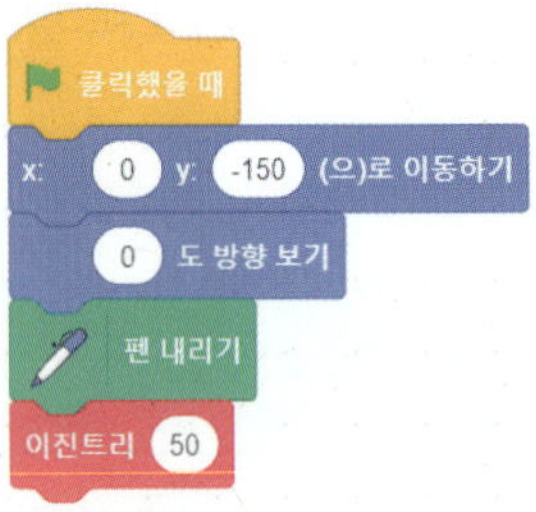

http://scratch.mit.edu/projects/302762963/

생각해 보기 3

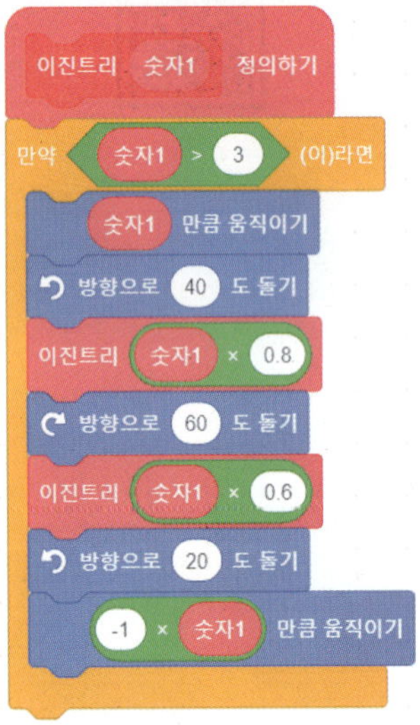

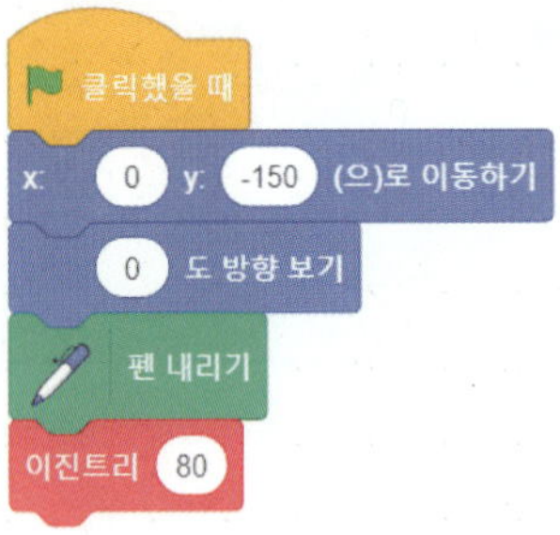

http://scratch.mit.edu/projects/302763533/

➽ 생각해 보기 4

이진 트리의 변형 블록 | 실행프로그램

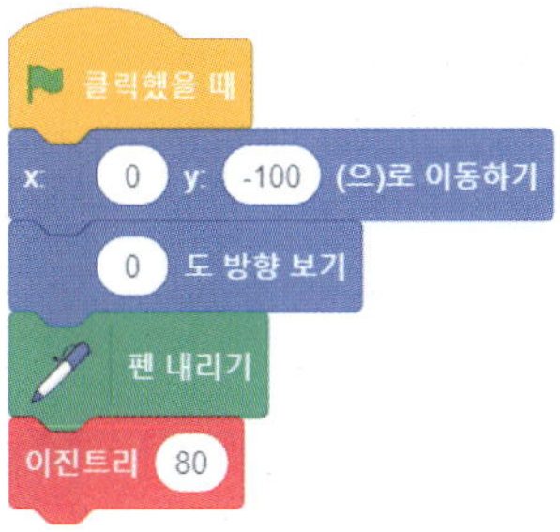

http://scratch.mit.edu/projects/302764295/

➽ 생각해 보기 5

최소 정사각형의 변의 길이가 짧아지므로 단계가 높아지고 따라서 더 무성하게 우거진 나무가 그려진다.

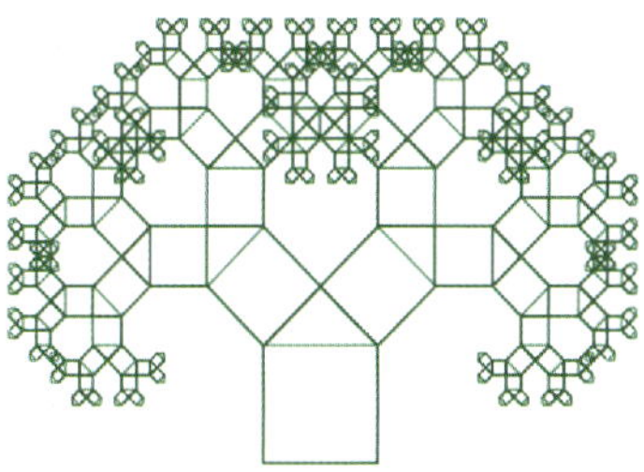

http://scratch.mit.edu/projects/302767803/

➡ 생각해 보기 6

가장 큰 정사각형의 한 변 길이가 80인 피타고라스 나무를 그리는 과정을 자세히 살펴보자.

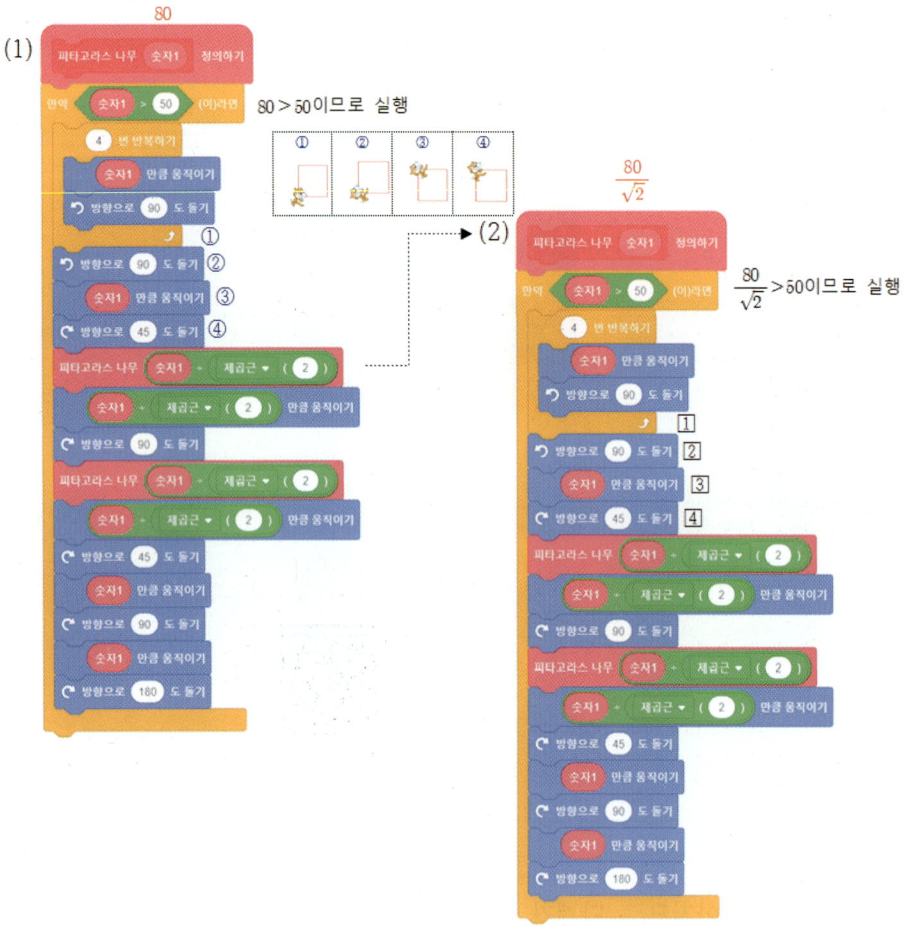

(2) $\frac{80}{\sqrt{2}}$

$\frac{80}{\sqrt{2}}$ > 50이므로 실행

(3) 40

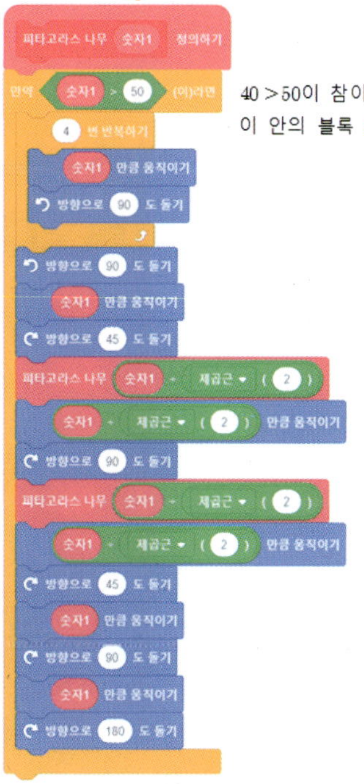

40 > 50이 참이 아니므로
이 안의 블록 실행 안 함

1	2	3	4	5	6

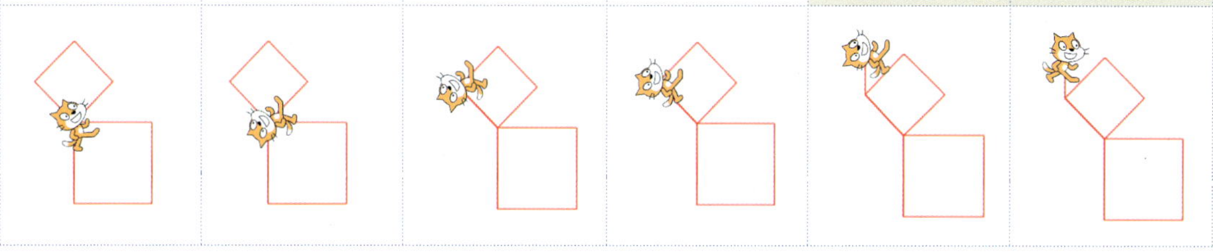

7	8	9	10	11	12

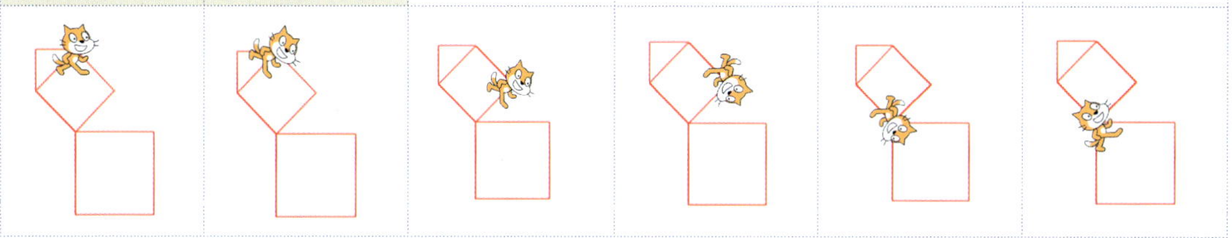

(2) 를 마치고 (1) 로 돌아가기

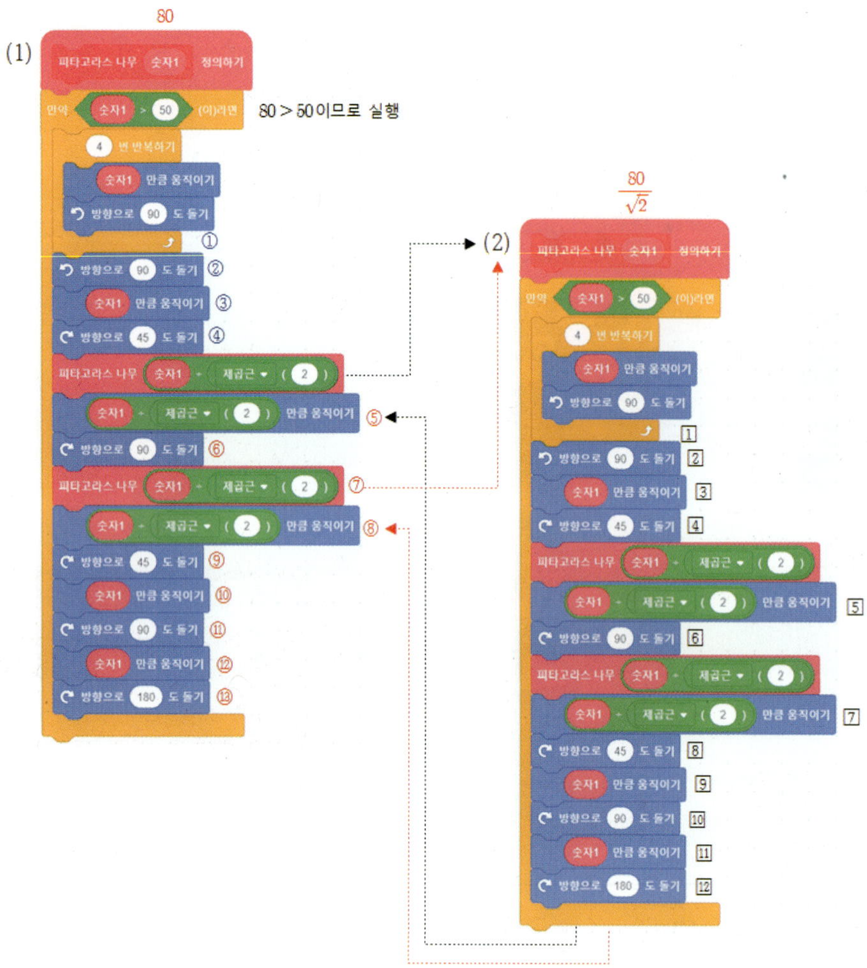

⑤	⑥	⑦ (1~11)	⑧
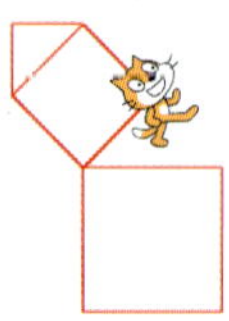	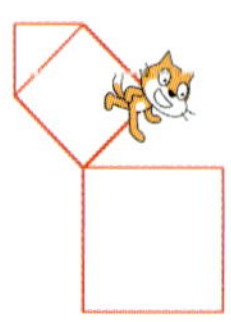		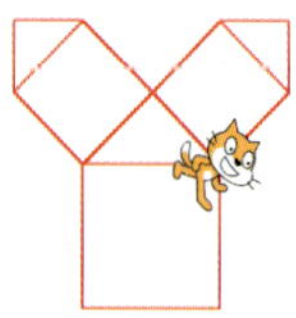

⑨	⑩	⑪	⑫	⑬
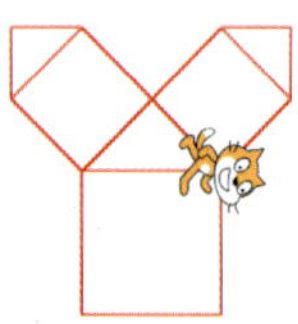	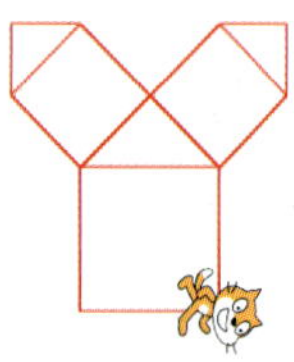	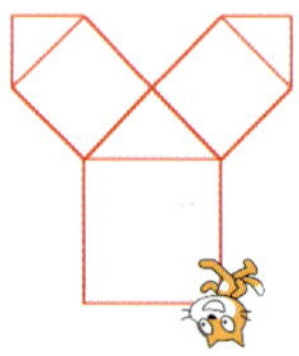		

부록-스크래치 블록 모음

동작

- 10 만큼 움직이기
- 방향으로 15 도 돌기
- 방향으로 15 도 돌기
- 랜덤 위치 ▾ (으)로 이동하기
- x: 0 y: 0 (으)로 이동하기
- 1 초 동안 랜덤 위치 ▾ (으)로 이동하기
- 1 초 동안 x: 0 y: 0 (으)로 이동하기
- 90 도 방향 보기
- 마우스 포인터 ▾ 쪽 보기
- x 좌표를 10 만큼 바꾸기
- x 좌표를 10 만큼 바꾸기
- y 좌표를 10 만큼 바꾸기
- y 좌표를 0 (으)로 정하기
- 벽에 닿으면 튕기기
- 회전 방식을 왼쪽-오른쪽 ▾ (으)로 정하기

형태

- 안녕! 을(를) 2 초 동안 말하기
- 안녕! 말하기
- 음... 을(를) 2 초 동안 생각하기
- 음... 생각하기
- 모양을 모양 1 ▾ (으)로 바꾸기
- 다음 모양으로 바꾸기
- 배경을 배경 1 ▾ (으)로 바꾸기
- 다음 배경으로 바꾸기
- 크기를 10 만큼 바꾸기
- 크기를 100 %로 정하기
- 그래픽 효과 지우기
- 보이기
- 숨기기
- 맨 앞쪽 ▾ 으로 순서 바꾸기
- 앞으로 ▾ 1 단계 보내기

소리

- 야옹 ▾ 끝까지 재생하기
- 야옹 ▾ 재생하기
- 모든 소리 끄기
- 음 높이 ▾ 효과를 10 만큼 바꾸기
- 음 높이 ▾ 효과를 100 로 정하기
- 소리 효과 지우기
- 음량을 100 % 로 정하기
- 음량을 100 % 로 정하기

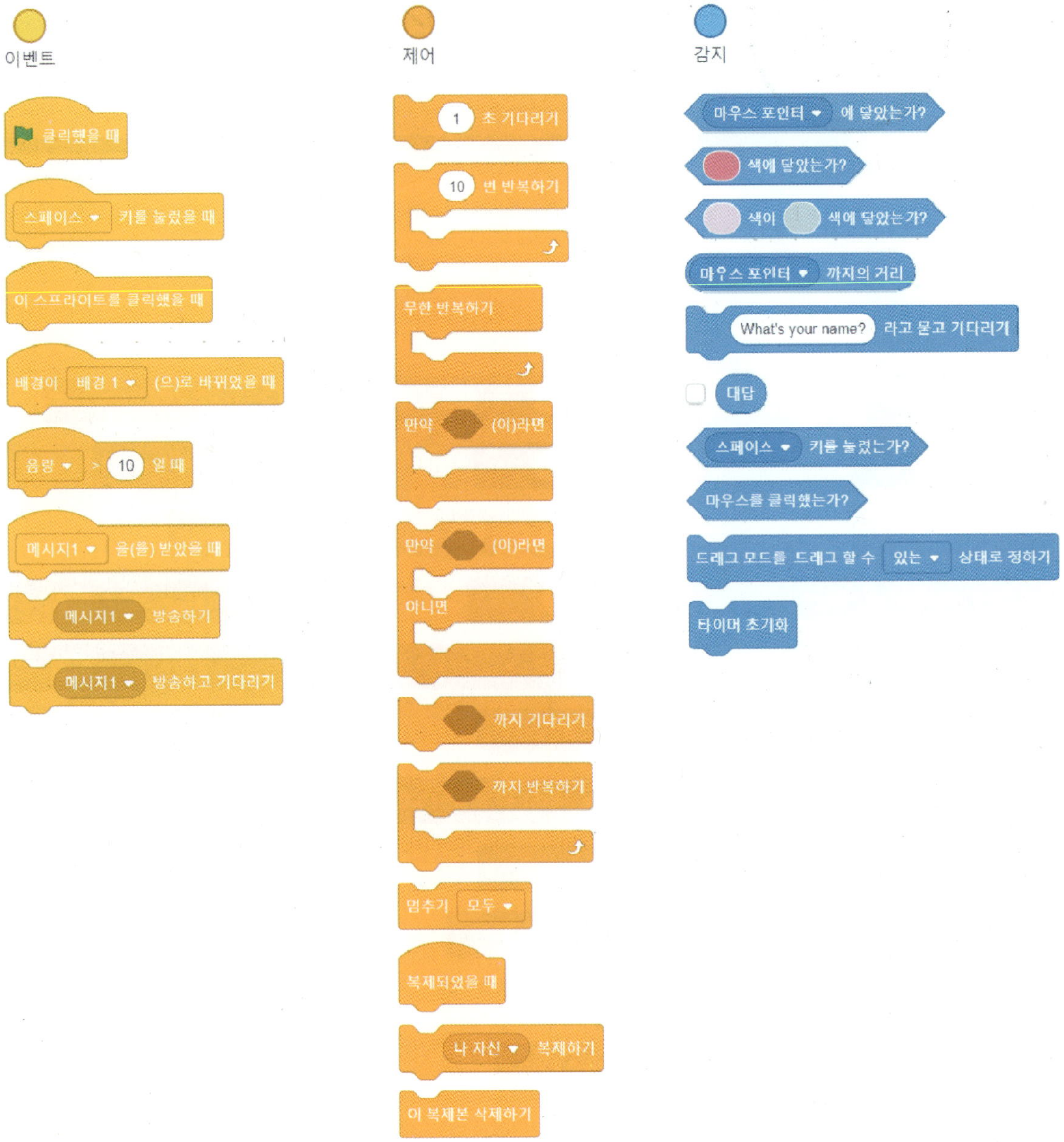
이벤트
클릭했을 때
스페이스 키를 눌렀을 때
이 스프라이트를 클릭했을 때
배경이 배경 1 (으)로 바뀌었을 때
음량 > 10 일 때
메시지1 을(를) 받았을 때
메시지1 방송하기
메시지1 방송하고 기다리기
제어
1 초 기다리기
10 번 반복하기
무한 반복하기
만약 (이)라면
만약 (이)라면
아니면
까지 기다리기
까지 반복하기
멈추기 모두
복제되었을 때
나 자신 복제하기
이 복제본 삭제하기
감지
마우스 포인터 에 닿았는가?
색에 닿았는가?
색이 색에 닿았는가?
마우스 포인터 까지의 거리
What's your name? 라고 묻고 기다리기
대답
스페이스 키를 눌렀는가?
마우스를 클릭했는가?
드래그 모드를 드래그 할 수 있는 상태로 정하기
타이머 초기화

연산
+
-
x
÷
1 부터 10 사이의 난수
> 50
< 50
= 50
그리고
또는
이(가) 아니다
apple 와(과) banana 결합하기
apple 의 1 번째 글자
apple 이(가) a 을(를) 포함하는가?
나누기 의 나머지
의 반올림
절댓값 ( )

변수
나의 변수 을(를) 1 만큼 바꾸기
나의 변수 을(를) 0 로 정하기
나의 변수 변수 보이기
나의 변수 변수 숨기기

나만의 블록
블록 만들기

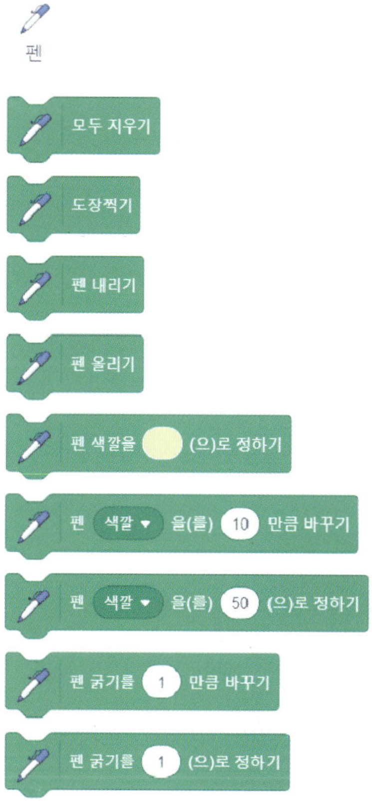
펜
모두 지우기
도장찍기
펜 내리기
펜 올리기
펜 색깔을 (으)로 정하기
펜 색깔 을(를) 10 만큼 바꾸기
펜 색깔 을(를) 50 (으)로 정하기
펜 굵기를 1 만큼 바꾸기
펜 굵기를 1 (으)로 정하기